Gerhard Mauz
Die Justiz vor Gericht

Gerhard Mauz

Die Justiz vor Gericht

Macht und Ohnmacht
der Richter

C. Bertelsmann

2. Auflage 1991
© C. Bertelsmann Verlag GmbH,
München 1990
Satz: Uhl + Massopust, Aalen
Druck und Bindung: Mohndruck, Gütersloh
ISBN 3-570-02417-2
Printed in Germany

Inhalt

I
Die Justiz vor Gericht?
7

II
Unglück im Glück, oder:
Ein Unglück kommt selten allein
17

III
»Als höchstes Gut ein miserables Gedächtnis«
33

IV
»Ein redliches Bemühen, Schatten zu tilgen«
95

V
»Auch ich bin daran gebunden«
115

VI
»Eine eigene, eingehende Untersuchung
der Kranken«
139

VII
»Die tödlichen Verunglückungen in Preußen«
181

VIII
Die letzte Bastion vor dem Weltuntergang
207

IX
Vorauseilende Schatten
227

X
Die Justiz vor Gericht
243

Literatur
249

I

Die Justiz vor Gericht?

Die Bitte um Aufmerksamkeit, um Interesse und Teilnahme, die dieses Buch darstellt, bedarf der Erläuterung. Aufmerksamkeit, Interesse und Teilnahme werden ohne Unterlaß angesprochen und aufgerufen:»Engagement« wird gefordert. Die Regenwälder, die Geschwindigkeitsbeschränkung, die Asylanten, der saure Regen, die verlorene Heimat im Osten, das Waldsterben, die Opfer von Naturkatastrophen, die Robben, das Rauchen, die Arbeitslosen, die Verschmutzung der Gewässer, die Wohnungsnot, die Legebatterien, die Müll-Lawine, Sinti und Roma, der Pelzhandel, die Kosten des Gesundheitswesens, der Walfang, die Atomenergie, die Gleichstellung der Frau, die Drogen, das Ozonloch, Aids, die Rassendiskriminierung, die alten Menschen – die (zufällige) Liste der Themen, denen das Engagement des Bürgers gelten soll, ist endlos.

Über die Bereitschaft, wenn nicht gar über die Fähigkeit zu Aufmerksamkeit, Interesse und Teilnahme, hat sich der Mehltau der Abneigung gegen jedes Angesprochen- und Aufgerufenwerden gelegt. Sozusagen in Notwehr gegen das Angesprochen- und Aufgerufenwerden begegnet sogar die schlichte Bitte um Gehör dem Widerstand der Zeitgenossen, die sich nachgerade verzweifelt fragen, wo ihre Sache, ihr Leben, ihr Zusammenleben und das Überleben des Homo sapiens tatsächlich oder jedenfalls am dringendsten auf dem Spiel steht.

Die Anrede »wir« schätzt inzwischen keiner mehr. Zu oft werden »wir« angesprochen, zu oft werden »wir« angerufen. Doch die Bitte um Aufmerksamkeit, um Interesse und Teilnahme, die dieses Buch darstellt, gilt einem Thema, zu dem man sich nicht entschließen und dem man sich nicht verweigern kann; einem Thema, das jeden Bürger einer Demokratie engagiert, ob er will oder nicht.

Wir sind das Volk. Wir sind aber auch das Volk, in dessen Namen in den Gerichtssälen der Bundesrepublik entschieden wird. »Im Namen des Volkes« ergehen die Urteile.

Jeder Bürger der Bundesrepublik ist dem Recht unterworfen, er ist ein »Rechtsunterworfener«. Dieser entmündigende Begriff hat das Gefühl für die Mitverantwortung eines jeden in Sachen der Justiz verkümmern lassen, und auf diese Rechtsunterworfenheit wurde und wird man ja auch ständig hingewiesen. Es ist freilich auch bequem, sich zu unterwerfen, nur zu maulen und allenfalls einmal zu lamentieren. Mitverantwortung trägt sich schwer, gerade was die Justiz angeht. Doch dem Bürger der Demokratie ist sie auferlegt, er kann sich zu ihr nicht entschließen und sich ihr nicht verweigern. Er trägt sie. Er mag noch so inständig begehren, nicht Schuld daran zu sein, was in den Gerichtssälen geschieht – es geschieht in seinem Namen.

Die Bitte um Aufmerksamkeit, um Interesse und Teilnahme, die dieses Buch darstellt, ist also eine ärgerliche, eine zudringliche Bitte und genaugenommen sogar (wer wird schon gern erinnert, wer fühlt sich nicht abgemahnt, wenn er erinnert wird) eine höchst fatale Erinnerung. Es bittet dennoch um Gehör, denn eine verdrängte oder geleugnete Verantwortung diesen Ranges gefährdet den Versuch, in einer Demokratie zusammenzuleben.

Dieses Buch erinnert, indem es sich vor allem mit dem Strafrecht befaßt. »Denn das Strafrecht wird nach wie vor zutreffend als Gradmesser dafür angesehen, in welcher ›Verfassung‹ sich Staat und Gesellschaft befinden. Im Strafrecht geht es nämlich um jenen hochsensiblen Bereich, in dem – wie in einem ›Brennglas‹ – die Schnittstellen zwischen der Freiheit und Sicherheit des einzelnen und der Macht der Mehrheit sichtbar werden«, schrieb Rolf-Peter Callies 1989.

Das Strafrecht zeigt den nationalen Pegelstand deutlicher an als der Börsenbericht. Die Entscheidungen anderer Gerichtsbarkeiten, der Sozial-, der Arbeits- oder der Verwaltungsgerichtsbarkeiten etwa, haben weitreichendere Auswirkungen. Doch an der Strafgerichtsbarkeit läßt sich ablesen, ob die Gemeinschaft den Störungen, den Bedrohungen und Gefährdungen ihres Zusammenlebens so nachdenklich und besonnen begegnet, wie es angesichts der Unabänderlichkeit dieser Störungen, Bedrohungen und Gefährdungen (die Geschichte lehrt, daß sie nicht hingenommen werden dürfen, daß man aber mit ihnen leben muß) angemessen ist. An den Urteilen der Strafgerichte ist das Volk, in dessen Namen verkündet wird, so beteiligt wie an keiner anderen richterlichen Entscheidung: Die Öffentlichkeit würde es nicht verstehen, wenn – die Öffentlichkeit hat einen Anspruch darauf – das Vertrauen in die Rechtsordnung würde Schaden nehmen – der normentreue Bürger müßte den Eindruck gewinnen – entstünde der Eindruck, es gebe einen rechtsfreien Raum – muß dem berechtigten Sicherheitsbedürfnis demonstriert werden ...

Die Störung, Bedrohung und Gefährdung, die man Kriminalität nennt, ist in der Tat ein hochsensibler Bereich. Und so ist die These, daß die Gesellschaft Verbrecher braucht, ein Ärgernis. Sie löst nicht nur Widerspruch, sie löst empörten Widerstand aus. Der Kriminelle hat die Übereinkünfte angegriffen, die unser Zusammenleben tragen. Er hat die Ordnung, die das Zusammenleben ermöglicht, die keine vollkommene, doch die einzige derzeit mögliche Ordnung ist, verlassen, er ist gegen sie angetreten. Wem, wenn nicht ihm gegenüber, darf, ja muß man sagen: »Was habe ich mit dir zu schaffen!«

Man darf dem Widerspruch, dem empörten Widerstand nicht blindlings entgegentreten. Das Netz unserer Übereinkünfte ist so dünn, daß die Panik, die jede Kritik an ihnen auslöst, pfleglich behandelt werden muß. Auch ist zu berücksichtigen, daß der Verstoß gegen diese Übereinkünfte jahrhundertelang als die Aggression schlechthin dargestellt worden ist. Der Gedanke, daß ausgerechnet in den Gesetze genannten Übereinkünften ärgere Aggressionen verborgen sein können als im Angriff auf diese Übereinkünfte, ist noch neu. Zu seiner Erläuterung ist noch nicht viel vorgebracht worden, und was heute für ihn vorgetragen wird, schlägt man der Gesellschaft häufig um die Ohren.

»Drei Breitengrade näher zum Pol«, schrieb der französische Religionsphilosoph Blaise Pascal (1623–1662), »stellen die ganze Rechtswissenschaft auf den Kopf, ein Längengrad entscheidet über Wahrheit; nach wenigen Jahren der Gültigkeit ändern sich grundlegende Gesetze; das Recht hat seine Epochen, der Eintritt des Saturn in den Löwen kennzeichnet die Entstehung dieses oder jenes Verbrechens. Spaßhafte Gerechtigkeit, die ein Fluß begrenzt! Diesseits der Pyrenäen Wahrheit, jenseits Irrtum.«

An Pascal ist immer wieder zu erinnern. Denn die Tatsache, daß die Gesellschaft Verbrecher braucht, ist auch an den schwankenden Kriterien dafür zu erkennen, was denn nun ein Verbrechen, ein Angriff auf unsere Übereinkünfte ist. Unsere Übereinkünfte sind zufälliger und darum unverbindlicher, als wir uns einzugestehen

9

wagen. Wir rufen Verbrechen nach Bedarf aus, wir erklären zum Verbrechen nach Neigung, nach Belieben oder aus Haß. In den »Nürnberger Gesetzen« Adolf Hitlers ist die »Reinheit des Deutschen Blutes« als ein Rechtsgut ausgerufen worden, das mit der Todesstrafe zu verteidigen war (und dagegen ist niemand aufgestanden, obwohl man zu Unmut schon fähig war, etwa als es um die Euthanasie ging, denn der konnte ja jeder, alt, hinfällig und ein »nutzloser Esser« geworden, zum Opfer fallen).

Werner Sarstedt, Vorsitzender Richter eines Strafsenats des BGH, nach seinem Ausscheiden aus Altersgründen Rechtsanwalt, hat für unsere Tage formuliert, was Pascal geschrieben hatte:»Aber die Rechtsgeschichte und die Rechtsvergleichung belehren uns, daß jede der Verhaltensweisen, die hier und heute bei Strafe verboten sind, irgendwo zu irgendeiner Zeit schon einmal bei Strafe geboten gewesen sind. Es ist nichts mit dem ewigen Recht, das jedem Gutwilligen bei hinreichender Anspannung seines Gewissens von oben herab offenbar würde. Gerade diese Vorstellung ist besonders gefährlich, sie führt besonders leicht in menschliche Hybris und in eine Auffassung und Anwendung des Rechts, die dann später für ganz und gar unerträgliches Unrecht gehalten wird.«

Die schwankende Definition dessen, was als Verbrechen zu gelten hat, ist – auch – ein Beleg dafür, daß wir Verbrechen, daß wir Verbrecher brauchen. Hans Zulliger, der große Schweizer Pädagoge und Psychologe, verstand es, Geschichten zu erzählen, die spürbar und greifbar machen, was der Religionsphilosoph und der Richter meinen. Eine von Zulligers Geschichten handelt von Marcel, einem zwölf Jahre alten Jungen, der zu Zulliger mit der Bitte um Rat und Hilfe gebracht wird, weil er stiehlt. Vorerst bestiehlt er nur seine Eltern, doch die fürchten, er könne auch anderswo etwas entwenden. Überhaupt, ein Kind, das schon so jung stiehlt – was alles hat man von dem noch zu erwarten, da droht noch viel, viel Schlimmeres.

Die Behandlung des Jungen (die nicht darin besteht, daß ihm etwas bewußt gemacht wird, sondern in spielerischen Gesprächen) hat Erfolg, bis eines Tages die Eltern wieder bei Zulliger vorsprechen:»...als der Bub im besten Zug ist, das Stehlen zu lassen, brechen die Eltern die Kur ab mit der Begründung, sie sei ihnen zu kostspielig, und sie sei zu wenig fruchtbar gewesen«. Die Mutter hat absichtlich Geld herumliegen lassen, da und dort daheim, um zu prüfen, ob Marcel etwas davon nimmt, und, welch beklagenswerte Entdeckung, er *hat* genommen.

Zulliger läßt das nicht auf sich beruhen, und sein Ergebnis (die Eltern von Marcel sind Pfarrersleute) ist sehr einfach und unmißverständlich:»Marcel *muß* ›schwierig‹ bleiben. Des Rätsels Lösung besteht darin, daß die Ehe der Eltern schlecht ist. Es schickt sich jedoch nicht, daß sich Pfarrersleute scheiden lassen, und sie dürfen dies schon darum nicht tun, weil sie den Kindern ein ›Familienleben‹ schuldig zu sein glauben. Vernunftgründe halten die Ehe äußerlich zusammen. Einer davon ist die Erziehungsaufgabe am ›schwierigen‹ Marcel.«

»Es ist nichts zu machen, weil nichts gemacht werden *soll*«, stellte Zulliger fest:»Es ist für die Eheleute viel angenehmer, sich nur um den diebischen Marcel sorgen zu müssen mit dem ergebenen Seufzer: ›Es hat halt jedermann sein Kreuz zu tragen!‹, als den Ehekonflikt so oder so zu lösen, zu beseitigen. Und darum *darf* Marcel nicht ein ›normales‹ Kind werden.«

Das Verbrechen und der Verbrecher liegen als dunkler, verdunkelnder Schleier über den Konflikten der Gesellschaft, an denen wir lieber tragen, als daß wir sie lösen. Die verhüllten Konflikte sind nützlich und wichtig (sie werden sogar immer wichtiger, immer unersetzlicher): denn sie markieren den Fußbreit Boden, auf dem wir zusammenzustehen und einig zu sein haben, soviel uns auch trennt und so unversöhnlich wir einander auch begegnen – den Fußbreit Boden, auf dem wir uns zusammenzufinden und zusammenzustehen haben, damit uns die steigende, anbrandende Flut des Verbrechens nicht hinwegschwemmt. Wir müssen das Kreuz dieser Bedrohung gemeinsam tragen, und wehe, es nimmt uns einer dieses Kreuz.

Wir haben einen steten, wachsenden Bedarf an Verbrechen und Verbrechern, und so stiften wir neue, wenn das alarmierende, zum Zusammenhalt nötigende Feuer der alten zu verblassen droht. Wird eine Rubrik der Kriminalstatistik schwächer, so sind wir unverzüglich bei der Hand, andere Rubriken zu forcieren und aus ihrem Thema *das* Thema zu machen, das es zu bewältigen gilt, damit nicht Nation, Abendland und Welt untergehen. Frische Gesetze müssen her, die vorhandenen genügen nicht mehr, treffen nicht das, worum es nun jählings zu gehen hat.

Die Angst vor dem Verbrechen und dem Verbrecher ist aber nicht nur als Hort letzter Gemeinsamkeit auf einem Fußbreit Boden zu erhalten und auszugestalten. Sie ist auch das Versteck anderer Ängste, die Zuflucht anderer Bedürfnisse. Der Schriftsteller Hans Magnus Enzensberger hat 1964 (anläßlich des Strafprozesses gegen Adolf Eichmann in Israel) »Reflexionen vor einem Glaskasten« angestellt. Es heißt bei ihm:

»Für den einzelnen ist jede Verurteilung eines anderen, und der Verbrecher wird stets als der schlechthin andere betrachtet, ein Freispruch. Wer schuldig ist, der wird bestraft, also ist, wer nicht bestraft werden kann, unschuldig. Die Befriedigung, mit der das Kollektiv die Verfolgung etwa eines ausgebrochenen Sträflings betrachtet, ist lehrreich. Ohne weiteres finden sich Metaphern aus der Jagdsprache ein. Der Verbrecher ist Freiwild, zum Abschuß freigegeben: Auf plebiszitärem Wege käme man jederzeit zu einer Verschärfung der ohnehin unsäglichen polizeilichen Schießpraxis. Auch das Verlangen nach der Todesstrafe ist äußerst populär; besonders nach der Entdeckung sogenannter Sittlichkeitsverbrechen, die stets eine enorme Publizität für sich haben, kommt es in hysterischen Wellen auf. Die Rolle des Verbrechers als eines Sündenbocks der Gesellschaft ist uralt; sie prägt sich aber unter den gegenwärtigen Bedingungen besonders deutlich aus. Je mehr Schuld sich im ganzen ansammelt, je diffuser ihr Zusammenhang, je anonymer und unsichtbarer ihre Quelle, desto dringlicher wird es, sie an deutlich kenntlichen Einzelpersonen abzureagieren.«

Was Schuld ist, wird immer unschärfer. Daß Schuld gegenwärtig ist in einem geradezu überwältigenden Ausmaß (denn der Stand der Erkenntnisse und Einsichten ist so groß geworden, daß die Weigerung, sie zu berücksichtigen und zu verwirklichen, uns immer schuldiger macht), spürt jeder. Das Reden, mit dem man dem Tun entflieht, die Verlogenheit, die zwischen vorgeblicher und tatsächlicher Haltung hervorquillt, die Bekenntnisse zur Gewaltfreiheit, parallel zu denen auf den Straßen Bürgerkrieg herrscht: Da sammelt sich Schuld, diffus in ihrem Zusammenhang, anonym und Quellen entspringend, die man kennt, aber nicht zu kennen vorgibt. Da braucht es in der Tat Einzelpersonen, an denen wir uns abreagieren können; die wir zum Sündenbock von Ängsten machen können – von denen wir wissen, daß wir sie zu Recht haben. Auch die Ängste vor dem Verbrechen und dem Verbrecher hat Enzensberger in seinen Reflexionen formuliert:

»Zunächst dient der ›gemeine Verbrecher‹ der Beruhigung. Zwar ruft sein Auftauchen in der Gesellschaft Angst hervor, aber diese Angst ist außerordentlich harmlos. Im Gegensatz zu den weit realeren politischen und militärischen Drohungen, denen die Gesellschaft ausgesetzt ist, läßt sie sich identifizieren. Ihr Urheber erscheint im Steckbrief auf allen Wänden. Sein Verhalten ist, im Gegensatz zu dem der herrschenden Instanzen, verständlich und übersichtlich. Ohne weiteres läßt sich seine Tat moralisch einordnen. Was von ihr zu halten ist, darüber geben die Gesetzbücher Auskunft. Am Los des Mörders kann man sehen, daß es ›noch Richter gibt‹, und an seine Figur hält sich die erwünschte Illusion, als sei Töten verboten. Indem man ihn bestraft, verhilft die Gesellschaft sich zu der Überzeugung, daß ihre Rechtsordnung intakt sei. Das ist beruhigend.«

Dieses ärgerliche Buch, das dennoch um Interesse und Teilnahme bittet, hat daran zu erinnern, daß der sogenannte Straftäter sich durch seine Tat, sie mag uns noch so sehr entsetzen, nicht aus der Gesellschaft ausschließt. Man mag und kann darüber streiten, welche Bedeutung die Anlagen haben, die ein Mensch mit auf die Welt bringt, und welche Bedeutung die Umwelt für seine Entwicklung hat, wieweit sie an einer Straftat beteiligt ist durch Versäumnisse oder Zumutungen; ob, in welcher Weise und in welchem Ausmaß soziale Verhältnisse einen eigentlich ganz anders möglichen Lebensweg verrücken. Doch angesichts der nicht endgültig zu erschließenden Rolle der Anlagen haben wir um den Einfluß der Umwelt auf die menschliche Entwicklung so zu ringen, als sei ohne jedes Gewicht, in welchem Umfang mit schwer, mit kaum und gar nicht entrinnbaren Anlagefaktoren gerechnet werden muß. Jeder und jede, die an die Justiz geraten, angeklagt oder auf das drängend, was sie oder er für ihr Recht halten – ist eine, ist einer von uns.

Einer von uns sind aber auch die Richter und Staatsanwälte, die Schöffen, die ehrenamtlichen Beisitzer. Die Justiz im ganzen ist einer von uns. Sie entscheidet in unserem Namen. Indem wir über sie zu Gericht sitzen, prüfen wir uns selbst. In dem Gericht über die Justiz sitzen auch die Juristen, denn ihnen werden ihre Ämter nicht nur übertragen: Es wird auch auf sie abgewälzt. Sie sollen tun, was wir selbst nicht tun mögen. Sie sollen entscheiden, wo uns Zweifel anfallen und lähmen. Es ist angenehmer, Entscheidungen zu beanstanden, über sie zu lamentieren und zu beklagen, daß es keine Richter mehr gibt, als persönlich urteilen und mit seinem Urteil leben zu müssen. Doch alle Urteile sind unentrinnbar unsere Urteile, sie ergehen in unserem Namen. Ein Gericht über die Justiz muß sich auch den Beschwerden der Justiz über ihre Auftraggeber stellen.

Stalin, vor einer Entscheidung gewarnt, die dem Papst nicht gefallen werde, soll gesagt haben: »Wieviel Divisionen hat der Papst?« Stellt hierzulande die Opposition ihr Schattenkabinett vor, so prunkt sie mit den Personen, die unsere Finanzen ordnen, die Wirtschaft lenken und die Innen- und Außenpolitik gestalten werden. Wer für die Justiz zuständig sein wird, bleibt unbekannt. Die Justiz hat keine Divisionen. Dem Wähler ist es nur angenehm, wenn ihm verborgen wird, was man mit ihr plant. Es soll so bleiben, wie es ist: Er will lamentieren können, zetern, nach dem Rechtsstaat rufen. Er mag nicht daran erinnert werden, daß gerade das, was man Rechtspolitik nennt, von ihm mitzuverantworten ist. Wenn es im Wahlkampf ums Recht geht, dann sind ihm gewalttätige Reden wider die Gewalt, in denen es um den Fußbreit Boden geht, auf dem wir, soviel uns auch trennt, zusammenzustehen haben gegen die Flut des Verbrechens, durchaus genehm. Sie versprechen ihm, daß man das schon in seinem Sinne regeln wird, besser als zuvor; sie ermutigen ihn, an seinen Ängsten festzuhalten und noch tiefer in sie hineinzukriechen. Die Angst hat Divisionen und die Politik ist bemüht, ihr immer neue Divisionen zuzuführen. Und so entscheidet die Justiz nicht im Namen des Volkes, sondern im Namen der Ängste des Volkes.

Dieses Buch ist das Buch eines Journalisten. Es setzt sich, indem es sich immer wieder auf Prozesse bezieht, die stattgefunden haben, dem Vorwurf aus, sich auf »Anekdotisches« zu beschränken. Doch die bis zur Überreife gediehene Pracht unseres Rechts, unserer Rechtswissenschaft und ihrer Literatur ist inzwischen ein nahezu unüberwindlicher Beitrag dazu, daß sich der Bürger nur als Rechtsunterworfener empfindet und nicht als der, in dessen Namen entschieden wird. Es bedarf der Erinnerung, auch wenn das mit dem Verzicht auf Fußnoten und die Ausbreitung all dessen, was zu den einzelnen Positionen unseres Rechtslebens geschrieben wurde, zu bezahlen ist, der Erinnerung daran, was in den Gerichtssälen geschieht. Was in ihnen geschieht, spielt sich im Rahmen des Rechts, der Rechtswissenschaft und ihrer unendlichen Literatur ab, doch nur im Rahmen. Was in diesem Rahmen tatsächlich geschieht, entzieht sich der Abstrahierung, der Versachlichung, dem Versuch, einen jeden gleich zu behandeln, wieder und wieder. Im Gerichtssaal spielt sich ab, was zugänglich machen kann, daß man mitverantwortlich ist.

Die Lehre von der Gewaltentrennung, die auf Montesquieu zurückgeht und die meisten demokratischen Verfassungen organisiert, hat zum Inhalt, daß der Bürger als Wähler die gesetzgebende, die vollziehende und die rechtsprechende Gewalt überträgt und damit den Rechtsstaat ermöglicht. Es wäre an der Zeit, besser von der gesetzgebenden, der vollziehenden und der rechtsprechenden Verantwortung zu reden. Die These, daß der Bürger daran erinnert werden soll, daß er Gewalt abgetreten hat und diese also nicht seine Sache ist, genügt nicht als Begründung dafür, daß wir am Begriff der Gewalt festhalten, obwohl wir längst erkannt haben, was Gewalt, was jede Gewalt und auch und gerade die staatliche, ist.

Verantwortung, die man überträgt, erinnert die, die sie wahrnehmen, daran, was ihre Macht in Wahrheit ist. Und sie hält jene, die übertragen, darin fest, daß sie weiter mitverantwortlich sind, da man gerade für abgetretene, delegierte Verantwortung verantwortlich bleibt. Gewaltlosigkeit wird gefordert. Doch an der gesetzgebenden, der vollziehenden und der rechtsprechenden Gewalt halten wir fest. Verantwortung, unentrinnbare Mitverantwortung trägt sich schwerer.

Die Bitte um Aufmerksamkeit, um Interesse und Teilnahme, die dieses Buch darstellt, ist eine Zumutung. Der Journalist wagt sie, weil wir immerhin so ehrlich sind, davon zu sprechen, daß wir Gerechtigkeit üben. Üben wir sie wirklich. Den vollkommenen Rechtsstaat werden wir nicht erlangen. Wir können nur versuchen, in einem leidlichen, sich nicht vergrößernden Abstand auf seiner Spur zu bleiben. Auch der Journalist schreckt vor dem Wort wir zurück. Doch er muß es gebrauchen, da wir auch das Volk sind, das vor Gericht steht, wenn wir über die Justiz Gericht halten.

15

II
Unglück im Glück,
oder: Ein Unglück kommt selten allein

Die Bundesrepublik Deutschland darf sich zu Beginn des Jahres
1989 getrost einen Rechtsstaat nennen. Es wäre besser, sie spräche
davon, daß sie ständig bemüht ist, sich dem Rechtsstaat zu nähern
(den sie der Gebrechlichkeit der menschlichen Einrichtungen wegen nie erreichen wird). Doch es ist kein schlagendes Wort zu
finden, das die stete Verfolgung eines Ziels im Unendlichen ausdrückt. Auch würde jedes Wort auf die Vorläufigkeit, auf das
Vorübergehende der gegenwärtigen Situation des Rechts hinweisen, und damit, so sehen es die Gelehrten, gewiß den Respekt vor
ihm mindern. Ohnehin ist, ihnen zufolge, der jeweilige Rechtsstaat
vor allem zu verteidigen (einige sehen darin, daß er angegriffen
wird, sogar die Bestätigung seiner Existenz).
  Der Rechtsstaat Bundesrepublik hat seinesgleichen nicht auf der
Welt im Jahr 1989. Getragen von einem Grundgesetz bietet er ein
Rechtssystem, das mit einer Fülle von Gerichtsbarkeiten die richterliche Entscheidung und Kontrolle jedes Konflikts zu ermöglichen scheint. Rechtsmittel stehen zur Verfügung für den, dem nicht
zuteil wird, was er für sein Recht hält. Die Rechtswissenschaft blüht.
Qualifizierte Veröffentlichungen überfluten geradezu den Rechts-
zustand, prüfend, beanstandend, einwendend, vorschlagend und
fordernd. Man kann dem Rechtsstaat Bundesrepublik 1989 eigentlich nur vorwerfen, daß er bis an die Grenze der Leistungsfähigkeit
eines Rechtssystems entwickelt ist und der Überreife seines Zu-
stands zu wenig Aufmerksamkeit widmet.
  Die Flut der hochqualifizierten Veröffentlichungen läßt natürlich
auch diese Grenzsituation, diese Überreife nicht aus. Doch die
Warnungen gehen im Ausmaß und in der Intensität der Diskussio-
nen auf dem Rechtsmarkt unter. Auch die Juristen sind Genossen
ihrer Zeit, und es kennzeichnet diese 1989, daß sich die Frage, wo

etwas tatsächlich oder jedenfalls am dringendsten auf dem Spiel steht, kaum noch beantworten läßt.

Auf dem Deutschen Richtertag ist 1979 in Essen die Überlastung der Justiz angesprochen und in der Folgezeit noch eine Weile diskutiert worden. Denn es war nicht mehr zu übersehen, daß dem überwältigenden Angebot an Konfliktentscheidung und -kontrolle inzwischen eine Inanspruchnahme galt, die alle Gerichtsbarkeiten überlastete und bis zur Rechtskraft unerträgliche Fristen entstehen ließ.

Das Thema ging indessen unter, es verlagerte sich in Teilerörterungen, in Details, von denen man sich Milderung versprach (etwa die »Absprache im Strafprozeß«). Die kapitale Frage, welches Rechtssystem noch möglich ist, verschwand aus der Tagesordnung. Ernst Benda, Präsident des Bundesverfassungsgerichts, als er 1979 in Essen sprach: »Es ist noch nicht allgemein bemerkt worden, daß bei zunehmender Verfahrens- und Normenfülle auch die *Rechtsgewährung* längst ein ›knappes Gut‹ geworden ist. Dies drückt sich in der langen Verfahrensdauer konkret aus.« Man bemerkte es, aber man vergaß, man verdrängte es.

Doch die Bundesrepublik darf sich einen Rechtsstaat nennen zu Beginn des Jahres 1989, sie darf das getrost tun, denn sie leidet ja nicht an Mangel, was ihr Angebot angeht. Sie leidet an der Illusion, daß es nichts gibt, was sich nicht auf einem der vielfältigen Rechtswege bewältigen und lösen läßt. Man kann ihr vorwerfen, daß sie an dieser Illusion festhält, aber man muß ihr zugestehen, daß es leichter ist, zu entdecken und sich dazu zu bekennen, daß man zu wenig bietet. Daß man zuviel verspricht, daß man die Grenze der Leistungsfähigkeit erreicht, wenn nicht gar schon überschritten hat, ist schwer zu erkennen.

Am 9. November 1989 jedoch widerfährt dem Rechtsstaat Bundesrepublik ein Unglück im Glück. Die Mauer in Berlin fällt, die Wiedervereinigung bricht herein. Einigen wird mißfallen, daß von einem Unglück im Glück die Rede ist. Sie ziehen es vor, davon zu sprechen, daß ein Unglück selten allein kommt. Jeder mag auf Schicksalsschläge auf seine Weise reagieren (ein Oberhirte hat tatsächlich gesagt, daß er auf die Vereinigung der deutschen Länder verzichten möchte, wenn mit ihr der Einzug der Fristenlösung in die Bundesrepublik verbunden sein sollte). Der Schicksalsschlag, der die Justiz der Bundesrepublik trifft, läßt indessen, ob man ihn als Unglück im Glück oder als eines der Unglücke empfindet, die selten allein kommen, kein Ausweichen zu. Er konfrontiert ein Rechtssystem, in dem die Richter, Staats- und Rechtsanwälte nicht der Gerechtigkeit unterworfen waren oder sich unterwarfen, sondern einer Ideologie – einem Rechtssystem, das wiederaufgebaut und ausgebaut worden ist, ohne daß man sich von den Richtern, Staats- und Rechtsanwälten trennte, die zwölf Jahre lang einer blutigen Ideologie unterworfen gewesen waren oder sich unterworfen hatten.

Das ist eine gespenstische, ungeheuerliche Szene. Noch einmal taucht aus dem Abgrund auf, was man versäumte, was man zu überwachsen haben meinte. Man konnte bereits schon von dem schrecklichen Versäumnis reden, man durfte Reue zeigen und beklagen, was geschehen war, denn es war ja nun gar nichts mehr zu tun. Es war keiner von denen mehr im Amt, es waren nur noch wenige am Leben von denen, mit denen man sich hätte auseinandersetzen müssen. Ein Rechtssystem, in dessen Wurzeln unsägliche Versäumnisse schwären, hat sich mit einem Rechtssystem zu vereinigen, das in voller Fahrt war in seinem Unterworfensein oder seiner Unterwerfung, als es anhalten mußte; als es von einer politischen Entwicklung, die keiner seiner Akteure für möglich gehalten hatte, zum Stillstand gebracht wurde.

Das Jahr 1990 ist wahrhaftig eine Geisterstunde für die Justiz der Bundesrepublik. Sie hört noch einmal die Erklärungen, die sie schon einmal gehört hat – die sie hinnahm, die sie gelten ließ: Man sei dem Gesetz unterworfen gewesen, man habe »weit überwiegend nach bestem Wissen und Gewissen unvoreingenommen« gehandelt und entschieden, selbstverständlich »auf der Grundlage der geltenden gesetzlichen Bestimmungen«. »Thesen zur Justizreform« in der DDR-Fachzeitschrift *Neue Justiz* veröffentlicht: »So wie es falsch ist, für Fehlentwicklungen in der Justiz alle in diesem Bereich Tätigen verantwortlich zu machen und pauschal zu verurteilen, so haltlos ist aber auch die Position, die Richter, Staatsanwälte und Notare aller Ebenen träfe überhaupt keine Verantwortung, da sie ja ›nur‹ – wie es ihr Auftrag ist – geltende Gesetze, die sie nicht gemacht haben, angewandt hätten.« In dem Spannungsverhältnis zwischen »Rechtsnorm und Rechtsanwendungsakt« habe es schon Erscheinungen gegeben, die das Recht deformierten »und für die Verantwortung übernommen werden muß«. Es waren nicht alle dabei, aber Verantwortung hat es andererseits doch gegeben. Entscheidend soll sein, was man im Wege der Auslegung aus dem Gesetz herausgelesen oder hineininterpretiert hat, »vor allem bei der Anwendung des politischen Strafrechts« –

aber welcher rechtliche Vorgang war denn nicht politisch vorge-
geben?

Aus vielen Gründen hat sich die Bundesrepublik nicht mit der
NS-Vergangenheit der Justiz befaßt, sie nicht ausgetragen, sich
von wenigen, nicht ins Gewicht fallenden Ausnahmen abgesehen,
nicht strafrechtlich mit ihr auseinandergesetzt. Einer der Gründe
war, und zwar kein beiläufiger, sondern einer ersten Ranges, daß
die Rechtspflege nicht stillstehen durfte. Denn wenn nicht angeklagt und richterlich entschieden wird, dann bricht die Anarchie
herein. Man mußte einfach auf die erfahrenen, bewährten Kräfte
zurückgreifen. Die Rechtsunterworfenen waren in Schach zu halten, es durfte keinen Stillstand geben, der Gesetzlosigkeit war
Einhalt zu gebieten, und um dieses hohen, unstreitigen Zieles willen konnte man auf jene nicht verzichten, die ihre Fähigkeit zur
Durchsetzung von Gesetzen bewiesen hatten.

Es ist wirklich eine Geisterstunde, was über die Justiz der Bundesrepublik kommt. Schon am 30. Dezember 1989 schlägt *Neues
Deutschland*, nunmehr das Organ der PDS, Alarm: »Angriffe auf
die Unabhängigkeit der Richter nehmen zu«. Und in der Unterzeile
heißt es: »Aggressives, drohendes Verhalten an der Tagesordnung«. Welche Unabhängigkeit wird da angegriffen? Laut Angaben des Ministeriums der Justiz hätten sich »in letzter Zeit be-
sorgniserregende Angriffe auf die Unabhängigkeit der Richter in
der Rechtsprechung ... und Drohungen gegen Richter« gemehrt.
Eine Richterin eines Kreisgerichts habe erklärt, sie fürchte sich
davor, ein Verfahren wegen Widerstands gegen staatliche Maß-
nahmen zu verhandeln und zu entscheiden, weil »die gegenwär-
tige Situation den Richtern keinen Schutz mehr biete«. Eine andere
Richterin sei während der mündlichen Verhandlung durch Beschimpfungen fortlaufend »psychisch terrorisiert« worden. Weil
von der Volkspolizei keine Unterstützung zu erwarten sei, habe
sich das Richterkollektiv geweigert, »Strafverfahren zu verhandeln, von denen eine Gefahr für die Richter ausgehen könnte«. In
einer Sprechstunde des Bezirksgerichts Magdeburg habe am
12. Dezember 1989 ein Bürger Auskunft über den Aufenthaltsort
eines schon lange nicht mehr amtierenden Richters verlangt, »der
politisch motivierte Fehlurteile gefällt habe«. Der Bürger »berief
sich dabei auf seine Mitgliedschaft in der SPD, in der es eine
Gruppe ›Rote Richter raus‹« gebe.

Das *Neue*, alte *Deutschland* krönte seinen Alarm wegen der
»Angriffe auf die Unabhängigkeit der Richter« nach diesen und

anderen Beispielen mit einem Appell: »Diese Beispiele sind neuerliche Belege für die Notwendigkeit der am 22. Dezember erhobenen Forderung der Richterversammlung des Obersten Gerichts, die rechtsstaatlichen Verhältnisse zu schützen. Die Richter rufen alle Bürger, Parteien, Bürgerinitiativen und basisdemokratische Gruppierungen auf, sich gegen den Versuch der Einwirkung auf die Richter, gegen Willkür und Anarchie zu wenden.«

Da fällt der Schatten des Richters Rehse aus seinem Grabe noch einmal auf die Justiz der Bundesrepublik. Sein Schatten fällt wieder auf die Diskussion der Unabhängigkeit der Richter und auf den Streit um ihre Bindung an das Gesetz. Vom 10. November 1941 bis zum Kriegsende ist der Kammergerichtsrat Hans-Joachim Rehse, Jahrgang 1902, beisitzender Richter im Ersten Senat des Volksgerichtshofs, also, wie Jörg Friedrich schrieb, »der Freislersche Sozius« gewesen. Rehse hat an mindestens 231 Todesurteilen mitgewirkt. Ihm wurden von der Staatsanwaltschaft in West-Berlin sieben dieser Urteile als Morde vorgeworfen. Der erste Strafprozeß gegen Rehse endete im Juli 1967 mit seiner Verurteilung zu fünf Jahren Zuchthaus wegen Beihilfe zum Mord. Rehse und die Staatsanwaltschaft gingen in Revision. Im April 1968 hob der 5. Strafsenat des Bundesgerichtshofs das Urteil auf. In einer zweiten Hauptverhandlung wurde Rehse im Dezember 1968 freigesprochen.

Die Rehse vorgeworfenen Urteile hätten sich »doch noch im Rahmen dessen bewegt, was damals gesetzlich vertretbar war«. Rehse sei seine Berufung auf die Gesetze und die Rechtsprechung unter Hitler subjektiv nicht zu widerlegen, wenn auch die von ihm mitunterzeichneten Todesurteile objektiv rechtswidrig waren. Der Richter, unter dessen Vorsitz Rehse freigesprochen wurde, erklärte: »Die wirklich extremen Fälle passierten ja nur in den Jahren 1943 und 1944. Das war nur eine ganz kurze Zeit. Und wir wollen hoffen, daß eine solche Zeit nicht wiederkommt. Allein wegen des Unrechts in dieser Zeitspanne das Haftungsprivileg des Richters heute abzuschaffen, halten wir für falsch.«

In seiner ersten Hauptverhandlung in West-Berlin ist Rehse 1967 vom Vorsitzenden gefragt worden: »Wenn man nun ein Gesetz gemacht hätte, wonach alle Brillenträger schwer zu bestrafen waren?« Rehse schlug den Ball, wie jeden, der übers Netz kam, zurück: »Nichts, gar nichts hätte ich tun können. Sollte ich auf die Barrikaden gehen? Es war ja ein Faktum. Wir mußten gehorchen.« Rehse, dem Gesetz unterworfen, hätte auch daran mitgewirkt, daß die Brillenträger geköpft wurden, wenn Hitler sie zu Volksschädlingen erklärt hätte.

Rehse stützte sich auf das, was Gustav Radbruch in seinem zuerst 1914 erschienenen Buch »Grundzüge der Rechtsphilosophie« formuliert hat. Der große Jurist Adolf Arndt, wie Gustav Radbruch Mitglied der SPD, hat die folgenden Sätze »blutenden Herzens« zitiert, »weil der Mann, den ich selber kannte, durchaus meiner Verehrung gewiß ist«. Radbruch forderte vom Richter, »den Geltungswillen des Gesetzes zur Geltung zu bringen, das eigene Rechtsgefühl dem autoritativen Rechtsbefehl zu opfern, nur zu fragen, was rechtens ist, und niemals, ob es auch gerecht sei«.

Und er hat in seiner Rechtsphilosophie, in seinem, so Arndt, »in fast alle Sprachen der Welt übersetzten« Buch sogar geschrieben: »Wie ungerecht immer das Recht sich seinem Inhalte nach gestalten möge, einen Zweck wird es stets, schon durch sein bloßes Dasein erfüllen: den der Rechtssicherheit. Der Richter, indem er sich dem Gesetz ohne Rücksicht auf seine Gerechtigkeit eidlich dienstbar macht, wird also trotzdem nicht bloß zufälligen Zwecken der Willkür dienstbar: auch, wenn er, weil das Gesetz es so will, aufhört, Diener der Gerechtigkeit zu sein, bleibt er doch immer noch Diener der Rechtssicherheit.« Und noch 1932 hat Radbruch geschrieben: »Die Rechtswissenschaft ... wäre sogar unfähig, den Imperativen eines Paranoikers, der sich König dünkt, mit zwingenden Gründen die Geltung abzusprechen.«

Manfred Walther hat sich mit Radbruchs These befaßt, mit dem ihr zugrunde liegenden Staatsbegriff, »demzufolge der Staat nicht als Teil der Gesellschaft gesehen wurde, sondern als ihr gegenüberstehend, genauer: als über ihr stehend, als einheitsstiftende Institution der Sittlichkeit über dem bloßen Parteienkampf der Gesellschaft, mit höherer Weihe versehen«. Radbruch hat sich erst nach 1945 korrigieren können, wenn er sich auch nicht so korrigierte, daß sich aus seiner Korrektur ein Weg ergeben hätte, der eine strafrechtliche Auseinandersetzung mit den Richtern der NS-Zeit ermöglichte. Ist die »Positivismus-These« in Radbruchs Korrektur eine Art Selbstanklage, wie Walther annimmt: »Denn als Rechtslehrer hatte er ja aktiv daran mitgewirkt, daß die Juristen positivistisch denken sollten«? »Wir verachten den Pfarrer, der gegen seine Überzeugung predigt, aber wir verehren den Richter, der sich durch sein widerstrebendes Rechtsgefühl in seiner Gesetzestreue nicht beirren läßt«, hat Radbruch 1914 auch geschrieben.

Radbruchs Rechtsphilosophie aus dem Jahr 1914 ist von der Rechtsprechung und der Rechtswissenschaft der Bundesrepublik nicht bewältigt worden. Und der Aufsatz, mit dem er sich 1946 unter der Überschrift »Gesetzliches Unrecht und übergesetzliches Recht« zu korrigieren versuchte, hat nichts gelöst. »Das gilt für die Zukunft«, hieß es darin, »gegenüber dem gesetzlichen Unrecht jener vergangenen zwölf Jahre müssen wir die Forderung der Gerechtigkeit mit einer möglichst geringen Einbuße an Rechtssicherheit zu verwirklichen suchen.«

Und es hieß: »Wir sind vielmehr der Meinung, daß es nach zwölf Jahren Verleugnung der Rechtssicherheit mehr als je notwendig sei, sich durch ›formaljuristische‹ Erwägungen zu wappnen, welche sich begreiflicherweise in jedem, der zwölf Jahre der Gefährdung und Bedrückung durchlebt hat, leicht ergeben können. Wir haben die Gerechtigkeit zu suchen, zugleich die Rechtssicherheit zu beachten, da sie selber ein Teil der Gerechtigkeit ist, und einen Rechtsstaat wieder aufzubauen, der beiden Gedanken nach Möglichkeit Genüge zu tun hat. Demokratie ist gewiß ein preiswertes Gut, Rechtsstaat aber ist wie das tägliche Brot, wie Wasser zum Trinken und wie Luft zum Atmen, und das Beste an der Demokratie gerade dieses, daß nur sie geeignet ist, den Rechtsstaat zu sichern.«

Für Radbruch setzte die Strafbarkeit eines Richters wegen einer Tötung die gleichzeitige Feststellung einer von ihm begangenen Rechtsbeugung voraus: »Denn das Urteil des unabhängigen Richters darf Gegenstand einer Bestrafung nur dann sein, wenn er gerade den Grundsatz, dem jene Unabhängigkeit zu dienen bestimmt war, die Unterworfenheit unter das Gesetz, d. h. unter das Recht, verletzt hätte.« Als letzter, »freilich peinlicher« Rechtsbehelf bleibe dem Richter »die Berufung auf die Lebensgefahr, die er durch die Auffassung nationalsozialistischen Rechts als gesetzliches Unrecht über sich herabbeschworen« hätte, »die Berufung auf den Notstand«.

Rechtsbeugung ist den NS-Berufsrichtern nicht nachzuweisen gewesen, ein so schlechter Jurist ist kein Jurist, daß er sich dagegen nicht zu wehren wüßte. Und Radbruch fragte 1946 auch: »Aber konnten Richter, die von dem herrschenden Positivismus soweit verbildet waren, daß sie ein anderes als das gesetzte Recht nicht kannten, bei der Anwendung positiver Gesetze den Vorsatz der Rechtsbeugung haben?« Der Dienst an der Rechtssicherheit, die noch 1946 durch Radbruchs Arbeit wie ein Irrlicht huscht, ist eine richterliche Aufgabe geblieben in der Bundesrepublik, und so schallte nach dem 9. November 1989 auch aus der Deutschen Demokratischen Republik als spätes Echo zurück, was die Bundesrepublik versäumt hat, was sie zuließ, was sie hinnahm.

»Nur drei Prozent aller Urteile im sensiblen Bereich«: Er leitete den Volkskammerausschuß zur Aufklärung von Korruption und Amtsmißbrauch in der DDR: Heinrich Toeplitz, 75. In der *Zeit* zitiert ihn Michael Schwelien, der ihn als Vorsitzenden des Ausschusses beobachtet hat: »Politische Fehler sind nicht ohne weiteres strafbare Handlungen.«

Toeplitz, von 1960 bis 1986 Präsident des Obersten Gerichts der DDR, hat viel geschrieben und viele Reden gehalten. So schrieb er: »Das sozialistische Recht hat die Aufgabe, alle Bürger im Geiste des Sozialismus zu erziehen…« Und auf einer Plenartagung des Obersten Gerichts nahm er unter anderem zu den Problemen Stellung, die sich »letztlich aus dem Systemcharakter der sozialistischen Gesellschaft herleiten«: »Aus diesem Systemcharakter ergibt sich die Erkenntnis, daß der Kampf gegen die Kriminalität und andere Rechtsverletzungen nur dann mit hoher gesellschaftlicher Wirksamkeit geführt werden kann, wenn er als Teil des Kampfes der Arbeiterklasse und ihrer Verbündeten um die Vollendung der sozialistischen Gesellschaftsordnung in der DDR begriffen und gestaltet wird.«

1967 trug Toeplitz als Fraktionssprecher der Christlich-Demokratischen Union der DDR gelegentlich von Beratungen über Entwürfe zum neuen Strafrecht vor: »Die Gesetze dienen dem Schutz der Arbeiter-und-Bauern-Macht und der Interessen unseres Volkes. Diese Ziele decken sich mit der Verwirklichung der Forderungen des christlichen Ethos, mit der Umsetzung der Forderungen praktischen Christentums im täglichen Leben der Gesellschaft.«

Es ist indessen nicht mehr originell, Agent Orange ausgerechnet dort zum Gärtner zu machen, wo es um das Recht geht; Agent Orange war der Deckname des von den Vereinigten Staaten im Vietnamkrieg eingesetzten Entlaubungsmittels. Wer ein Tollhausstück darin sieht, daß in der DDR ein derart wichtiger Ausschuß von einem Juristen wie Toeplitz geleitet würde, unterschätzt das Beharrungsvermögen, die Durchsetzungsfähigkeit und das Fehlen jeglichen Unrechtsbewußtseins, zu denen Juristen fähig sind.

Der Jurist Theodor Maunz schrieb 1938:»Alle diese Zukunfts-
aufgaben haben das gleiche Ziel vor Augen: Die Bezogenheit der
Rechtswissenschaft auf die nationalsozialistische Weltanschau-
ung. Diesem Ziel müssen alle Kräfte des deutschen Hochschul-
lehrers gelten. Mit ihnen erfüllt er seine Aufgabe als Rechtswah-
rer der Wissenschaft.« Schon 1934 hatte er geschrieben, es komme
weniger darauf an,»unangreifbare Ergebnisse zu bieten, als im
Ringen um die Neugestaltung Waffen zu liefern«. Und 1937 hieß
es bei ihm:»Da der Führer vor allen anderen berufen ist, das Recht
zu erkennen, kundzutun und zu vollstrecken, ist das Gesetz eine
Entscheidung über den Inhalt des völkischen Rechts, gegen die es
keine Berufung an eine höhere Instanz der völkischen Ordnung
geben kann.«
Es war bei ihm auch zu lesen:»So verstanden, bedeutet das
Führerprinzip oder Gemeinschaftsprinzip eine völlige Umkehr
unseres bisherigen Rechtsdenkens, um so mehr, als dadurch auch
der Begriff des Rechts und die Quellen des Rechts andere werden.«
1952 übernahm Maunz in München den Lehrstuhl für Öffentliches Recht. Von 1957 bis 1964 war er als Mitglied der CSU Kultus-
minister in Bayern. 1969 emeritiert, genießt der 89 Jahre alte Jurist
1990 höchstes Ansehen. Sein Kommentar zum Grundgesetz (zusammen mit Günter Dürig, Roman Herzog und Rupert Scholz)
gilt als Standardwerk. Herzog, von 1958 bis 1964 wissenschaftli-
cher Assistent bei Maunz, ist heute Präsident des Bundesverfassungsgerichts; Scholz war von April 1988 bis April 1989 Bundes-
verteidigungsminister.
Anläßlich seines 1974 erzwungenen Rücktritts als Kultusmini-
ster erklärte Maunz, er habe sich seinerzeit nur bemüht,»die in
Geltung gewesen Rechtssätze und die damals bestandenen An-
sichten zu beschreiben«. Die »aus dem Zusammenhang gerisse-
nen Zitate« aus seinen Veröffentlichungen im Dritten Reich »ergeben kein wahres Bild dessen, was ich wirklich vorgetragen
habe«.
Während der Jurist Maunz das Recht einer Ideologie lehrte und
durchzusetzen bemüht war, hat der Jurist Toeplitz als Rechtspoli-
tiker und Richter dem Recht einer Ideologie gedient. Unter seinem Vorsitz ist beispielsweise vom Obersten Gericht der DDR
1962 gegen Harry Seidel verhandelt worden.
Harry Seidel, Elektromonteur und einer der bekanntesten Rad-
sportler der DDR, war am 13. August 1961 nach West-Berlin
geflohen. Im Herbst 1961 gelang es ihm, seine Frau und sein Kind

aus der DDR herauszuholen. Seine Mutter, Geschwister und andere Verwandte waren danach in der DDR schweren Repressalien ausgesetzt. Harry Seidel bemühte sich, ihnen und Freunden zur Flucht zu verhelfen. Bei einem dieser Versuche wurde er in der Nacht vom 14. auf den 15. November 1962 »von den Sicherungsorganen der DDR« verhaftet. Harry Seidel trug bei seiner Festnahme eine Pistole bei sich, von der er aber keinen Gebrauch gemacht hatte.

Am 29. Dezember 1962 wurde er zu lebenslangem Zuchthaus verurteilt. Der Generalstaatsanwalt hatte seinen Antrag auf dieses Strafmaß damit begründet, daß »Seidels Verbrechen« eine »unmittelbare Verwirklichung der Gewaltpolitik der Bonner Ultras« darstelle. Professor Steiniger, Direktor des Instituts für Völkerkunde an der Ostberliner Humboldt-Universität und Präsident der Deutschen Liga für die Vereinten Nationen, trug als Sachverständiger ein Gutachten über »die völkerrechtliche Einschätzung des Systems der Westberliner Terrororganisationen« vor: »Die organisierten imperialistischen Grenzprovokationen sollen die Völker reif machen für den imperialistischen Krieg und die Regierungen aufeinander hetzen. Der Terror im kleinen soll den Terror im großen auslösen und vorbereiten.«

In der Urteilsbegründung nannte der Vorsitzende Toeplitz den Angeklagten Harry Seidel einen »republikflüchtigen Gewaltverbrecher«. Er sprach von Harry Seidels »staatsgefährdender Gemeingefährlichkeit«. In West-Berlin sagte der Regierende Bürgermeister Willy Brandt zu dem Urteil: »Es gibt kein Wort, das genügen würde, um der Empörung über dieses Schandurteil der modernen Inquisition eines Unrechtsstaates Ausdruck zu verleihen.«

Im Oktober 1963 veröffentlichte eine Internationale Juristenkommission in Genf, die das Urteil gegen Harry Seidel geprüft hatte, das Ergebnis ihrer Untersuchung. Das Oberste Gericht der DDR hatte Harry Seidel wegen fortgesetzten Verbrechens gegen das »Gesetz zum Schutz des Friedens« verurteilt. Die Juristenkommission stellte fest: »Obwohl Präambel, Gesetzestext und parlamentarische Beratung (in der DDR) nicht den geringsten Zweifel über den Gesetzestext aufkommen lassen, hat es das Oberste Gericht der DDR fertiggebracht, die von Seidel geleistete Fluchthilfe in Handlungen der Kriegsvorbereitungen und Aggression zu pervertieren.«

Die Kommission nahm auch Stellung zu dem schwerwiegendsten Abschnitt des Urteils, in dem es hieß: »Nach den Grundsätzen der Rechtsprechung des Internationalen Militärtribunals in Nürnberg sind die von den Bonner Ultras organisierten Anschläge auf die Staatsgrenze der DDR, wie sie von dem Angeklagten Seidel ausgeführt worden sind, Verbrechen gegen den Frieden. Dieses Verbrechen umfaßt nach Artikel 6a des Statuts des Internationalen Militärtribunals ›Planen, Vorbereitung, Einleitung oder Durchführung eines Angriffskriegs‹.«

Dazu die Juristenkommission: »Nichts könnte deutlicher als die Bezugnahme auf das Internationale Militärtribunal in Nürnberg die Verirrung der obersten Richter der DDR offenbaren, wird doch die Harry Seidel zur Last gelegte Fluchthilfe auf eine Stufe gestellt mit den als Verbrechen gegen den Frieden beurteilten Taten eines Göring, Heß, Jodl, Keitel, Neurath, Raeder, Ribbentrop und Rosenberg, wobei Neurath mit einer milderen Strafe davongekommen ist als Harry Seidel.«

1990 sagt Toeplitz mahnend und vorwurfsvoll, daß politische Fehler »nicht ohne weiteres strafbare Handlungen« sind. Er sagt das als ein Mann, der sich in seinem Richteramt dem Staat in einem Maß unterworfen hat, das nicht einmal die »Verpflichtung«, die der Richter in der DDR zu leisten hatte, abdeckt – die Verpflichtung, seine Tätigkeit »auf der Grundlage der Verfassung und der Gesetze der Deutschen Demokratischen Republik nach bestem Wissen und Gewissen zum Wohle des werktätigen Volkes und unseres sozialistischen Staates auszuüben«. Die Internationale Juristenkommission hat nämlich auch vorgetragen, in welcher Weise und in welchem Ausmaß das Urteil gegen Harry Seidel sogar über das hinausging, was das »Gesetz zum Schutz des Friedens« verlangte. Toeplitz kann, was Harry Seidel angeht, nicht einmal behaupten, er sei an das Gesetz gebunden gewesen, er habe sich ihm, seiner Verpflichtung getreu, unterworfen. Die Internationale Juristenkommission hatte in ihrer Stellungnahme nicht einmal die vom Gericht »als erwiesen betrachteten Tatsachen« angezweifelt und war dennoch zu ihrem vernichtenden Ergebnis gekommen.

Das Urteil gegen Harry Seidel ist eines der vielen Urteile, an denen Toeplitz als Präsident des Obersten Gerichts und Vorsitzender mitwirkte. Er sagt 1990 auch, beschwichtigend und abwehrend: »Nur drei Prozent aller Urteile ergingen im sensiblen Bereich.« »Nur« – was für ein Versuch, unzählige Schicksale beiseite zu schieben; was für ein Versuch, davon abzulenken, daß sogar Urteile in einer Mietsache *politisch* im Sinne der Ideologie zu sein hatten – daß es keinen Vorgang im Recht geben durfte, der nicht als Beitrag im Kampf für die Vollendung der sozialistischen Gesellschaftsordnung in der DDR unmißverständlich zu begreifen war.

Das Oberste Gericht der DDR hat lenkend und kontrollierend in die Rechtsprechung der Gerichte unter ihm eingegriffen. Im *Staatsverlag der Deutschen Demokratischen Republik* erschien 1989, kurz vor dem Fall der Mauer, eine Festschrift: »Das Oberste Gericht der DDR – Rechtsprechung im Dienste des Volkes«. »Mit einem Dokumentenanhang« wird vorgeführt, was das Oberste Gericht in den 40 Jahren seines Bestehens geleistet hat.

»Der Entwicklung des Obersten Gerichts der DDR, die sich im Herangehen seiner Richter an die Aufgaben der Zeit widerspiegelt, nachzugehen, vermag tieferen Aufschluß über das Wirken des Obersten Gerichts in der Vergangenheit zu geben. Mit ihr beschäftigen wir uns aus der Sicht auf das Heute und Morgen«, heißt es im Vorwort zu einem Buch, das die totale Lenkung der DDR-Justiz in jedem Raum der Gerichte und in jeder Angelegenheit, ob es um Kriminalität oder Eigentumsverhältnisse oder Verkehrsdelikte ging, eindringlich vorführt.

»Nur« drei Prozent der Urteile sollen im politischen Bereich angefallen sein; in einem Bereich, den Toeplitz mit advokatischer Geschicklichkeit als den »sensiblen« aussortiert, sozusagen achselzuckend und in Erwartung eines kummervollen, zustimmenden Kopfnickens: Ja, ja, der politische, dieser sensible Bereich, in dem wir alle machtlos sind, in dem wir uns zu fügen haben... Toeplitz und den sensiblen Bereich trennt ein Ozean, er hat mit ihm nichts zu schaffen, er hat ihn erlitten: Er, dem es nicht um die Annäherung an eine leidliche Gerechtigkeit ging, sondern immer nur um Politik, darum, »im Geiste des Sozialismus zu erziehen«.

Im März 1990 hat *Monitor* eine Begegnung zwischen Toeplitz und Harry Seidel, der im September 1966 in die Bundesrepublik abgeschoben worden war, »nachdem Bonn eine materielle Gegenleistung erbracht hatte«, herbeigeführt, aufgezeichnet und gesendet. Warum man ihn damals zum niedrigsten Individuum herabgewürdigt habe, fragt Seidel, der auch von seiner Verfolgung spricht. Da antwortet Toeplitz einmal, ohne zu zögern: »Ich war zwölf Jahre lang verfolgt.«

1937 promovierte er zum Dr. jur. in Breslau, anschließend war er in der Wirtschaft tätig, zwei Jahre im Ausland. Im Krieg wurde er zunächst zur Organisation Todt verpflichtet. Die Jahre 1944 und 1945 mußte er in Zwangsarbeitslagern verbringen. Er ist aus Gründen verfolgt worden, die man damals »rassische Gründe« nannte. Das habe bestimmte Schlußfolgerungen ergeben. »Das, was daraus folgte, sollte geschützt werden«, versucht Toeplitz zu erläutern, warum er den Weg ins Präsidium des Obersten Gerichts gegangen und dort 26 Jahre geblieben ist.

Er spricht von einer »Atmosphäre des kalten Krieges«, in der es zu dem Urteil gegen Harry Seidel gekommen sei. Inzwischen seien die Gesetze geändert worden. Was damals geschehen sei – nicht mehr »zeitgemäß« sei es. »Trotzdem. Ich wünsche Ihnen alles Gute«, beendet Harry Seidel das kurze Gespräch. Toeplitz hat kein Wort für ihn gefunden. Er ist Jurist durch und durch: Nichts sagen, was als ein Schuldeingeständnis gedeutet werden könnte. □

Hans-Joachim Rehse erwies der Justiz einen letzten Dienst. Er starb im Herbst 1969, bevor es zu einer Revisionsverhandlung über seinen Freispruch kam. Zu einem letzten Gefecht um ihn und damit um die NS-Justiz ist es nicht gekommen. Am 30. Januar 1990, mitten im Einbruch der verdrängten Vergangenheit vom Osten her, kann Bundesjustizminister Engelhard in Karlsruhe im Gebäude des Bundesgerichtshofs ein auf Initiative des Vereins der Bundesrichter und Bundesanwälte beim Bundesgerichtshof (BGH) aufgestelltes Mahnmal zum Gedenken an die Opfer der NS-Justiz der Öffentlichkeit übergeben. Die dreieckige Säule aus Edelmetall trägt die Inschrift: »Im Gedenken an die Frauen und Männer, denen im Namen des Deutschen Volkes Unrecht geschah. 1933–1945«. Der Minister sagt auch in seiner Rede: »Die Tatsache, daß kein einziger Richter eines Sondergerichts oder des Volksgerichtshofs wegen eines der zahlreichen Unrechtsurteile von bundesdeutschen Gerichten rechtskräftig verurteilt worden ist, löst Betroffenheit aus. In einer stillen Stunde mögen sich die Beteiligten einmal fragen, ob sie nicht den Korpsgeist mit ihren Kollegen über die Gerechtigkeit gestellt haben.«

Der Präsident des BGH, Walter Odersky, nimmt für die Justiz in Anspruch, »daß sich die Rechtspflege in der Bundesrepublik Deutschland seit mehr als 40 Jahren um die Verwirklichung des Rechtsstaats bemüht und Wesentliches dazu beigetragen hat. Freilich begleitet uns auch die Frage an die Rechtsprechung, was nach 1945 zur Aufarbeitung der Vergangenheit geschehen oder nicht geschehen ist«. Für den Verein der Bundesrichter spricht sein Vorsitzender, der Bundesrichter Peter Macke. Er spricht von der institutionellen Scham:»Scham darüber, daß sogar Richter und Staatsanwälte, daß sogar die Richter und Staatsanwälte in der Zeit des Nationalsozialismus versagt und sich fast widerspruchslos in den Dienst eines menschen- und rechtsverachtenden Systems gestellt haben; Beschämung darüber, daß wir später der Versuchung, das zu bemänteln, nicht immer widerstanden haben... Uns bedrückt, daß wir für dieses Zeichen der Betroffenheit so lange gebraucht haben. Es kommt spät, wir hoffen: nicht zu spät.«

Die späte Feierstunde, der bereits die Errichtung eines den Opfern der NS-Justiz gewidmeten Mahnmals vor der Deutschen Richterakademie in Trier vorangegangen war, fällt in die Monate, in denen sich die Rechtssysteme der Bundesrepublik und der DDR einander zu nähern haben. Die Juristen im Osten quält die Sorge um ihre Zukunft. Die Juristen im Westen stehen ratlos vor der Wiederkehr der Vergangenheit, vor der Erinnerung an ein Versagen, dem sich die Justiz der Bundesrepublik nun schamvoll zuwendet – spät erst, erst nachdem keiner von denen, die unter Hitler versagten, noch zur Rechenschaft gezogen werden kann.

Wie soll man der Zukunftsangst der Richter und Staatsanwälte in der DDR begegnen? Häme ist nicht am Platz. Die Unterwerfung unter das Gesetz, auf die man sich – noch»drüben« und nun hier – beruft, man hat sie 40 Jahre lang im eigenen Lande als Entschuldigung hingenommen. Man hat den Nachweis einer Rechtsbeugung verlangt, einen Nachweis, der nicht zu erbringen war. Die Juristen der DDR sind an Gesetze gebunden gewesen, die von einer Ersten Gewalt im Staat beschlossen und verkündet worden waren, die sich auf ihre Mehrheit in Wahlen stützte.

Im Jahr 1990 muß sich die Justiz der Bundesrepublik ihrer Vergangenheit von neuem stellen. Und die Erwartung, das Drängen der Juristen in der DDR, auch ihnen zuteil werden zu lassen, was man sich in der BRD angedeihen ließ, ist nicht zu übersehen, nicht zu überhören. Ministerpräsident de Maizière hält an Kurt Wünsche, einem Justizminister fest, der im Juli 1965 als Nachfolger Hilde Benjamins Justizminister der DDR wurde und dieses Amt mit lückenloser Linientreue wahrgenommen hat bis 1972, und der unter Hans Modrow im Januar 1990 ins Justizministerium zurückgekehrt ist. Kurt Wünsche repräsentiert den Anspruch der DDR-Justiz, der DDR-Juristen, auf Übernahme, darauf, daß nur die »Schwerstbelasteten«, die allzu Exponierten zu gehen haben. Als

Kurt Wünsche im Sommer 1990 endlich freiwillig gelegentlich einer Kabinettsbereinigung durch de Maizière zurücktritt, nachdem er Angriffe und Enthüllungen mit beispielloser Zähigkeit ausgesessen hat, versäumt der Ministerpräsident nicht, zu betonen, daß Kurt Wünsches Rücktritt tatsächlich freiwillig erfolgt. Heribert Prantl hat in der *Süddeutschen Zeitung* einen Leitartikel über »Die Ursachen des Waschzwangs« geschrieben:

> »Wir waren sauber, wir sind sauber, wir werden sauber sein: Die Richter in der DDR tun alles, um der Öffentlichkeit dies weiszumachen. Diverse Einrichtungen leisten gute Hilfe. Da gibt es die Aktenwaschanlage: Die Richter haben soeben, mit oberster Erlaubnis, ihre Personalakten vom Schmutz der letzten Jahre säubern dürfen. Da gibt es auch eine Richterwaschanlage: Die DDR-Richter haben sich sehr beeilt, dem neugegründeten demokratischen Richterbund/Ost beizutreten. Den Mitgliedsausweis schwenkten sie wie einen Persilschein: ›Seht her – wir sind geläutert!‹ Und da gibt es auch noch den Entwurf eines neuen Richtergesetzes, der eine Art Generalamnestie für die Zeit vor der Wende gewährt. Der manische Waschzwang der ostdeutschen Richter hat einen einfachen Grund: Es geht um alles oder nichts, um Anstellung auf Lebenszeit oder Entlassung. In dieser Lage wird Schuldbewußtsein verdrängt und in übersteigertes Selbstbewußtsein verwandelt: Wir sind die dritte Gewalt – und wir sind es, bei aller Schwierigkeit immer gewesen.«

Die Richter der DDR waren nicht Richter, schreibt Prantl, »sondern Vertreter der Einheitspartei. Der Versuch, die Last aller Vorwürfe auf die wenigen abzuladen, die politische Strafsachen verhandelt haben, muß scheitern. Die Parteilichkeit der Justiz ist in allen Rechtsgebieten mit Händen zu greifen. Wie soll man sich mit diesen Richtern einen Neuanfang vorstellen? Wer soll ihren Urteilen trauen? Woher soll das Vertrauen der Bevölkerung kommen?« Harte, zu harte Worte, Worte, in einem Land gedruckt, in dem man mit Richtern einen Neuanfang durchsetzte und durchhielt, bis man sich getrost schämen und Mahnmale errichten konnte? Hat die Justiz der Bundesrepublik wenigstens aus der 40 Jahre andauernden Verleugnung ihrer NS-Vergangenheit das gelernt, was sie in der rechtlichen Auseinandersetzung mit ihr vor 40 Jahren hätte sofort lernen müssen? Den 40 Jahren des Rechtssystems einer

Ideologie in der DDR stehen in der Bundesrepublik 40 Jahre gegenüber, in denen sich die richterliche Unabhängigkeit *davon abhängig machte,* daß die Politik das Verdrängen der Vergangenheit zuließ und förderte.

»Der Richter ist unabhängig und nur dem Gesetz unterworfen«, lautet der § 25 des »Deutschen Richtergesetzes«. Im Grundgesetz heißt es, daß »Die rechtsprechende Gewalt den Richtern anvertraut« ist. Wie unabhängig ist die Justiz der Bundesrepublik, wie stehen die Richter zum Gesetz, sind sie ihm so unterworfen, wie jener Richter, der auch an der Verfolgung der Brillenträger mitgewirkt hätte, oder haben sie ein anderes Verhältnis zu ihm gewinnen können, obwohl soviel Zeit verging, bis man sich wenigstens schämen durfte?

III

»Als höchstes Gut
ein miserables Gedächtnis«

Daß ein Mensch einen Menschen tötet, ist nicht hinzunehmen. Hier verläuft eine Grenze, über die es keinen Streit geben kann. Hier, wo sonst, brauchen wir das Gesetz, das Strafgesetz. Hier müssen wir Gericht halten. Hier muß die Dritte, die rechtsprechende Gewalt unmißverständlich entscheiden. Hier, wo sonst, ist die Rechtsordnung zu verteidigen. Wer einen Menschen tötet, muß wissen, daß ihn das Gesetz so erbarmungslos treffen wird, wie er den Menschen traf, den er getötet hat. Ist das so?

DIE BEZIEHUNG SOLLTE »OFFEN« SEIN: Nach knapp zehn Stunden Hauptverhandlung an zwei Sitzungstagen wird im Oktober 1976 in West-Berlin gegen den 24 Jahre alten Jörg H. auf die lebenslange Freiheitsstrafe erkannt. Das Mädchen, das er getötet hat (das er in jener Erregung getötet haben soll, die man Eifersucht zu nennen pflegt), ist 18 Jahre alt gewesen. Über diesen Strafprozeß ist nur in West-Berliner Zeitungen berichtet worden.

Als 1927 der 18jährige Paul Krantz in Berlin vor Gericht stand, der Mittäterschaft an Mord und Selbstmord unter (in sogenannter Eifersucht verstrickten) jungen Leuten angeklagt, diskutierte ganz Deutschland den Fall. In dieser Hauptverhandlung im Jahr 1927 war man bemüht, jedes Detail aufzuklären. Und in der »Vossischen Zeitung« schrieb Sling (Paul Schlesinger), der Legende gewordene Gerichtsberichterstatter jener Jahre, von einer bestimmten, sehr breiten, von Paul Krantz repräsentierten Schicht von jungen Menschen, »die uns Älteren vielfach Sorge macht«.

1976, in dem Jahr, in dem Jörg H. vor Gericht steht, macht man sich nicht mehr Sorgen um die Jugend. Man hat Angst vor ihr.

Jörg ist das fünfte Kind eines Pfarrers. Fünf Jahre alt, erkrankt er an Kinderlähmung. Äußerlich halten sich die Folgen der Krankheit in Grenzen. Jörgs Brustkorb ist ein wenig nach links verdreht. Das Schreiben mit der rechten Hand macht ihm Schwierigkeiten. Für seine innere Entwicklung jedoch ist die Krankheit ein Einschnitt. Er ist fortan benachteiligt, und wo er es nicht tatsächlich ist, etwa beim Sport in der Schule, empfindet er sich dennoch als benachteiligt. Diese Empfindung wird eine Grundstimmung seines Wesens. Es ist ihm etwas zugestoßen, wovor andere bewahrt bleiben. Der Schock eines – wenn auch nur zeitweiligen – Gelähmtseins, mit fünf Jahren erlitten, hinterläßt eine Spur.

Auf eine tatsächlich vorhandene Benachteiligung haben sich dann »neurotische Erscheinungen aufgepfropft«, wie der Psychiater Erhard Phillip 1976 in der Hauptverhandlung feststellt. Das Bedürfnis, tatsächlich vorhandene (oder auch nur – aber was heißt da »nur« – empfundene) Mängel zu überkompensieren, ist eine solche neurotische Folgeerscheinung. Und eine Folge ist auch ein in Narzißmus, in übergroße Eigenliebe mündendes Selbstmitleid; ist eine Ichbezogenheit, die einem Mangel an Ich entspringt.

In der Auseinandersetzung mit seinem Vater ist Jörg als Kind und Jugendlicher buchstäblich wie gelähmt. Er kann nur »bockig«, nur renitent sein. Und da es ihm nicht möglich ist, sich mit den Menschen, die ihm am nächsten stehen, auseinanderzusetzen, wird er auch nicht fähig, Bindungen einzugehen. Er lernt es nicht, eine menschliche Beziehung aufzubauen und über eine längere Zeit zu tragen. Er ist in erheblichem Grad kontaktunfähig. Er ist selbstmordgefährdet. Er befindet sich in einer seelischen Verfassung, »die zu personalen Katastrophen« führen kann – und so geht gerade er Kontakte ein, die ihn nur immer mehr gefährden. Er versucht, herbeizuzwingen, was ihm fehlt.

Er ist 21 Jahre alt und Student der Informatik in Karlsruhe, als er im Dezember 1973 ein vier Jahre jüngeres Mädchen heiratet. Im März 1975 trennt man sich. Im März 1976 wird die Ehe geschieden. Er hat sich in dieser Ehe, sagt er, nicht als »Vaterfigur« empfunden, aber es liegt nahe, daß er gerade diese Figur zu spielen versucht hat. Und schon während der Trennung von seiner ersten Frau geht er eine neue Beziehung zu einem sechs Jahre jüngeren Mädchen ein, das Gabriele heißt.

Aus der Beziehung wird rasch »eine sehr feste, intime Freundschaft, die uns beiden viel gegeben hat«, wie er aussagt. Doch was kann er geben? Und was will Gabriele, die noch die Schule besucht und bei ihren Eltern lebt, von ihm? Man vereinbart, »ganz offen darüber zu sprechen, wenn einer von uns andere Beziehungen eingehen« will. Und es gibt dann auch bald, noch während Jörg in Karlsruhe studiert, Anlaß, ganz offen zu sprechen, zuerst von Gabriele, dann (»wohl Trotzreaktion«) auch von ihm aus.

Im April 1976 zieht Jörg nach West-Berlin. Er hat eine Zwischenprüfung nicht bestanden. Gabriele hilft ihm beim Umzug, beim Einrichten. Die Beziehung soll trotz der räumlichen Trennung fortbestehen, doch das Ziel dieser Beziehung soll »offen sein«, denn er meint, er habe »von der Ehe die Nase voll«; und auch Gabriele kann sich eine Beziehung »auf Dauer« nicht vorstellen.

Früher als von Gabriele erwartet, besucht er sie in Karlsruhe. Trotzdem hat man »in ausgelassener Stimmung« schöne Tage miteinander. Doch Anfang Mai, knapp zehn Tage später, er ist nach West-Berlin zurückgekehrt, erzählt ihm das Mädchen am Telefon, sie habe einen sympathischen Mann kennengelernt, zu dem sie eine Beziehung eingehen wolle. Er reagiert »impulsiv«, sagt, das würde ihn kränken. Er reagiert »traurig und verletzt«. Und er eilt sofort, schon wieder, nach Karlsruhe.

Gabriele meint, man hätte sich auch telefonisch aussprechen können, er hätte deswegen nicht kommen müssen. Er will ihr gesagt haben, es sei nicht so schlimm, wenn sie sexuelle Kontakte zu anderen hätte – »wenn unsere Beziehung darunter nicht leiden würde«. Jörg und Gabriele spielen Federball mit Dynamit, alle beide, denn er bleibt zwei Tage in Karlsruhe »auch nachts«. Ende Mai will sie ihn in West-Berlin besuchen. Das sagt sie jedenfalls, als er abfährt. Doch dann hört er von ihr am Telefon, sie sei noch am Abend nach seiner Abreise zu dem anderen gegangen und habe mit ihm geschlafen.

Er will, daß sie nach West-Berlin kommt, daß man noch einmal miteinander spricht. Ihre Schwester rät ihr ab. Das sei doch für beide eine Quälerei. Trotzdem fährt Gabriele nach West-Berlin. Sie kommt nach Mitternacht an. Er hat Blumen für sie bereitgestellt. Sie sprechen bis sechs Uhr früh. Sie liegen dabei getrennt voneinander jeder auf einer Liege, doch vorher haben sie sich nackt ausgezogen. Sie spielen Federball mit Dynamit.

Es ist alles vorbei. Jörg vermag nichts mehr über Gabriele. Am Mittag, solange hat sie geschlafen, sprechen sie weiter. Selbst wenn sich Gabriele von dem anderen Mann trennen würde: Zu Jörg will sie nicht zurück. Er beschwört sie. Er brauche die Beziehung zu ihr, so einsam wie er jetzt in West-Berlin sei. Verzweifelt versucht er, sie zu umarmen. Sie stößt ihn zurück, die Umarmung geht in Drücken, in Würgen über. Sie nennt ihn einen Erpresser, weil er mit Selbstmord droht. Sie schreit:»Was tust du da?!« – und als er von ihr abläßt, will sie nun sofort abreisen.

Er rennt in die Küche. Er mußte sich bewegen, sagt er. In der Küche sieht er das Messer. Er nimmt es, verbirgt es unter dem Pullover im Gürtel. Er geht wieder hinein. Er will keine Absicht dabei gehabt haben. Er spricht wieder auf sie ein. Sie ist jetzt auch außer sich. Es kann sein, daß er sich vor ihr niederwirft. Sie drängt sich an ihm vorbei, kniet auf einer der Liegen, will packen, dreht ihm den Rücken zu – und da zieht er das Messer. Der erste Stich trifft sie im Rücken, 15 weitere Stiche treffen sie in die Brust. Sie stirbt.

Er verläßt die Kellerwohnung, kauft Whisky, trinkt eine halbe Flasche und nimmt Tabletten, er versucht erfolglos, sich aufzuhängen. Er ruft seinen Vater an. Der beschwört ihn, sich nicht zu töten. Auf Rat seines Vaters bittet er Pastor Albertz telefonisch um Beistand. Der gewinnt den Eindruck einer »unglaublichen Verzweiflung« und benachrichtigt die Polizei. Vor der sagt Jörg aus, was ihm in seinem verzweifelten Bemühen einfällt, sich selbst das ihm Unerklärliche zu erklären. Doch als er in der Hauptverhandlung immer wieder bedrängt wird, warum er dies getan und was er sich bei jenem gedacht habe, da sagt er:»Wenn ich's wüßte, hätt' ich's nicht getan.«

Die lebenslange Freiheitsstrafe beantragt ein Erster Staatsanwalt. Heimtückisch, von hinten, sei Gabriele getötet worden. Es gebe keine mildernden Umstände. Der Staatsanwalt begründet seinen Strafantrag – aus seiner Sicht – nüchtern und sauber. Seiner Sicht ist die abschließende Feststellung gemäß, zur Einwirkung auf den Angeklagten sei die lebenslange Freiheitsstrafe nicht notwendig. Doch hier sei Generalprävention zu üben, hier gehe es darum, andere von derartigen Straftaten abzuschrecken.

Man sieht die jungen Leute vor sich, die fortan in vergleichbarer Situation vor einer Tötung, einem Kapitalverbrechen zurückschrecken werden, weil ihnen jählings Jörg einfällt.

Ernst Heinitz verteidigt Jörg. Ernst Heinitz ist 74 Jahre alt, er war Ordinarius für Strafrecht in West-Berlin. Er ist ein verdienstvoller, verehrter Mann. Doch er verteidigt allzu vornehm, er ist zu diskret, er erspart dem Gericht Anträge und der Anklage einen Widerstand, der zu scharfen Worten hätte greifen dürfen, hätte greifen müssen.

Ernst Heinitz hat den Sachverständigen Professor Phillip, der den Strafmilderung erlaubenden § 21 des StGB sehr betont dem Gericht überlassen hat, nicht mit Fragen bedrängt, obwohl dessen Gutachten Gesichtspunkte bot, ja anbot, die sich hätten vertiefen lassen.

Das Plädoyer von Ernst Heinitz ist das Muster einer kultivierten rechtlichen Auseinandersetzung mit dem Mordparagraphen und seinen heillosen Versuchen, zu definieren, was Mord ist. Doch so kann man nicht gegen eine Anklage antreten, sich gegen sie behaupten und durchsetzen, die vorträgt, daß das Lebenslang nicht für diesen Angeklagten, jedoch für die Generalprävention, für die Abschreckung anderer erforderlich sei.

Die Tragödie zweier junger Menschen, die keine Beziehung zueinander hatten, außer einer körperlichen, die nicht in die Nähe einer Partnerschaft vordrangen, sondern einander als das gebrauchten, was ein jeder für seine Entwicklung brauchte, bleibt im dunkeln.

Das Gericht, von der Verteidigung nicht gefordert, verteidigt die Grenze, über die es nach seiner Meinung keinen Streit geben kann. Es ist nichts zu ihm gedrungen, was es beunruhigt hätte. Hier mußte unmißverständlich entschieden werden, meint das Gericht, und so erkennt es auf die lebenslange Freiheitsstrafe für einen Menschen, der gerade 24 Jahre alt ist.

Gabriele sei keines Angriffs gewärtig gewesen. Im Jähzorn habe der selbstwertgestörte Angeklagte getötet. Er habe gewußt, was er tat. Jörgs Antwort auf die Fragen, warum er dies getan und was er sich bei jenem gedacht habe, dieser herzzerreißende Satz, ist vom Gericht nicht gehört worden, er hat es nicht erreicht: »Wenn ich's wüßte, hätt' ich's nicht getan.«

Von der Neigung zur Selbstzerstörung beim Angeklagten und auch beim Opfer, von einer Neigung, die immer häufiger, immer beunruhigender in den Entwicklungskrisen junger Menschen spürbar wird, war die Rede nicht. Wir machen uns, vertreten durch ein Gericht, das in unserem Namen entscheidet, »Im Namen des Volkes«, keine Sorgen um unsere jungen Menschen. Wir haben Angst vor ihnen. Man wendet sich dem, wovor man Angst hat, nicht zu. Man wendet sich von ihm ab. □

Das »Gesetz über den Vollzug der Freiheitsstrafe und der freiheitsentziehenden Maßregeln der Besserung und Sicherung«, das Strafvollzugsgesetz (StVollzG), ist ein rühmenswertes Dokument. Im Juni 1977 wird Jörg H. aus der Untersuchungshaft, in der er sich ein Jahr befunden hat, unter »geradezu mittelalterlichen Haftbedingungen (dreiundzwanzigeinhalb Stunden Einschluß)«, in die Justizvollzugsanstalt verlegt, sein Urteil ist rechtskräftig geworden. »Hier schien mir die Welt zunächst einmal wieder halbwegs menschenähnlich zu sein, die Zellen waren wenigstens am Nachmittag und Abend stundenweise offen, wir Gefangenen konnten miteinander sprechen und uns so gegenseitig weiterbringen. Irgendwelche positiven *Angebote* seitens der Anstalt gab es zwar nicht, trotz aller Lippenbekenntnisse der Reformer des Strafvollzugs, aber immerhin haben wir uns untereinander austauschen können. Sogar Ansätze zur gemeinsamen Vertretung unserer Interessen hat es gegeben...«

Das StVollzG, das am 1. Januar 1977 in Kraft trat, ist noch frisch, als Jörg im Juni 1977 in den Vollzug kommt. Es braucht seine Zeit, bis sich der Kernsatz des Gesetzes verbreitet: »Im Vollzug der Freiheitsstrafe soll der Gefangene fähig werden, künftig in sozialer Verantwortung ein Leben ohne Straftaten zu führen (Vollzugsziel).« Und erst am 21. Juni 1977 wird die Entscheidung des Bundesverfassungsgerichts über die Verfassungsmäßigkeit der lebenslangen Freiheitsstrafe verkündet, in der es heißt: »Zu den Voraussetzungen eines menschenwürdigen Strafvollzugs gehört, daß dem zu lebenslanger Freiheitsstrafe Verurteilten grundsätzlich eine Chance verbleibt, je wieder der Freiheit teilhaftig zu werden.« Es ist danach auch der Lebenslange dazu fähig zu machen (oder: in der Fähigkeit zu erhalten), künftig in sozialer Verantwortung ein Leben ohne Straftaten zu führen.

Jörg muß um den Vollzugsplan, den das StVollzG anordnet, kämpfen. »Klar, im Gesetz stand der Anspruch, aber die Realität sah anders aus.« Er muß um alles kämpfen, was ihm zusteht. Immer wieder hört er: »Sie haben doch noch Zeit! Erst einmal kommen die Zeitstrafer.« Planung einer Berufsausbildung, Ausführung, Urlaub, Freigang, Fortschreibung des Vollzugsplans – Jörg muß die Gerichte anrufen, er muß sich dem Ärger der Vollzugsleitung aussetzen, individuelle Repressionen fürchten. Über Jahre zieht sich die Auseinandersetzung um sein Gnadengesuch hin. 1990 kann er dann beginnen, einen neuen, eigenen Weg »draußen« zu gehen.

Jörg hat sich als Inhaftierter auch an die Öffentlichkeit gewandt, in eigener Sache, aber auch als Insassenvertreter. In einem seiner Papiere heißt es: »Mir ist durchaus bewußt, daß ich mit meiner Tat ein schlimmes Unrecht begangen und schwere Schuld auf mich geladen habe. Ich habe mich damit sehr intensiv auseinandergesetzt, und es ist mir klar, daß ich damit wohl nie fertig werden kann. Allerdings glaube ich, damit leben gelernt zu haben, und daß ich *dennoch* leben darf und einen Anspruch auf korrekte Behandlung habe.« Eine Wiederholung seiner Tat ist von Jörg nicht zu fürchten. Doch wird er mit dem, was er getan hat, für sich selbst wirklich zurechtkommen, »fertig« werden? Man hat ihn gezwungen, seine Kraft auf die Selbstbehauptung zu konzentrieren, auf den Kampf um einen korrekten, dem StVollzG entsprechenden Umgang mit ihm. Seine Begegnung mit seiner Tat ist behindert, fast verhindert worden. Jetzt erst wird er entdecken, daß er für sein ganzes Leben eine Begleiterin hat – seine Tat. Man wünscht ihm Menschen, die ihn nicht mit dieser Begleiterin allein lassen, jetzt braucht er sie. Jetzt erst hat er die Last zu tragen, die auf ihm liegt. Man hat ihn leiden lassen, aber jetzt erst beginnt sein Leiden. Es ist nicht hinzunehmen, daß ein Mensch einen Menschen tötet. Doch muß diese Grenze mit der lebenslangen Freiheitsstrafe und der unverbindlichen Möglichkeit eines Gnadenerweises verteidigt werden?

Wo diese Grenze nicht erbarmungslos, sondern nachdenklich, einfühlend verteidigt wird, haben es die Gerichte, denen das Urteil über einen Menschen auferlegt ist, der einen Menschen getötet hat, nicht leichter.

»DAMIT IST WOHL AUCH MEIN LEBEN ZU ENDE«: Eine Frau tötet ihren Mann. Doch es hätte auch der Mann seine Frau töten können. Über sie, die Frau, wird im Dezember 1982 verhandelt. Aber es hätte auch so kommen können, daß er, der Mann, sich hätte verantworten müssen.

Es gibt keine Mordanklage, angesichts derer man nicht daran zweifelt, ob es den Mörder, den § 211 des Strafgesetzbuchs (StGB) meint, überhaupt gibt. Der Kriminologe Armand Mergen hat den Zweifel einmal unübertrefflich formuliert: »Wer und wie ein Mörder ist, weiß nur der Laie.« Es gibt eine erlesene Literatur über das Für und Wider des Paragraphen, der mit den Worten »Mörder ist, wer...« beginnt. Diese Literatur ist notwendig, ihre Autorinnen und Autoren machen sich verdient, die juristische Strickliese darf nicht aufhören, einen endlosen Zopf von Erwägungen hervorzubringen. Sie ist ein Element der Rechtskultur. Doch es gibt Sätze, unter deren Gewichtlosigkeit ganze Bibliotheken zusammenbrechen.

Wer sich als Richter, Staatsanwalt, Verteidiger, Sachverständiger oder Prozeßbeobachter mit Tötungen beschäftigen muß, findet angesichts des § 211 schließlich Zuflucht in der Einsicht, daß gesetzliche Orientierungspunkte, seien sie auch noch so gebrechlich und vorläufig angesichts der Abgründe der Geschichte und der unvorhersehbaren Ewigkeit, wohl unumgänglich sind.

Nicht jeder benötigt diese Zuflucht. Mancher verfügt über eine muskulöse Gewißheit hinsichtlich unserer Fähigkeit, die Wahrheit zu erkennen und Gerechtigkeit walten zu lassen. Doch die Zahl derart athletischer Persönlichkeiten ist geringer, als mancher annimmt.

Rechtsanwalt Martin Beradt schrieb 1930 in seinem Buch »Der deutsche Richter«, das Recht sei ein vergängliches Gebilde ohne Selbstzweck, »nur ein Mittel, Mittel zur Erhaltung eines verworrenen Gefüges«. Damit läßt sich die Selbstverständlichkeit, mit der das StGB dekretiert, wer Mörder ist, gerade noch ertragen.

Doch dann gerät man an eine Strafsache wie diese, an eine Frau, die ihren Mann getötet hat – die aber auch von ihrem Mann hätte getötet werden können. Wer hat hier gewürfelt und den einen zum Opfer und die andere zur Angeklagten gemacht?

Christa S., 48 Jahre alt, wird von der Anklage vorgeworfen, am 3. Oktober 1981 in Hannover »einen Menschen heimtückisch getötet zu haben, indem sie ... gegen 17 Uhr im Zustand verminderter Schuldfähigkeit ihrem in der Küche der gemeinsamen Wohnung sitzenden angetrunkenen Ehemann von hinten den Gürtel ihres Morgenmantels um den Hals schlang und ihn bis zum Eintritt des Todes damit würgte«.

Christa, eine Frau von kleiner, schmächtiger Gestalt, mit einem verhärmten, durch nichts mehr zu tröstendem Gesicht – den »Bademantelprozeß« hat man ihre Hauptverhandlung genannt, um dieser Strafsache das bißchen Farbe abzuringen, das man braucht, um seinen Prozeßbericht in der Zeitung für den nächsten Tag unterzubringen. Die Biographie Christas »gibt nichts her«. Da ist nichts als ein grauer, direkter Weg in eine ausweglose Situation; in einen Engpaß hinein, durch den nur einer entkommen konnte, Christa oder ihr Mann, sie oder er, austauschbar und ohne eine Chance für einen der beiden.

Christa hat ihr Leben, das, was man so »ein Leben« nennt, auf Bitten ihres Verteidigers aufgeschrieben. Sie tat das, bevor ihr Verteidiger, der Rechtsanwalt Bertram Börner Einblick in die Akten nahm.

»Am 28. August 1934 morgens gegen sechs Uhr wurde ich in

Hannover geboren. Meinen Vater habe ich damals nicht kennengelernt, er fuhr als Maschinist zur See. Meine Mutter habe ich immer um mich gehabt, ebenso wie meine Großmutter mütterlicherseits. Meine Mutter mußte arbeiten gehen, weil Vater kein Geld schickte, so hat Mutti es mir jedenfalls erzählt. Zur Oma hatte ich eine sehr enge und herzliche Beziehung, leider starb sie, als ich fünf Jahre alt war. Am 25. Januar 1939 ging meine Mutter eine zweite Ehe ein, nachdem drei Jahre zuvor die Ehe mit meinem Vater geschieden wurde.«

Christa bekommt aus der zweiten Ehe ihrer Mutter eine Schwester. Sie erlebt als Kind den Krieg: »Die Bombennächte werde ich nie vergessen. Mutter hatte beide Kinder im Arm, und oft habe ich sie gefragt, ob wir jetzt sterben müssen. Mutti war damals sehr krank, sie hatte einen schweren Herzfehler seit der Geburt meiner Schwester zurückbehalten, der sie ihr ganzes Leben begleitete . . .« Kinderlandverschickung nach Österreich, Rückkehr nach Hannover noch vor Ende des Krieges, Evakuierung nach Sachsen und dann nach Osterode.

Wenn eine Pflanze keinen vernünftigen Boden, kein Wasser und keine Sonne bekommt, wundert es niemand, daß sie nicht gedeiht oder ein verkrüppeltes Bild der Pflanze wird, die sie hätte werden können. Aber ein Mensch – einem Menschen darf man sein Wachsen beschädigen, wer hat schon gedeihliche Bedingungen, die anderen kommen ja auch zurecht. Die Angst, die in Christa gestiftet wird, führt sie tief hinein in ein Bedürfnis nach Geborgenheit, nach Sicherheit, nach Schutz und einem Trost, der das Unerträgliche tragen hilft.

Sie möchte Kürschnerin werden, aber es gibt keine Lehrstellen. Sie muß »auf Kaufmannsgehilfin« lernen, und da »war die schönste Zeit in meinem Leben vorbei, denn nun begann das Theater mit meinem Stiefvater«. Stiefväter haben auch auf der Ebene von Menschen, die man die kleinen Leute nennt, eine besondere Psychologie. Christa darf nicht ins Kino gehen, nicht zum Tanzen, nicht mit einer Freundin und schon gar nicht allein.

Die erste Verlobung verhindert der leibliche Vater, dessen Genehmigung benötigt wird, denn sie ist ja erst 18 Jahre alt. Der leibliche Vater ist dagegen. Sie brauche nicht zu heiraten, um von zu Hause fortzukommen. Sie zieht zum leiblichen Vater nach Hamburg: »Nun war aber mein Vater auch wieder verheiratet und hatte einen Sohn. Seine zweite Frau war sehr eifersüchtig, und somit kam ich dann vom Regen in die Traufe.«

Sie trennt sich vom Vater, arbeitet in einem Hotel in einem Vorort von Hamburg, doch das paßt der Mutter nicht. Die steckt sie in ein Mädchenheim. Dort lernt sie, bis sie mit 20 entlassen wird, den Beruf einer Textilpflegerin, also Waschen, Mangeln, Plätten, Pressen und so weiter. Sie begegnet einem Mann, der in Scheidung lebt, er ist neun Jahre älter als sie, »aber meine ganz große Liebe« gewesen. Sie heiratet, bekommt einen Sohn, doch die ganz große Liebe trinkt.

Sie wird geschlagen, »wie oft ich mit blauen Augen oder aufgeschlagenen Lippen herumgelaufen bin, weiß ich nicht mehr«, der Mann ist ab und an im Gefängnis. Sie kämpft um ihre ganz große Liebe, sie verteidigt ihre Ehe um jeden Preis, bis hin zum Verlangen ihres Mannes, mitzumachen, was man auch in ihrer Welt, nach droben, nach draußen schielend, »Gruppensex« nennt, aber dann steht ihr Entschluß zur Trennung fest.

1977 heiratet sie zum zweiten Mal. Er hatte »so eine beruhigende Art, das tat mir gut. Auch alles, was er sagte, klang so hand- und fußfest. Ich hatte direkt gleich Vertrauen zu ihm«. Doch auf ihrer Jagd nach Sicherheit und Geborgenheit, nach Schutz und Verständnis ist sie an einen kranken Mann geraten – der, wie der erste Mann, den Alkohol braucht, um das Leben zu ertragen, in dem er gefangen ist.

Lassen wir die Stationen aus. Krankheiten kommen über Christa, ihr Körper begehrt auf gegen das, was ihre Seele nicht bewältigen kann und ihm aufbürdet. Sie hat eine eigene, kleine Wäscherei zuletzt. Und schließlich trinkt sie auch, weitaus weniger als ihr Mann, aber wie soll sie sich gegen einen Alkoholiker behaupten, wenn sie es sich nicht mit Alkohol möglich macht, auf seiner Ebene, auf einer explosiven, hemmungslosen Ebene, ein wenig, wenigstens gelegentlich mitzuhalten.

Sie gibt ihr kleines Geschäft auf, sie kann nicht mehr. Am 3. Oktober 1981 bricht das Ende herein. Der Mann kommt betrunken heim, Schläge, Geschrei, Beschimpfungen. Er versucht, sie aus der Wohnung zu drängen – »ich konnte gerade noch meinen Fuß zwischen Tür und Rahmen schieben, um wieder reinzukommen, da ich ja nur mit einem Nachthemd und Morgenmantel bekleidet war«.

Einen Angriff mit dem Messer aus der Schublade im Küchenschrank kann sie abwehren. Sie kann auch Widerstand leisten, als ihr Mann sie aus dem Fenster werfen will: »Erst als er mich über die Fensterbank schob, woher er die Kraft in seinem Zustand hatte dazu, ist mir im nachhinein ein Rätsel, packte mich das Entsetzen. Konnte mich noch am Rahmen und Fensterbank festhalten und ihm einen Stoß versetzen, so daß er auf die Sitzbank vor dem Fenster fiel.«

Dann ist es soweit: »Ich habe wohl rein mechanisch gehandelt, als ich den Gürtel vom Morgenmantel rauszog. Ich weiß auch nicht, ob ich es nur gedacht oder auch gesagt habe, *Du quälst uns nicht mehr.* Als ich ihm den Gürtel um den Hals legte, weiß ich nicht, ob er sich gewehrt hat. Ich weiß überhaupt gar nichts mehr. Erst als er unter dem Tisch lag, brach etwas in mir durch...«

Der Staatsanwalt, der 33 Jahre alt ist, beantragt drei Jahre Freiheitsstrafe, er tut das leise, es geht ihm nur noch um Totschlag in einem minder schweren Fall. Verteidiger Börner plädiert, als setze er sich für eine Frau ein, von der die ganze Bundesrepublik spricht. Er beantragt eine Strafe, die zur Bewährung ausgesetzt werden kann. Der Psychiater Werner Heinemann spricht den § 21 an, den § 20, der von Schuldunfähigkeit handelt, sieht er nicht gegeben. Christa sei schwer erschüttert, aber nicht völlig zerstört gewesen.

Die Strafkammer unter dem Vorsitzenden Richter Ulrich Schacht erkennt auf zwei Jahre Freiheitsstrafe, die sie zur Bewährung aussetzt, sie nimmt einen minder schweren Fall des Totschlags an und geht bis an den Rand des § 21.

Was die Bewährung angeht, so enthält die mündliche Urteilsbegründung einen Satz, der wie ein Stein in eine Wasserfläche fällt und Kreise zieht in denen, die ihn hören: »Wer alle Fakten dieses Falles kennt, dessen Rechtsbewußtsein kann durch Nichtvollstreckung nicht erschüttert werden.« Dieses Gericht vergißt an diesem Tag nicht, daß unser Recht nur ein verworrenes Gefüge erhält.

»Bernd, den ich so gern hatte, hat mich zerbrochen. Immer, wenn ich an ihn denke, und an diesen furchtbaren Tag, steigt heißes Entsetzen in mir hoch. Ich werde es wohl mein Leben lang nicht verlieren!«

Damit endet Christas Aufzeichnung, in der es vorher auch einmal heißt: »Damit ist wohl auch mein Leben zu Ende.«

Sie haben nicht mehr miteinander leben können. Warum Christa es gewesen ist, die tötete und überlebte, wissen wir nicht. Es hätte auch geschehen können, daß sie von ihrem acht Jahre jüngeren Mann getötet worden wäre. Wie hätte man ihn als Angeklagten erlebt? Man hätte einen Mann erlebt, dessen Trinken, dessen Verzweiflung, dessen Zerstörung – nicht unzugänglich, nicht uneinfühlbar gewesen wären. Er hat einen Menschen gebraucht, der ihm half, sich zu ertragen. Und er ist einem Menschen begegnet, der von ihm das ersehnte, was gerade er nicht geben konnte, weil er selbst es suchte: Verstehen, Verzeihung, Schutz, Geborgenheit und Trost.

Sling, der 1928 im Alter von 50 Jahren starb, hat einmal von dem Mitleid geschrieben, das sehr unangenehm ist: »Es gibt Fälle, in denen uns das Mitleid nicht ganz ruhig schlafen läßt, und das fühlt sich beinahe so an wie schlechtes Gewissen – natürlich, ohne es zu sein.« Und er schrieb über dieses schlafstörende Mitleid: »Glücklicherweise geht das Übel auch so vorüber. Denn Gott gab uns, damit die Welt sich nicht in Tränen auflöst, als höchstes Gut ein miserables Gedächtnis.« □

Christa S. ist tot. In der Freiheit, die man ihr ließ, versuchte sie es noch einmal mit einem Partner, ein drittes Mal. Auch dieser Versuch scheiterte, er endete ohne Gewalttat des einen oder der anderen, scheußlich, doch unblutig. Einmal in ihrem Leben hat sie Zuwendung erfahren, hat man sich ihr geöffnet, ist man ihr entgegengekommen. Die Aussetzung zur Bewährung war eine nachdenkliche, einfühlende Entscheidung des Gerichts, die dem Bedürfnis entsprang, dem heilend oder gar wiedergutmachend zu begegnen, was man im Schicksal einer Frau entdeckt hatte, die zunächst wegen Mordes angeklagt worden war. Nicht gegen, nicht über, sondern für diese Frau ist entschieden worden. Man hat ihr die Strafhaft erspart, doch aus ihrem Gefängnis hat sie das Urteil nicht befreien können. Sie ist nur noch einmal, ein weiteres Mal gescheitert, bevor sie starb. Man hat ihr die Freiheit nicht entzogen, in der sie nie gelebt hat. Mehr hat man nicht für sie tun können.

Die Menschen, die getötet haben, führen alle, die sich mit ihrer Tat befassen müssen, nicht nur an eine Grenze, sondern auch an Abgründe, in die man nicht blicken mag. Man kann den Blick in den Abgrund verweigern. Man kann darin Zuflucht suchen, daß ohne Erbarmen handelt, wer tötet, und daß also erbarmungslos zu verurteilen ist. Doch auch diese Zuflucht kann sich verschließen.

»ICH WAR HALT VERHEIRATET ...«: Der Vorsitzende Richter ist 53 Jahre alt, der Staatsanwalt 48, der Verteidiger 60 und der Sachverständige 61. Die richterlichen Beisitzer haben das 49. beziehungsweise 38. Lebensjahr vollendet. Und angesichts der beiden Laien im Gericht, eines Physikers und eines Studenten, erübrigt sich die Frage nach ihrem Alter. Sie sind unverkennbar jung.

Der Älteste im Saal 237 des Landgerichts Hamburg ist mit 73 Jahren der Angeklagte. Am 31. März 1981, damals noch 72 Jahre alt, hat er seine gleichaltrige Frau durch einen Messerstich ins Herz getötet. Seit dem April 1939 sind die beiden Menschen verheiratet gewesen.

Wenn es vor dem Strafgericht um Jugendliche oder Heranwachsende geht, kann man anknüpfen. Jung und heranwachsend ist man auch gewesen. Und erwachsen ist man nun zumindest nach den Lebensjahren. Mag sein, daß man beim Anknüpfen zu falschen Ergebnissen kommt, aber man kann immerhin vergleichen, die Erinnerung, die eigene Erfahrung zu Rate ziehen. Man kann sich hineinversetzen (oder eben nicht), man hat ein paar Anhaltspunkte oder wenigstens die Illusion, man hätte sie.

Doch in dieser Hauptverhandlung geht es um das Alter, das allen Verfahrensbeteiligten (außer dem Angeklagten mit seinen 73 Jahren) noch bevorsteht. Hier geht es um eine Ehe, die länger dauerte, als einige im Saal alt sind. Hier kann man nicht fragen, wie man sich selbst verhalten hätte, wenn man in der Situation des Angeklagten gewesen wäre. Wie wird man sein mit 72 Jahren, wenn man so alt werden sollte? Wie wird man sich verhalten in einer Welt, die einem wahrscheinlich immer enger wird?

Daß Ehen, die so lange und bis ins Alter währen, nicht wie in diesem Fall zu enden pflegen, weiß man, aber das ist auch alles, eine Wetterfahne im Wind als Wegweiser, woran man sich orientieren kann. Und dann erinnern die Vornamen der beiden Menschen, über die verhandelt wird, auch noch an Philemon und Baucis, an das Paar, das in der Antike das Sinnbild für die eheliche Liebe bis ins Greisenalter war: Sie lauten Julius und Lieschen.

Am Tag der Tat, am Dienstag, dem 31. März 1981, ging Lieschen morgens einkaufen. Sie brachte Alkohol mit, obwohl sie vom Vortag »ja noch nicht ganz ausgenüchtert« war. Lieschen trank seit Jahren, und Julius vermochte nichts dagegen. Er mußte sogar mittrinken, obwohl das gefährlich für ihn war, denn 1959 hatte man ihm einen Teil seines Magens entfernt.

Das Trinken seiner Frau hat Julius »ganz doll« beunruhigt. Wenn es so weiterginge, würde Lieschen vielleicht in eine Anstalt müssen. Wäre es nicht besser für ihn gewesen, wenn Lieschen in eine Anstalt kam? »Ich wollte nicht alleine sein«, sagt der alte Mann, der seine Frau getötet hat. Warum hat er nicht versucht, die

Flaschen wegzuschließen? »Das hätte keinen Zweck gehabt«, sagt er. Wenn Lieschen trinken mußte, dann »konnte keiner sie halten«.

Wenn Lieschen getrunken hatte, meckerte und schimpfte sie, »aber alles ruhig«, mit ruhiger Stimme schlug sie mit Worten auf ihn ein. Und er schluckte das herunter. Einen »Waschlappen« nannte sie ihn, wenn er nicht mittrinken wollte. Er hatte eine Technik entwickelt, wie er sagt. Er konnte auf die Toilette gehen und den Alkohol erbrechen. Er vertrug ihn nicht, und er mußte so lange durchhalten, bis seine Frau im Sessel vor dem Bildschirm zusammengesackt war und er sie, nachdem er auf die Toilette gegangen war, ins Bett bringen konnte.

Warum Lieschen, etwa zehn Jahre vor ihrem Tod, begonnen hat zu trinken, er weiß es nicht. Das sei ganz plötzlich gekommen. Warum hat man sich nicht scheiden lassen? »Wir sind 42 Jahre verheiratet gewesen... Nein, das wollte ich nicht«, sagt er, und er sagt das so, als seien sie 42 Jahre lang 42 Jahre verheiratet gewesen.

Das Frühstück war dürftig am 31. März 1981. Danach trank Lieschen, und Julius mußte mittrinken. Man saß im Wohnzimmer, und Lieschen hatte – »ganz ruhig« – böse Worte für ihn. Das Mittagessen fiel aus. Man legte sich bis zum späten Nachmittag aufs Bett. Gegen 17 Uhr stand Lieschen auf, um das Abendessen zu richten. Julius bot seine Hilfe an und wurde abgewiesen, doch nicht einfach mit einem »Danke nein«, sondern mit Worten, die immer böser wurden.

»Laß uns doch mal endlich aufhören mit dem Streit«, sagt Julius beschwörend, er sei am Ende, er könne das nicht mehr ertragen. Wenn er den Streit nicht mehr ertrage, antwortet Lieschen, könne er sie ja umbringen, aber dazu sei er halt zu feige. Und dann sagt Lieschen, was das Ende einleitet: »Leider ist es damals nicht mit dir zu Ende gegangen« – damals, 1959, als man ihm einen Teil seines Magens entfernte, und 1969, als er sich einer schweren Prostataoperation unterziehen mußte. 22 und zwölf Jahre liegen diese beiden Eingriffe zurück.

Julius stockt in seiner Einlassung in der Hauptverhandlung an dieser Stelle: »Das habe ich ja hier nun gar nicht sagen wollen.« Denn so etwas hatte Lieschen, soviel Böses sie ihm auch schon gesagt hatte bis zu diesem Augenblick, noch nie zu ihm gesagt. Auf diesen Satz hin hat er am 31. März 1981 ein Küchenmesser herausgeholt und mit ihm gedroht. Nein, über diesen Satz hinaus durfte es nicht gehen.

Doch Lieschen verstummte nicht, als sie das Messer sah: »Du Feigling, wärst du doch an deinem Darm verreckt. Du Feigling, stich doch zu.« Er kann das nicht einfach sagen, wohin er gestochen hat und wie. »Ich war ja nicht mehr ganz da«, meint er. Er sei erst wieder dagewesen, »als meine Frau zusammengesackt ist«. Er sagt ein paarmal: »Da muß das Gehirn ausgehakt haben.« Nein, zornig sei er nicht gewesen. Er ist auch, als er »wieder da war«, sofort zum Telefon gegangen und hat der Polizei Bescheid gesagt. Der Polizeibeamte, der als einziger Zeuge gehört wird, bestätigt das. Julius habe die Tür so ruhig geöffnet, als empfange er den Briefträger: »Ja, als wenn da gar nichts gewesen wäre.«

Es war da auch nichts. Was da in ein paar Sekunden mit einem Messerstich ins Herz zu Ende ging, war längst geschehen. Da hatten 1939 zwei Menschen geheiratet, die in ihrer Kindheit und Jugend nicht die Kenntnisse erwerben und die Fähigkeiten entwickeln konnten, die sie in die Lage setzten, die Rollen auszufüllen, die das Leben ihnen aufgab. Sie kamen beide, wie Julius sagt, aus »kleinen Verhältnissen«.

Lieschen ist, bevor sie Julius heiratete, schon einmal verheiratet gewesen, aber ihr erster Mann war zwar lustig, doch nicht fleißig, »ein Luftikus«. Sie hat immer von dem geträumt, was sein könnte. Die Tochter von Julius und Lieschen, der das Gericht den Auftritt in der Hauptverhandlung ersparte: »Meine Mutter lebte in einer Welt, die nicht existent war. Sie verschönte alles, hatte einen Hang zum Höheren.«

Julius vor Gericht: »Ich war halt verheiratet, bin meiner Arbeit nachgegangen.« Seine Eltern hatten sich getrennt, als er zehn Jahre alt war. Er wuchs in einem Heim auf. Gärtner ist er geworden, ohne einen Abschluß, ihm fehlten Schulkenntnisse. Daß es noch etwas außer der Arbeit gibt, dafür hat er Lieschen gebraucht. Die Tochter: »Mein Vater konnte nicht ohne sie sein, weil er sehr unselbständig ist, auch stur.« Er konnte nur arbeiten. Er war wahrhaftig kein Luftikus, er war ganz anders als Lieschens erster Ehemann, aber mehr als seine Arbeitsamkeit konnte er nicht geben.

1939 heirateten Julius und Lieschen, und die Tochter wurde geboren. Doch dann ist Julius von 1940 bis 1948 Soldat und in Gefangenschaft gewesen. Julius und Lieschen haben keine Chance gehabt, zueinander zu kommen, dem anderen wenigstens eine Zuflucht zu sein, ein Trost. 1969 wird Julius zum zweiten Mal operiert, ist zwei Jahre krank, muß endlich in Rente gehen. Es gibt noch für eine Weile die Gärtnerei, in der er gearbeitet hat, in der kann er aushelfen, leichtere Arbeiten übernehmen. Doch dann wird die Gärtnerei verkauft und abgerissen, dann ist es damit endgültig vorbei.

Und nun sitzen sie sich gegenüber, eingesperrt. Es ist da kein Lebensinhalt mehr für ihn, nachdem die Arbeit entfallen ist, seitdem sie in der Leere, die sie teilen, beieinander sein müssen. Lieschen beginnt zu trinken, ihre enttäuschten Träume quälen, sie hat immer nur den Mann vor Augen, der »unter ihrem Niveau« ist; der ihr nicht in die Höhe ihrer Träume geholfen hat. Und Julius nimmt hin, was sie zu ihm sagt, denn was hätte er, erst recht seit er die Arbeit nicht mehr hat, wenn da nicht Lieschen wäre.

Die Wiener Soziologen Hilde und Leopold Rosenmayr in ihrem Buch »Der alte Mensch in der Gesellschaft«: »Wenn schon vorher eine Leere in den gegenseitigen Beziehungen bestand, so wird diese Leere nicht dadurch beseitigt, daß Mann und Frau einander nun den ganzen Tag vor Augen haben. Es kann sich ein erneuter gegenseitiger Kampf um die Oberherrschaft entwickeln, bei dem die Frau, die schon bisher mehr in den Belangen des privaten Lebens zu Hause war, die besseren Chancen hat. Man spricht vom Höhepunkt der Macht der Frau über den Mann in dieser Periode...«

Doch Kampf, Machtkampf ist das nicht gewesen zwischen Lieschen und Julius, die von 1400 Mark Rente leben mußten. Was sich zwischen ihnen abspielte, war schlimmer als ein Kampf zwischen den Geschlechtern: Sie lebten nur, ein jeder für sich in seiner seelischen Verkrüppelung und Einsamkeit, auf ihr Ende hin, und daß es dabei zu einer tödlichen Kollision kam, war ein Zufall: Als Lieschen beklagt, daß Julius nicht an einer seiner Operationen gestorben ist, vor zwölf, oder besser schon vor 22 Jahren – erreicht ihn zum ersten Mal einer ihrer Sätze wirklich. Alles andere war an ihm vorbeigegangen. Es hätte so weitergehen können.

Der psychiatrische Sachverständige befürwortet den Strafmilderung ermöglichenden § 21. Der Staatsanwalt beantragt zwei zur Bewährung auszusetzende Jahre Freiheitsstrafe. Verteidiger Horst Barrelet hält auch eine Strafe von unter einem Jahr für möglich. Er spricht von »zwei Menschen, die verkehrt miteinander verheiratet waren«. Man ist sich einig, daß es um einen minder schweren Fall des Totschlags geht, daß Julius durch eine schwere Beleidigung zur Tat hingerissen wurde.

Das Gericht erkennt auf ein Jahr und sechs Monate. Vier Stunden ist verhandelt worden, rechnet man eine Pause und eine Unterbrechung ab. Es ist alles geschehen, was das Strafverfahren von der Hauptverhandlung fordert. Eine Straftat ist erörtert und festgestellt worden, und man hat eine Strafe und ein Strafmaß gefunden, die man für schuld- und tatangemessen halten darf. Es muß, um einer leidlichen Ordnung des Zusammenlebens willen, davon ausgegangen werden, daß auch das strafrechtlich bewältigt und eingeordnet werden kann, was zwischen einer 72 Jahre alten Frau und einem 72 Jahre alten Mann nach 42 Jahren Ehe geschehen ist.

Der Vorsitzende Richter Jürgen Schenk ist ein Mann ohne Pathos. Erst am Ende der mündlichen Urteilsbegründung, beinahe so, als wäre ihm das um ein Haar entfallen, kommt er noch auf die generalpräventive Aufgabe des Strafrechts, auf die Abschreckung anderer zu sprechen: »So können und dürfen eheliche Probleme nicht geregelt werden.« Er sagt das beiläufig, aber es ist ja seine Pflicht, das zu sagen. Ein »einzigartiger Fall«, wie man am nächsten Tag lesen kann? Eher wohl einer, der an unzählige andere erinnert: an Elend, dem nur der Zufall eines Satzes erspart bleibt, den der andere hört; an Elend, das nicht vor ein Strafgericht kommt, das nur vor sich hin stirbt bis zum Tod. □

Man muß immer wieder prüfen, was tatsächlich ein »Rechtsgut« ist. Im Dritten Reich ist in Deutschland die »Rassenschande« als »widernatürlicher« Angriff auf ein Rechtsgut höchsten Ranges, als ein Verbrechen wider die »Reinheit des deutschen Blutes« mit der Zuchthausstrafe, mit dem Konzentrationslager und sogar mit dem Fallbeil verfolgt worden. Wer sich als »Fremdrassiger« an der Reinheit des deutschen Blutes verging, der schlug mit seinem »rassenschänderischen Treiben... dem völkischen Empfinden des deutschen Volkes ins Gesicht«. Was tatsächlich ein Rechtsgut ist, muß immer wieder geprüft werden. Man kann zum Rechtsgut ernennen, was man will. Allein darüber, daß das Leben des Menschen ein Rechtsgut ist, kann nicht gestritten werden.

Doch was soll mit dem Menschen geschehen, der einen Menschen getötet hat? Hat er nicht sein Leben verwirkt, als er tötete? Tod dem, der tötet. Ist das nicht doch die einzige, unmißverständliche Antwort? Ist diese Antwort nicht die einzige, die, würde sie nur konsequent und unnachsichtig gegeben, abschrecken könnte?

Die Gerichte, die über Menschen urteilen müssen, die einen Menschen getötet haben, geraten in der erdrückenden Überzahl der Fälle an Angeklagte, die keinen Wildfremden, sondern den Menschen getötet haben, der ihnen am nächsten stand; an Ange-

49

klagte, von denen nicht zu fürchten ist, daß sie noch einmal töten könnten.

»Sie hat sich nicht mehr gerührt«: Ein Mann tötet seine Frau. Eine Frau tötet ihren Mann. Ein Mann tötet seine Freundin. Eine Frau tötet ihren Freund. Eine Urszene des Tötens unter Menschen ist das. Und das ist auch immer, wenn dann die Strafgerichte darüber zu entscheiden haben, eine Szene der Ratlosigkeit. Tod dem, der tötet, läßt sich leicht fordern, wenn man nicht einer von den Richtern ist, die auf den Tod zu erkennen hätten oder auf ein Lebenslang, das ein Leben lang dauern kann.

Es ist über Mord zu verhandeln oder über Totschlag in einem besonders schweren oder in einem minder schweren Fall des Totschlags. Beweggründe, die man im Sinne des Mordparagraphen 211 »niedrig« nennen könnte, sind die Ausnahme in diesen Fällen. Nahezu die Regel ist, daß man sich Taten gegenübersieht, denen man zwar mit der These begegnen mag, daß sie nicht hätten geschehen dürfen, weil der Mensch den Menschen nicht töten darf (und weil das Leben das einzige unstreitige Rechtsgut ist) – Taten jedoch, von denen keiner zu sagen weiß, was sie hätte verhindern können (außer daß sich zwei Menschen nie begegnet wären).

Natürlich kann man sagen, um die Tötung des Partners revisionssicher abzuurteilen (und sich auch rechtspolitischer Kritik zu entziehen), die Frau, die ihren Mann tötete (einen Mann, der sie quälte und mißhandelte), hätte auch einen anderen Ausweg aus ihrer Not, beispielsweise Zuflucht in einem Frauenhaus finden können.

Und man kann auch auf niedrige Beweggründe, auf Mord also, erkennen, wenn ein Mann ein Frau tötete, mit der er eine »offene Ehe« führte, eine Ehe, in der jedem alles erlaubt war, bis das hereinbrach, was man sich herausgenommen hatte.

Aber was sind das für Antworten, was ist da niedriger Beweggrund? Sling, der Gerichtsberichterstatter im Berlin der zwanziger Jahre, hat auch einmal über den Menschen geschrieben, der tötet:

> »Der Mensch, der schießt, ist ebenso unschuldig wie der Kessel, der explodiert, die Eisenbahnschiene, die sich verbiegt, der Blitz, der einschlägt, die Lawine, die verschüttet. Alles tötet den Menschen, auch der Mensch tötet den Menschen.

50

Wann der Mensch tötet, ist so wenig vorauszusehen wie der Zeitpunkt, wann der Blitz einschlägt. Aber die Bedingungen, unter denen die Natur gegen den Menschen wütet, sind nachträglich leichter zu erklären als der gewaltsame Ausbruch des Stücks Natur, das sich Mensch nennt. Um die Missetaten der Natur zu erklären, hat man allerhand Hilfsmittel ersonnen, z. B. Instrumente. Zur Erklärung der Explosion eines Menschen benutzt man die Psychologie.
Die Menschheit sucht sich gegen die Gewalt und die Willkür der Natur durch allerhand Erfindungen zu schützen, z. B. den Blitzableiter oder den Rettungsring. Um sich gegen den Menschen zu schützen, erfand der Mensch das Strafgesetz.«

Die Armut dieser Erfindung wird unerträglich, wenn es um die Tötung des Partners geht, um das, was man die »Tötung des Intimpartners« nennt (seit der Psychiater Wilfried Rasch 1964 ein Buch mit diesem Titel schrieb). Man muß Sling immer wieder zitieren:

»Nutzlosigkeit der Strafe *im Sinn der Besserung* und die Unschuld des Menschen gäben uns eigentlich Veranlassung, dies Strafgesetzbuch zu zerreißen; aber wir tun es nicht, denn noch blieb ein Strafzweck übrig; die Abschreckung. Seitdem strafen wir Unschuldige, um andere Unschuldige von der Explosion abzuschrecken. Wir (andern) leben nicht gern in der Nähe von explodierenden Unschuldigen, also lassen wir die Unschuldigen für uns sterben oder für uns in den Gefängnissen verkommen.«

Friedrich K. hat am 4. Februar 1983 seine Frau erwürgt und Stunden später den Freund seiner Frau erschossen. Über den 46 Jahre alten Mann ist im März 1984 vor dem Landgericht Münster verhandelt worden. Das öffentliche Interesse war gering. Die überregionale Presse hat den Prozeß nicht wahrgenommen. Die Tötung des Intimpartners unter »kleinen Leuten« ist Alltag.
Das Gericht war mit drei Berufsrichtern und zwei Schöffen besetzt, nur mit Männern also. Doch das Gericht hat in keiner Minute gegen die getötete Ehefrau oder ihren getöteten Freund verhandelt. Das Gericht war spürbar von dem Elend betroffen, mit dem es sich befassen mußte; einem Elend, das eigentlich nur eines auslöste – den Wunsch, nicht richten zu müssen.

Ein Strafprozeß, in dem es um die Tötung des Partners oder der Partnerin geht, ist nicht nur *eine* Geschichte. Er ist zweimal, vom Opfer und vom Täter her, zu erzählen (und in diesem Fall, da es um zwei getötete Menschen geht, sogar dreimal).

Rosemarie lernt Friedrich 1956 kennen, sie ist damals 17 Jahre alt, zwei Jahre jünger als er. Er ist Bergknappe, 1955 hat er die Prüfung bestanden. Er lebt, seit er 1951 als Bergarbeiterlehrling begann, mit 700 Männern und Jugendlichen in einem Bergarbeiterwohnheim von Krupp in Bochum. Rosemarie lernt Friedrich während eines Tanzkurses kennen.

Rosemarie arbeitet als Textilverkäuferin. Sie lebt im Haushalt ihrer Mutter und ihres Stiefvaters. Der vor allem soll ihre Beziehung zu Friedrich reserviert betrachtet haben. Die Bewohner des Bergarbeiterwohnheims stehen offenbar in schlechtem Ruf. Auch ist Rosemarie auffallend hübsch und wird von vielen umschwärmt. Für sie, so mag ihre Familie meinen, gäbe es auch andere, beruflich aussichtsreichere Partner.

Was Rosemarie an Friedrich festhalten läßt, kann man nicht mehr erfahren. Aber das Vergnügen, von vielen begehrt zu werden, ist auch eine Beunruhigung. Andere, in Betracht kommende Partner mögen bessere Berufsaussichten haben, doch sind diese anderen Partner auch verläßlich? Daß sie für Friedrich die eine und einzige ist, das Glückslos seines Lebens, spürt sie. Und es geht ja auch Elan von ihm aus, und er kann sich ausdrücken.

Die Entscheidung für Friedrich fällt dann dadurch, daß Rosemarie ein Kind von ihm erwartet. Das Lebensmuster, nach dem eine junge Frau ein Kind bekommen kann, ohne den Vater des Kindes zu heiraten, gilt damals noch nichts. 18 beziehungsweise 20 Jahre alt sind die beiden, als sie im Oktober 1957 heiraten. Über die Zeche findet Friedrich sofort eine Wohnung. Rosemarie arbeitet nicht mehr, ihr Mann verdient genug. 1959 bekommt sie ihren zweiten Sohn.

Die Hauptverhandlung bringt nichts über diese Jahre im Leben von Rosemarie und Friedrich, sie kann nichts bringen. Ob die junge Frau erfaßt, welchen Aufschwung ihr Mann in diesem Abschnitt ihrer Beziehung versucht? Er hat 1959 die Hauerprüfung bestanden. Sein Betriebsleiter hat ihn dazu ermutigt, die Schulreife zu erwerben, mit der er Bergingenieur werden kann, und er wagt sich an diesen Versuch, für den er dreieinhalb Jahre lang viermal wöchentlich zusätzlich zu seiner Arbeit unter Tage zur Abendschule gehen muß.

Vielleicht hat sich Rosemarie nicht klargemacht, was ihr Mann da auf sich nahm, nicht nur, doch gewiß auch seiner Frau und seiner Kinder wegen. In Münster in der Hauptverhandlung bestritten Angehörige Rosemaries durch Zwischenrufe aus dem Saal, daß der Angeklagte die erforderliche Schulreife erworben habe. Doch er hat sie 1964 erworben und auch bis 1965 die Bergingenieurschule in Essen besucht – bis man bei ihm, nach der erfolgreich abgelegten Zwischenprüfung, eine beginnende Staublunge feststellte. Er erhielt das Gesundheitszeugnis, das Voraussetzung für das weitere Studium war, nicht mehr. Und obendrein wurde damals seine Zeche stillgelegt.

Ob Rosemarie begreift, was sich in diesen Jahren für ihren Mann abspielt? Es ist vorstellbar, daß sie die Entwicklung ihres Mannes nicht erfassen und begleiten kann, denn sie hat längst ein ganz anderes Problem mit ihm. Seine Eifersucht hat sich zwischen sie und ihn geschoben. Sie wirkt auf Männer, sie steht rasch im Mittelpunkt, es kommt zu Szenen.

Sie hat Fehlgeburten, immer wieder von 1960 an, ihr Mann ist darüber unglücklich. Doch 1964 hat er, was er in Münster einen »außerehelichen Fehltritt« nennt. Eine junge Verwandte, die wegen einer Notlage eine Weile bei ihnen lebte, bekommt ein Kind von Friedrich. Rosemarie reagiert empört. Bis zu ihrem Tod bringt sie das vor, wenn er ihr eifersüchtige Vorhaltungen macht. Als sie 1971 wieder ein Kind erwartet, will sie es nicht.

Rosemarie stellt Kontakt zu einer Klinik in Holland her. Auf der Fahrt dorthin fragt ihr Mann aus ihr heraus, daß sie schon im vierten Monat schwanger ist. Es kommt zu einer schrecklichen Auseinandersetzung. Es sei zu gefährlich, schreit er, außerdem sei eine Abtreibung Mord. Gegen ihren Willen kehrt er um. Daheim redet er weiter auf sie ein. Sie fügt sich schließlich, bekommt das Kind, und Friedrich sagt in der Hauptverhandlung, seine Frau habe gegen ihren dritten Sohn, nachdem er im September 1971 zur Welt gekommen war, keine Vorbehalte gehabt.

Friedrich bringt sich und seine Familie durch, er ist trotz des Schlags, den er beruflich erlitten hat, von einer erstaunlichen Zähigkeit, er läßt sich nicht gehen. Er beschwert seine Frau nicht nur mit Eifersucht, er sorgt auch für sie. Doch längst ist ein Unglück über die Familie gekommen, das Rosemarie wohl nur äußerlich verkraftet hat. Als ihr drittes Kind anderthalb Jahre alt ist und noch immer nicht laufen kann, stellt sich heraus, daß es schwer geschädigt ist.

Von nun an steht die Sorge und Mühe um den dritten, jüngsten Sohn im Mittelpunkt des Lebens von Rosemarie und Friedrich. Ärzte, Operationen, sogar einen Wunderheiler sucht man auf. Und endlich, um dem behinderten Kind bessere Lebensbedingungen zu schaffen, beschließt man zu bauen. 1978 fängt man an, 1979 kann man einziehen, doch man hat sich finanziell heillos übernommen. Rosemarie, die früher gelegentlich gearbeitet hat, muß jetzt mitarbeiten. Da das Kind um sieben Uhr morgens zur Schule abgeholt wird und erst gegen 17 Uhr zurückkommt, kann sie 1980 eine Halbtagsstelle wahrnehmen. Diese Arbeit muß für sie eine Erholung gewesen sein, denn sie bringt sie aus der häuslichen Misere heraus. Doch indem sie unter Menschen kommt mit dieser Tätigkeit, weckt sie auch wieder die Eifersucht, den Verdacht ihres Mannes.

Daheim ist alles noch bedrückender geworden. Die beiden älteren Söhne, die nicht mehr zu Hause leben, haben Probleme, die Friedrich seinen Arbeitsplatz kosten. Er ist arbeitslos, muß sich mit Taxifahren bei Nacht, mit Vertretertätigkeiten durchschlagen. Rosemarie ist noch immer attraktiv, und die Eifersucht ihres Mannes begleitet sie, Friedrichs Argwohn wächst. In der Firma, in der Rosemarie arbeitet, herrscht zunächst ein schlechtes Betriebsklima. Dann kommt ein neuer Chef, der nimmt die Mitarbeiter für sich ein. Rosemarie will ihm gefallen, sie macht sich sorgfältig zurecht, sie nimmt ab. Und während sie aufblüht, wächst auch ihr Groll über ihre Ehe. Im Oktober 1982 hätte man die silberne Hochzeit zu feiern, doch sie verweigert das Fest.

Sie schläft mit ihrem Chef. Ihr Mann in seinem Mißtrauen bedrängt sie, bis sie es zugibt. Es sei nur einmal geschehen, beteuert sie, nach einer Betriebsfeier, es sei der Alkohol gewesen. Die beiden gehen zum Anwalt, sie wollen sich scheiden lassen. Sie wirkt auf den Anwalt bekümmert, bedrückt, betroffen. Ihr Verhalten gegenüber ihrem Mann scheint widersprüchlich gewesen zu sein. Am nächsten Tag teilt Friedrich dem Anwalt mit, er solle die Scheidung nicht einleiten, man habe sich versöhnt. Doch wenig später fordert er den Anwalt wieder zu den »erforderlichen Schritten« auf. Er komme über das Verhalten seiner Frau nicht hinweg.

Am 3. Februar 1983 ist Rosemarie wieder mit ihrem Chef zusammen, der ist verheiratet, es wird daraus nichts werden, was dauert, er ist einfach der Partner für ihren Versuch, aus sich aus- und zu sich durchzubrechen. Sie wäscht sich, als sie nach Hause kommt. Ihr Mann beobachtet, wie sie ihren Schlüpfer versteckt.

Als sie schläft, holt er ihn hervor, untersucht ihn. Am Morgen, nachdem das jüngste, behinderte Kind zur Schule abgeholt worden ist, kommt es zum letzten Streit. Und jetzt bricht auch Rosemarie aus, empört über die Verfolgung bis in die Wäsche. Sie hat nicht nur einmal mit ihrem Chef geschlafen, nein, wieder und wieder, sie schreit Einzelheiten heraus, die beiden rangeln um den Schlüpfer, bis er die Hände an ihrem Hals hat, bis er sie würgt, bis sie zu Boden fallen und er mit dem Würgen nicht mehr aufhört, bis sie sich nicht mehr regt.

Von Friedrichs zweitem Opfer, dem Chef seiner Frau, erfährt man am wenigsten. Er ist verheiratet gewesen, seine Frau erwartete das dritte Kind. Er wohnte nicht in dem Ort, in dem er arbeitete, er hatte dort ein Zimmer, das er nicht nur dann nutzte, wenn es zu spät für die Heimfahrt wurde oder wenn es nicht mehr lohnte, nach Hause zu fahren, weil er am nächsten Morgen besonders früh heraus mußte. Er ist wohl einer gewesen, der sich Gelegenheiten nicht entgehen lassen konnte. Die Last, die auf Rosemarie lag, spürte er schon. Er hat, damit dürfte er sein Unbehagen beschwichtigt haben, Rosemarie nur helfen wollen.

Daß Friedrich seine Frau argwöhnisch beobachtete, ist ihm nicht verborgen geblieben. Er spottete – in Gegenwart dritter – darüber. Am 4. Februar 1983 erscheint Friedrich bei ihm. Sagt er, seine Frau werde nicht mehr zur Arbeit kommen, es gehe darum, eine einvernehmliche Lösung zu finden? Rosemaries Chef läßt Friedrich eine Weile warten, nimmt ihn dann in seinem Wagen mit. Fährt er in die Stadt, zu einem Café, in dem angeblich Rosemarie wartet, damit man sich zu dritt ausspricht?

Während der Fahrt, daran ist nicht zu zweifeln, redet Friedrich ihn darauf an, daß er seine Ehe stört (als hätte er Rosemarie nicht schon getötet). Versucht der Chef, sich herauszureden, will er auf eine Kameraderie unter Männern hinaus? Dann schlägt Friedrich sogar vor, der Chef solle nur die Wahrheit sagen: Wenn er die Wahrheit sage, werde ihm nichts passieren. Wir wissen nicht, was er geantwortet hat. Wir wissen nicht, ob er überhaupt erfährt, daß Rosemarie tot ist. Doch dann schießt Friedrich dreimal.

Er tötet den Mann, für den das Scheitern der Ehe von Friedrich und Rosemarie ein Anlaß war, der eine Gelegenheit bot; den Mann, der in diese Tragödie zwischen zwei Menschen aus seiner eigenen, unbekannten Geschichte heraus hineingetappt ist, der wohl mehr fassungslos als entsetzt war in seinem letzten Augenblick.

Friedrichs Geschichte, die dritte in dieser Hauptverhandlung, ist die längste, er lebt noch, er kann sich mitteilen. Doch so ist das immer, wenn über eine Tötung des Intimpartners verhandelt wird: Der oder die Überlebende sagen am wenigsten, soviel sie auch vorbringen.

Er schildert, wie er sich ausgemalt hat, wie seine Frau mit ihrem Chef verkehrt. Und Tränen ersticken ihn, als er erzählt, er habe gewollt, daß seine Frau aufstehe, nachdem er sie erwürgt hatte. »Sie hat sich nicht mehr gerührt«, bringt er noch hervor, und das stammelt er in einer Verzweiflung, die auch denen erspart bleiben möge, die ihm diese Verzweiflung nicht glauben können.

Es fügt sich nicht zu einem lückenlosen, überzeugenden Bild zusammen, was danach geschehen ist. Die Beweisaufnahme ist schon beendet, und es soll plädiert werden, als das Gericht noch einmal auf Anregung der Staatsanwältin hin in die Beweisaufnahme eintritt und einige Zeugen erneut und neue Zeugen hört.

Hat Friedrich Selbstmord begehen wollen, fuhr er nach dem Tod seiner Frau in einen Wald, um den dort von ihm versteckten Revolver zu holen? Ist ihm dann sein jüngster Sohn eingefallen, der nachmittags nach Hause zurückgebracht werden und dann vor der toten Mutter stehen würde? Hat er sich auf den Weg gemacht, um das behinderte Kind abzuholen und unterzubringen, und ist er dann eher zufällig darauf verfallen, noch einmal mit dem Mann zu sprechen, in dem er nicht den Anlaß, sondern die Ursache des Unglücks sah?

Die Staatsanwältin beantragt eine Gesamtfreiheitsstrafe von elf Jahren und sechs Monaten, und das ist nur für den ein harter Strafantrag, der vergleichbare Fälle nicht vor Augen hat. Doch die Rekonstruktion der Tat durch die Staatsanwältin bereitet Schwierigkeiten. Zwischen den Uhrzeiten am 4. Februar 1983, die feststehen, und den Uhrzeiten, die von der Anklagevertreterin entgegen der Einlassung von Friedrich angenommen werden, läßt sich Ordnung nicht herstellen. Henning Plähn, Friedrichs Anwalt, verteidigt taktisch klug, ohne sich der Taktik wegen zu verleugnen. Er ist von dem Ablauf, den sein Mandant geschildert hat, überzeugt. Er zeigt Widersprüche, Unvereinbarkeiten im Vortrag der Anklage auf.

Doch das Gericht folgt der Staatsanwältin, was den Tatablauf und die sich aus ihm ergebenden strafrechtlichen Konsequenzen angeht. Vor allem aber schließt es sich, wie auch die Anklage, dem Sachverständigen, dem Psychiater Hans K. Rose an.

Der Sachverständige hat Friedrich als eine zu schwerwiegenden, affektiven Entgleisungen disponierte Person beschrieben, als einen depressiven Charakter, für den der drohende Verlust der Ehefrau eine Katastrophe war. Er hat eine »narzißtische Persönlichkeitsstruktur mit der Tendenz« herausgearbeitet, »in Kränkungen das eigene überhöhte Selbstbild nachhaltig erschüttert zu erleben und darauf mit überschießender Wut, die sich sowohl gegen den Kränkenden wie auch gegen die eigene Person richten kann, zu reagieren«.

Es hat, so der Sachverständige, eine tiefgreifende Bewußtseinsstörung vorgelegen, als der Angeklagte seine Frau tötete. Die Einsichtsfähigkeit war erheblich gemindert, aber nicht völlig aufgehoben. Für die zweite Tat konnte der Sachverständige eine erhebliche Minderung nicht ausschließen, doch was die zweite Tat angeht, so erfuhr man über sie am wenigsten.

Das Gericht erkennt auf zehn Jahre Freiheitsstrafe wegen Totschlags. Es spricht von dem narzißtisch-depressiven, grandios überhöhten und durch Krisen aus den Fugen zu werfenden Selbstbild des Angeklagten. Es spricht auch von seinem Bedürfnis, durch Leistung Anerkennung zu gewinnen. Es erkennt, welche Rolle es für Friedrich K. spielte, daß er beruflich nie wieder richtig Fuß fassen konnte, nachdem die Staublunge ihn auf dem Weg zum Bergingenieur aufgehalten hatte. Das Gericht hat das begriffen, was in derartigen Hauptverhandlungen immer häufiger auftaucht und immer öfter sichtbar werden wird – das schuldlose Scheitern in der Arbeitswelt, das zu katastrophalen Folgen seelischer Fehlentwicklungen führen kann, die vom Angeklagten vielleicht zu bewältigen gewesen wären, hätte ihn wenigstens sein Beruf, sein Arbeitsplatz getragen. ☐

Für die Angehörigen von Rosemarie K. sind zehn Jahre Freiheitsstrafe ein Hohn. Wenigstens das Lebenslang, da es ja die Todesstrafe nicht mehr gibt, erwarteten sie. Sie haben die Tochter, die Schwester, eine nahe Verwandte verloren. Und für die drei Söhne von Rosemarie und Friedrich tut sich ein Strudel auf, der sie zu verschlingen droht. Der Vater hat die Mutter getötet. Wohin gehören sie zwischen den Familien? Und einer von ihnen muß mit einer körperlichen Behinderung leben.

Entscheidungen der Bundesgerichte in der Arbeits-, der Sozial-, der Verwaltungs- und der Finanzgerichtsbarkeit können Folgen für Millionen von Bundesbürgern haben, zu schweigen von denen des Bundesverfassungsgerichts. Und auch die Urteile der Zivilgerichte wirken häufig über Kläger und Beklagte hinaus in den Alltag Unbeteiligter hinein.

Doch nach wie vor konzentriert sich das öffentliche (nicht nur das veröffentlichte) Interesse auf das Strafverfahren, auf den Strafprozeß, auf seinen Verlauf und sein Ergebnis.

Im Strafverfahren geht es um Schuld oder Unschuld, um den Nachweis der Tat: Gelingt der Nachweis oder überzeugt er nicht? Es geht dem Interesse der Öffentlichkeit auch um die spannende Handlung, ums Mitspielen durch Zustimmung, Zweifel oder Widerspruch. Doch das ist nur die Oberfläche des öffentlichen Interesses am Strafprozeß, an einem Schauspiel, das nach Regeln, doch ohne Textbuch abläuft, und das in jedem Augenblick eine Überraschung bieten und Auseinandersetzungen über angebliche oder tatsächliche Regelverstöße unter den Beteiligten hervorbringen kann.

Dem öffentlichen Interesse geht es darum, ob eine Tat angemessen bestraft wird. Die anderen Gerichtsbarkeiten befinden über Fragen, hinsichtlich derer man daran gewöhnt ist, daß so, aber auch ganz anders über sie entschieden werden kann. Die Urteile der Strafgerichtsbarkeit sind für die Öffentlichkeit der Maßstab dafür, ob sie in einem Rechts- oder einem Unrechtsstaat lebt.

Das Bundesverfassungsgericht kann, was den Eigenbedarf des Vermieters angeht, zu einem Ergebnis kommen, das für unzählige Mieter schwerwiegende Folgen hat. Es zieht sich damit Kritik zu, sogar Empörung. Doch diese Empörung ist nichts im Vergleich zu dem Zorn und der Wut, die Strafurteile (oder Freisprüche in Strafprozessen) auslösen können.

Grotesk ist das – aber auch nicht unverständlich. Denn Zorn und Wut werden vor allem von Urteilen (oder Freisprüchen) in Strafverfahren geweckt, in denen über Menschen verhandelt wird, die einen Menschen getötet haben. Dafür, daß das menschliche Leben das einzige, unstreitige Rechtsgut ist, haben die Menschen ein Gefühl, auch wenn sie dieses Gefühl nur durch ihr Interesse ausdrücken und nicht begründen können.

Vieles nährt dieses Gefühl, hält es wach, zum Beispiel das, was eine Tat wie die des Friedrich K. über die Angehörigen seiner getöteten Frau und über seine Kinder bringt. Und so etwas muß einen nicht persönlich treffen. Es genügt, daß man davon liest oder hört, daß man sich vorstellt, so etwas könnte einem selbst widerfahren (wobei man sich fast immer in die Situation der Angehörigen und der Kinder, selten in die des Täters versetzt).

Steht ein Mensch vor Gericht, weil er einen Menschen getötet hat, und gilt dieser Angeklagte oder diese Angeklagte als »prominent«, so überschlägt sich das öffentliche Interesse. Denn nun geht es nicht nur um die angemessene Strafe, nun geht es auch darum, ob die oder der Prominente anders, ob sie besser als jeder andere behandelt werden. Die Beanspruchung der Gerichte, die über Menschen urteilen müssen, die einen Menschen getötet haben, wird in derartigen Fällen fast zu groß.

»ER LÄSST JA NIEMAND AN SICH HERANKOMMEN«: Gustav Scholz, 54 Jahre alt im Januar 1985, ist in seiner Aussage gerade dort aufrichtig, wo er – auf den ersten Blick – fast unerträglich unaufrichtig wirkt. Sein Lebenslauf wird zu Beginn seiner Einlassung zurückgestellt. Er soll mit dem Verlauf seiner Ehe, mit seiner »verstorbenen Ehefrau« beginnen. Und so erfährt man gleich zu Beginn der Hauptverhandlung vor einer Großen Strafkammer des Landgerichts in West-Berlin, der Angeklagte und seine Frau Helga seien wie »eineiige Zwillinge« gewesen und »sehr gut aufeinander abgestimmt«.

Gustav Scholz hat seine 49 Jahre alte Frau Helga am späten Abend des 22. Juli 1984 durch einen Schuß getötet, der nach seiner Darstellung unbeabsichtigt fiel. Das Wort von den eineiigen Zwillingen könnte also der plumpe Versuch sein, diese Darstellung abzustützen; der Versuch, das Bild einer harmonischen Ehe zu malen, die wirklich nur ein Unglück, ein unseliger Unfall blutig beenden konnte.

Doch die Ehe, die Gustav Scholz behauptet, dient nicht der strafrechtlichen Entlastung. Gustav Scholz braucht seine Ehe so, wie er sie darstellt. Für ihn *muß*, damit er weiterleben kann, der tödliche Schuß ein Unfall gewesen sein. Gestände er sich ein, was seine Ehe tatsächlich war – er gäbe nicht nur das Fiasko dieser Ehe, sondern das Scheitern seines ganzen Lebens zu.

Auch was die geschäftlichen Interessen angeht, waren seine Frau und er »koordiniert«. Hat sie versucht, eine Führungsrolle zu spielen? »Nein, da war eine absolute Aufgabenteilung.« Gab es nicht doch Krisen, erhebliche Krisen? Ja, aber nicht so, »daß sie seriöser, absoluter Art waren«. Man habe einander gelegentlich etwas vorgespielt, um sich der Bindung aneinander, der Abhängigkeit voneinander wieder bewußt zu werden, einander daran zu erinnern.

Der Vorsitzende Richter Hans-Joachim Heinze, 50, macht Vorhaltungen aus den Akten. Er macht sie auf vorbildliche, leider nicht übliche Weise. Er hält dem Angeklagten nicht als erwiesene Tatsachen vor, was in den Akten steht. Er sagt, was man möglicherweise noch hören wird, wenn eine Zeugin oder ein Zeuge bei dem bleiben, was sie oder er zu Protokoll gegeben haben.

Helga Scholz soll eine spitze Zunge gehabt, ihren Mann vor dritten verspottet haben. Gustav Scholz: »Das war absolut black humor« und: »Ich fühlte mich absolut erhaben darüber.« Natürlich, was man einander in einer »etwas flapsigen Art« sagte, das könne auf Außenstehende ganz anders gewirkt haben. Doch es habe jeder nur versucht, »den anderen ein bißchen in die Pflicht zu nehmen«. Nein, er verdränge nichts, auch nicht Streit: »Verschiedener Meinung zu sein, ist kein Streit.« Wirtschaftliche Probleme? »Nicht existenzbedrohend, nur bedrückend.« Er habe darunter gelitten, daß Leute Zahlungsverpflichtungen eingingen, die sich plötzlich als illiquide erwiesen. Doch das habe die Beziehung zu seiner Frau nicht berührt. Alkohol? Seine Frau sei ein wenig inkonsequent gewesen. Ganz abstinent habe er nicht sein sollen, weil er dann zu normal, zu »stinkig« gewesen sei in ihren Augen. Ab und an ein Drink – »dann bist du viel besserer Stimmung«.

Er habe Tabletten von seiner Frau bekommen und blindlings eingenommen. Er habe sich ihrer »Sorgfalt, ihrer fast mütterlichen Pflege voll anvertraut«. Der Gedanke, daß seine Frau möglicherweise noch alkoholabhängiger war als er, sei ihm nie gekommen. Entziehungskuren? Ja, er habe zwei gemacht, aber mehr um seiner Frau einen Gefallen zu tun, um sie zu beruhigen.

Ob er sich als jähzornig einschätzt? Allenfalls, wenn er sich bedroht, in die Enge getrieben fühlen würde, könne er vielleicht jähzornig werden, sagt er. Und er sagt auch, wo er verletzlich, wo er angreifbar ist: Lieber würde er sich einen Finger nehmen lassen als etwas, was er erworben, was er »erboxt« hat: »Ich habe dafür zwanzig Jahre geboxt.«

Haben Affären mit anderen Frauen seine Frau gekränkt? Er weist das weit von sich. »Im Gegenteil, meine Frau flachste mich sogar immer damit.« Denn »es hätte ihr gar nicht gefallen, wenn ich nicht irgendwo Mittelpunkt des Interesses gewesen wäre«. Er sagt tatsächlich, er habe – auch was andere Frauen angeht – für seine Frau im Mittelpunkt stehen müssen, »damit sie an dieser öffentlichen Anteilnahme partizipieren konnte«.

Der 22. Juli 1984 ist ein Sonntag gewesen. Am Morgen spielte Gustav Scholz mit Freunden Golf, fuhr anschließend mit ihnen in sein Haus. Die Eheleute Scholz sollen nüchtern gewesen sein, als ihre Gäste gegen 11.45 Uhr gingen. Der Sonntag war immer der »Gammeltag« für Helga und Gustav Scholz, schon seit Jahren. Man hat sich zu Hause »eingeigelt«. Man sagte sich, und das soll nicht nur für diesen, sondern für die meisten Sonntage gegolten haben, »lassen wir das Faß auf, versacken wir einfach richtig«. Denn man war ja zu Hause und nicht »der Öffentlichkeit konfrontiert«. Die Versuchung, sich einmal richtig gehenzulassen, sei »ungeheuer groß, wenn man an fünf oder sechs Tagen in der Woche Einladungen annimmt«. Am Mittag ruft Helga Scholz den Gärtner an. Sie bittet ihn, mit dem Taxi vorbeizukommen und zusammen mit ihrem Mann den Swimmingpool mit Wasser zu füllen.

Der Gärtner ist diesmal nur ein Zeuge, der einzige Zeuge für die Stunden vor dem Schuß, der Helga Scholz tötete. Er ist kein sehr ergiebiger Zeuge. Die Gazetten haben ihn schon vor der Hauptverhandlung ausgequetscht, als sei er die letzte Zitrone auf der Welt. Helga Scholz hat die Sonntagsaktion zur Füllung des Swimmingpools in Gang gebracht. »Sie war der Teil, der immer pushte«, sie hat auch in diesem Fall die Initiative ergriffen, »mach doch mal was.« Doch aus der Aussage des Gärtners ergibt sich nichts, aber auch gar nichts, was auf den Ausbruch eines akuten Konflikts, auf den Beginn einer sich dramatisch steigernden Entwicklung schließen ließe, auf deren Höhepunkt dann der Schuß fällt. Gleich zu Beginn seiner Aussage hat der Gärtner allerdings eine Summe seiner sechsjährigen Tätigkeit für das Ehepaar Scholz gezogen: »Herr Scholz hat seine Frau abgöttisch geliebt, der braucht doch seine Frau.«

Liebe, abgöttische Liebe sogar? Der Gärtner drückt sich so aus. Doch er will sagen, daß Gustav Scholz seine Frau *brauchte*, und er will das so sehr sagen, daß er ins Präsenz fällt, als lebe Helga Scholz noch. Gustav Scholz ist in der Tat in seiner Aussage gerade dort aufrichtig gewesen, wo er – auf den ersten Blick – fast unerträglich unaufrichtig wirkte.

Seine Ehe war für ihn ein Besitz, den er nicht verlieren durfte, den er bewahren mußte. »Der Weg aus dem Nichts« heißt seine

1980 erschienene Biographie. Seit er 1965 seine Laufbahn als Boxer beendete, hat er nur mit seiner Frau zusammen den Eindruck aufrechterhalten können, ihm sei der Weg aus dem Nichts gelungen.

»Die Cleverneß, die ihn als Boxer auszeichnete, bewies Scholz auch im Privatleben«, heißt es in *Munzingers Internationalem Biographischen Archiv*, Lieferung 43/80, über »Gustav Scholz, deutscher Werbekaufmann, fr. Berufsboxer«. Doch er hat sich als Geschäftsmann nur gehalten. Der ewig wache, quicke, in allen Sätteln erfolgreiche Gustav Scholz, der schlagfertige, stets vorwärts- und vorneanmarschierende Junge von ganz unten, ist eine Inszenierung gewesen, die aufrecht- und durchzuhalten ihn ruiniert hat. Er hat ein Leben als erfüllt vorgeführt, das immer leerer und in dem er immer unbeweglicher, starrer und hilfloser wurde.

Er wäre längst aus irgendeinem Anlaß zusammengebrochen, wäre da nicht seine Frau Helga gewesen, die immer massiver einsprang, übernahm und dirigierte, wo Schlaflosigkeit, Apathie und jene wachsende Depression über ihn kam, gegen die er immer größere Mengen Alkohol trank.

Ein Kriminalbeamter hatte Gustav Scholz am Morgen des 23. Juli 1984 darauf hinzuweisen, daß seine Frau nicht an Tabletten gestorben sei, und er hatte ihn über seine Situation als Beschuldigter zu belehren. Der Kriminalbeamte sagte als Zeuge, Gustav Scholz habe auf den Hinweis und die Belehrung überhaupt nicht reagiert. Er habe nur, aufgelöst und herumrennend davon gesprochen, daß er seine Frau liebe, daß er nicht verstehen könne, wieso sie tot sei, und »daß sie alles für ihn getan habe«.

Diese Ehe war keine Partnerschaft, aber sie war das Zusammenbleiben von zwei Menschen, die miteinander so sehr ins Ausweglose geraten waren, daß der Eindruck, sie seien noch unterwegs, nur dadurch aufrechtzuerhalten war, vor sich selbst, voreinander und vor den anderen, daß man in der Inszenierung bis zum Einsturz der Bühne durchhielt. Helga Scholz, die unter Alkohol zu bösen, Wunden reißenden Worten fähig war, hat zu dem Gärtner am 22. Juli 1984 gesagt, sie habe in ihrem Leben zwei Fehler begangen. Sie habe nicht Peter Boenisch geheiratet. Und sie »hätte ihm«, ihrem Mann, »seine Manuela lassen sollen«, eine Stewardeß, mit der Gustav Scholz befreundet gewesen ist. Die sei zwar ganz anders als sie, aber der hätte sie die Verantwortung überlassen können. Die wäre vielleicht mit dem zurechtgekommen, was Helga Scholz den Untiefen ihrer Enttäuschung, ihrer Hoffnungslosigkeit, ihres Naturells überantwortete.

Es werden wohl verwundende, reißende Worte gefallen sein am 22. Juli 1984, Worte, die wahrscheinlich nicht zum ersten Mal fielen, die aber so trafen, wie sie noch nie getroffen hatten. Helga Scholz schloß sich auf der Gästetoilette ein, in die sie sich, so Gustav Scholz, schon oft zurückgezogen (geflüchtet?) hatte. Zu dem Kriminalbeamten hat Gustav Scholz am Morgen des 23. Juli 1984 auch den Satz gesagt, der vielleicht der Schlüssel für die Situation ist, in welcher der Schuß fiel: »Ich wollte sie da doch nur rausholen!«

»Der Weg aus dem Nichts«, das Buch von Gustav Scholz ist mit einem Ghostwriter geschrieben worden, doch es enthält viel Gustav Scholz. Da heißt es, daß das »sogenannte Prominentendasein« unbestreitbar Vorzüge hat. Da heißt es aber auch, daß dieses Dasein »unausrottbare Nachteile« habe: »Man wird unnachsichtiger beobachtet und kontrolliert.« Und wiederholt geht es darum, wer Freunde sind, was Freundschaft ausmacht. Da steht der Satz: »Mit den Jahren wächst einem eine Haut wie einem Elefanten. Das ist ein Prozeß des Selbstschutzes, weil man am Übermaß der Bekanntschaften – wie an jeder Übertreibung – kaputtgehen kann; es bleiben einem nicht einmal die wenigen Minuten für den wichtigsten Freund, das eigene Ich.«

Diesen Freund hat Gustav Scholz nicht gefunden. Er war mit allem »befreundet«, was der Inszenierung vom »Weg aus dem Nichts« nutzte, mit Journalisten, Schauspielern, Geschäftsleuten und Politikern, mit jenen, die sich mit ihm schmückten und ihn dafür schmuck aussehen ließen. Und es ist Ironie, eine schlimme Ironie, daß die Branche, die ein Idol der veröffentlichten Meinung aus Gustav Scholz machte (und damit ihr Geschäft), nun das allerletzte Geschäft mit ihm betreibt. Die Westberliner »B.Z.« am Morgen nach dem ersten Tag des Prozesses (»Ich war nackt – als sich der tödliche Schuß löste!« garniert mit einer Zeichnung, die einen nackt auf dem Boden kauernden Gustav Scholz, natürlich mit der Tatwaffe im Arm zeigt) war die rüdeste Aufmachung des Jahres 1985.

Gustav Scholz will die Waffe gereinigt haben. Dabei soll der Schuß gefallen sein. Er will über seinen Golfsack gestolpert sein, und dabei soll sich der Schuß gelöst haben. Er sagt auch, er sei auf dem Teppich vor der Toilettentür ausgerutscht. Die Verteidiger, die Rechtsanwälte Manfred Studier und Karlheinz Knauthe, haben es schwer: »Herr Scholz, ich muß Ihnen vorhalten…«, »Aber Herr Scholz, Sie haben doch gesagt…« Gustav Scholz ist sehr allein, nicht weil man ihn allein läßt. Seine Frau ist tot.

Ein Kampf des Boxers Gustav Scholz ist unumstritten, der, in dem er 1958 gegen den Franzosen Charles Humez Europameister im Mittelgewicht wurde. 1962 scheiterte er im Weltmeisterschaftskampf des Halbschwergewichts gegen den farbigen Nordamerikaner Harold Johnson. Er habe nicht den Mut zum Angriff gefunden, hieß es. Max Schmeling, der das Vorbild von Gustav Scholz war, hat damals in einem Interview mit dem »Hamburger Abendblatt« gesagt: »König bist du nicht geworden, aber du hast das Schloß gesehen.« Max Schmeling hat sich denen nicht ausgeliefert, die sich mit ihm schmückten.

Helga Scholz ist 49 Jahre alt geworden. Während des Prozesses über ihren Tod entstand der Eindruck, sie sei noch glimpflich davongekommen, als sie einem Schuß zum Opfer fiel, denn in Wahrheit hätte sie als Hexe verbrannt gehört. Diesen Eindruck hat nicht das Gericht entstehen lassen. Dieser Eindruck ist auch nicht den Zeugen vorzuwerfen, die über Helga Scholz aussagten. Den Eindruck, die getötete Helga Scholz sei die Täterin, hat die veröffentlichte Meinung auf dem Gewissen, falls sie ein Gewissen hat. Die Hauptverhandlung gegen Gustav Scholz hatte an jedem Sitzungstag eine Sensation zu liefern. Über die »Chancen« des Angeklagten wurde spekuliert, als laufe er als Pferd in einem Rennen. Jeden Tag eine neue Schlagzeile, bis zuletzt. Und dazu gehört selbstverständlich, daß nach dem Urteil die Frage obenan steht, ob Gustav Scholz ein »Prominentenbonus« zuteil wurde, ob das Ziehungsgerät bei der Lotterieausspielung in Ordnung war.

Der Staatsanwalt Willi Wiedenberg soll sich »sensationell mild« verhalten haben, als er seinen Strafantrag stellte, als er auf die Anklage wegen Totschlags verzichtete und eine Verurteilung wegen fahrlässiger Tötung beantragte. Die Hauptverhandlung hatte eine Sensation zu sein, und diese Sensation muß nach dem Urteil weiter gepflegt und gemolken werden. Es hat so auszusehen, als habe ein Fall wie dieser nichts mit dem Alltag der Strafjustiz zu tun.

»Tötung des Intimpartners« heißt das von dem Psychiater Wilfried Rasch verfaßte Buch, das 1964 erschien. Es ist heute ein Klassiker, und so wird der Titel regelmäßig zitiert, ohne daß der Inhalt des – vergriffenen – Buches entsprechend bekannt ist. Rasch hat aus guten Gründen der Versuchung widerstanden, diese

64

Arbeit, diesen großen Wurf zu ergänzen, obwohl ihn Erfahrungen, die er seit 1964 in Fülle machte, dazu hätten verleiten können. Rasch spricht in der »Tötung des Intimpartners« von »sich musterhaft wiederholenden Tötungssituationen überindividueller Vorprägung«, in denen der Täter »nur noch als Funktionsgröße in einem über ihn selbst hinweggehenden Geschehen« erscheint. Er fragt, »wieweit Motiv und Zweck einer Tat oder der bei ihr wirksame Wille aus Strebungen und Intentionen der Täterpersönlichkeit selbst abgeleitet werden können«. Zu dieser Frage drängt ihn, daß es »selten einmal gelingt, eindeutige Angaben über die der Tat unterliegenden Absichten vom Täter zu erhalten«. Die Einlassung des Täters, »er habe das Geschehen nicht gewollt oder wisse nicht, warum er die Tat begangen habe«, finde kaum Gehör. »Man neigt zu der Annahme, der Täter versuche lediglich der Verantwortung auszuweichen; diese Ansicht wird noch gestützt durch die während des Verfahrens zu beobachtenden Wandlungen seiner Aussagen mit der auf Entlastung gerichteten Tendenz.«

»Gleichwohl verdienen nicht alle Aussagen des Täters«, fährt Rasch fort, »in denen ein Unvermögen, Rechenschaft über sein Handeln zu geben, zum Ausdruck kommt, als Ausreden, Dissimulieren und Leugnen abgewertet zu werden. Dieses ist vornehmlich dann zu berücksichtigen, wenn die Betrachtung der Vorgeschichte deutlich werden läßt, daß zur Tat keine klar vorkonzipierte Handlungskette führt, sondern ein doppelspuriges Tun mit widersprüchlichen, sich gegenseitig aufhebenden Aktionen oder daß trotz möglicherweise sich mächtig entfaltender Aktivität unklar bleibt, was er ›eigentlich will‹.«

»Das Tatgeschehen«, sagt Rasch, »entwickelt sich aus der Situation und wird hierdurch zur *faktischen Lösung*, womit gemeint ist, daß die Tat nicht einem in Überlegung und Planung sozusagen erarbeiteten Entschluß entspricht. Der nachher einsetzenden Verarbeitung stellt sie sich daher als sinnloser, ungewollter Zwischenfall dar, zumal aus der Vorgeschichte jetzt jene Fakten in den Vordergrund gezogen werden, die entlastend für das Fehlen einer Absicht sprechen.«

Der Prozeß, in dem Gustav Scholz angeklagt war, macht es notwendig, daran zu erinnern, wieviel über die »Tötung des Intimpartners« bekannt ist, wie lange man schon über dieses Wissen verfügt – und wie schwer es fällt, dem Raum zu geben, was man längst weiß. Die Möglichkeit eines für einen der Beteiligten tödlichen Scheiterns der engsten menschlichen Beziehung erschreckt so sehr, daß man es vorzieht, Ausflüchte, Lügen und sogar »eiskalte« Planung des Täters anzunehmen. Die »Tötung des Intimpartners« als eine »sich musterhaft wiederholende Tötungssituation überindividueller Vorprägung«, in welcher der Täter »nur noch als Funktionsgröße in einem über ihn selbst hinweggehenden Geschehen erscheint«, wird als unerträglich empfunden.

Eine Ehe ist der Versuch von zwei Menschen, Partner zu werden. Helga und Gustav Scholz heiraten am 10. November 1955, und ihre Ehe ist ein redlicher Entschluß zur Partnerschaft, denn die Situation, in der sie heiraten, ist eine Grenzsituation.

Gustav Scholz befindet sich damals zum ersten Mal in seinem Leben am Ende, er hat Lungentuberkulose. Daß er einmal wieder als Boxer Geld verdienen wird, hält niemand für möglich. Helga heiratet einen Mann ohne Aussichten. Gustav Scholz schließt die Ehe in einer Phase seines Lebens, in der es für ihn ums Überleben geht. Die Krankheit mag er überstehen, aber was wird danach sein? Er braucht einen Partner, die Frau, mit der er seit Jahren befreundet ist, einen Menschen, der ihm weiterleben hilft, der auch dann bei ihm sein wird, wenn er tatsächlich noch einmal bei Null von vorne beginnen kann. Und bei Null wird er beginnen müssen, wenn er gesund wird, denn aus seinen Jahren als Boxer bringt er nicht mehr mit als einen deutschen Meistertitel. Seine Laufbahn ist durch die Krankheit abgebrochen worden, bevor er Erfolge erringen konnte, die sich einprägen, von denen er sich versprechen durfte, daß sie nicht vergessen werden würden.

Doch es geschieht ein »Wunder«, so nennt man so etwas. Gustav Scholz kann 1957 in den Ring zurückkehren. 1958 und 1964 wird er in verschiedenen Gewichtsklassen Europameister. 1962 boxt er sogar um die Weltmeisterschaft. »König bist du nicht geworden, aber du hast das Schloß gesehen«, hat Max Schmeling nach diesem Kampf gesagt, von dem viele meinten, Gustav Scholz hätte ihn gewinnen müssen. Von diesem Satz muß noch einmal die Rede sein. Wer König geworden ist, erfährt, wie wenig das ist. Er kommt buchstäblich *hinter* den Ruhm und seinen Preis. Er gewinnt eine Krone, und wenn er sie wieder verliert oder eines Tages aufgibt – er hat ihre Nichtigkeit erlebt. Er hat zumindest die Chance, zu erkennen, daß jedes, selbst das höchste Ansehen unter Menschen nichts ist als »ein Aschen«, wie es bei Ferdinand Raimund heißt.

Gustav Scholz hat nicht das Glück, die Königsrolle, den Weltmeistertitel zu erlangen. Als er 1965 seine Karriere nach 98 Kämpfen, von denen er nur zwei nach Punkten verloren hatte, beendet, bleibt ihm die Last der Illusion, was gewesen wäre, hätte er nur den Gipfel erreicht, wäre er ins Schloß eingezogen, hätte er es nicht nur gesehen. Er ist 35 Jahre alt, als er sich aus dem Ring zurückzieht. Er beginnt ein drittes Leben mit der Hypothek eines nicht erreichten Ziels.

Helga Scholz hat in den Jahren des zweiten Lebens, das 1957 mit der so erfolgreichen Wiederauferstehung im Ring begann, zurückstehen müssen. Sie war die Ehefrau eines »Prominenten« (und man sollte das Wort Prominenter nicht mehr in den Mund nehmen, als spräche man von einem, der es geschafft hat, denn der Prominente hat nichts erreicht als die Irrtümer anderer über seine Person und seine eigene, fürchterliche Abhängigkeit von diesen Irrtümern). Die Möglichkeit, einen gemeinsamen Weg zu finden, erleidet in diesen Jahren für Helga und Gustav Scholz wohl einen unheilbaren Schaden.

Kann ausgerechnet ein Boxer Angst haben? Ja, eine Angst, die anders und größer ist als die vor dem nächsten Gegner. Gustav Scholz hat sich von ganz unten hochgekämpft. Er hat Angst davor, wieder ein Nichts zu sein. Diese Angst hat ihn weit gebracht, solange er boxte. Als die Laufbahn des Boxers beendet war, begann er ein drittes Leben, in dem er hinter der Geltung in den Augen anderer herlief.

Der Psychiater und Neurologe Gerhart Zeller hat in diesem Prozeß als Sachverständiger ein Gutachten erstattet, wie man es so knapp und taktvoll selten erlebt (und gerade der Takt ist eine Tugend des Sachverständigen, da er durch ihn und mit ihm darauf bestehen kann, daß er nicht nur »Gehilfe des Gerichts«, sondern auch in dieser Rolle noch immer *Arzt* ist). Mit 35 tritt der Boxer Gustav Scholz ab. Bis zu seinem 50. Geburtstag, bis zu seinem Buch »Der Weg aus dem Nichts« läßt sich die Inszenierung, die Dekoration seiner Lebensbühne noch wahren. Dann verliert alles seinen Glanz. Er hat sich einen Filmkeller in seinem Haus eingerichtet (»sein« Haus, *er* hat es schließlich erboxt). Und nun sitzt er in diesem Filmkeller und sieht sich die Filme von seinen Kämpfen an.

Es ist schon körperlich schwer für einen Menschen, der Hochleistungs-, der Berufssportler war, sich auf ein Leben umzustellen, in dem er seinem Körper nicht mehr so viel wie früher abzuverlangen hat. Der Prozeß des Alterns ist für einen solchen Menschen schwerer als andere zu bewältigen, seelisch erst recht. Der Intelligenzquotient von Gustav Scholz ist nicht sonderlich hoch, aber das hat, wie der Sachverständige Zeller vorträgt, keine besondere Bedeutung. Gustav Scholz gleicht seine durchschnittliche Intelligenz durch eine hervorragende Begabung im sozialen Bereich aus. Er kann sich in Menschen einfühlen, sie einschätzen, sich auf sie einstellen.

Diese Begabung macht freilich auch eine gefährliche Schwäche des früh alternden Gustav Scholz aus. Denn sie zwingt ihn in die Anpassung an das, was die Menschen von ihm erwarten. Während er sich immer mühsamer so darstellt, wie man ihn sehen will, wird er depressiv.

Warum wird ein Mensch depressiv? Als Nichtmediziner kann man antworten: Warum werden so wenige Menschen depressiv? Die Mediziner sprechen von der Last des Daseins, vom Leiden an der Sinnlosigkeit, von der depressiven Tönung jeder Lebenserfahrung. Depressive Menschen können sehr leistungswillig und sogar sehr leistungsfähig sein. Und die Mediziner wissen, daß den depressiven Menschen ein Bedürfnis nach Anerkennung, nach Wärme und Nähe, nach stärkeren Menschen kennzeichnet.

Dem Menschen gegenüber, der dieses Bedürfnis befriedigt, wird alles vermieden, was die Beziehung zu ihm gefährden könnte. »Durch *gefügiges Verhalten*«, sagt der Psychosomatiker Walter Bräutigam, suchen die Depressiven alles zu vermeiden, was Vorwürfe des anderen, des Menschen auslösen könnte, den sie brauchen, dessen sie sich geradezu bemächtigen: »Vor allem aber können sie Aggressionen gegen diesen anderen nicht anerkennen.« Endlich: »Der Depressive nimmt seine eigenen Wünsche ständig zurück, entwertet sie, sammelt dabei aber großen Ärger und Ressentiment an, ohne dies zeigen zu dürfen.« Gustav Scholz hält seiner Frau gegenüber still, bis es zu einem »aggressiven Durchbruch« kommt, so der Sachverständige Zeller, indem er schießt. Und er hält auch noch, nachdem er seine Frau getötet hat, daran fest, daß er eine glückliche Ehe führte.

»Wir alle können ja nur leben, indem wir immer wieder ein wenig verdrängen«, sagt Zeller. Doch für Gustav Scholz gab es nur noch ein krankes Verdrängen. Er war und ist isoliert, er ist einer von denen, die sich um die Litfaßsäule tasten und meinen, sie seien eingemauert. »Er läßt ja niemand an sich herankommen«, sagt der Sachverständige Zeller.

Helga Scholz hat die Depression ihres Mannes nicht mehr ertragen können. Der Partner eines Depressiven ist mindestens so gefährdet wie der Depressive. Sie hat kein Gefühl mehr »für die Selbständigkeit des Leidens Depression«. Sie sieht nur den Alkohol, es geht ihr darum, daß ihr Mann »entgiftet« wird. Sie lenkt die Therapie in eine falsche Richtung, auf das Symptom der Depression, auf den Alkohol. Depressive stellen hohe Anforderungen an ihre Umgebung und zunächst erfüllt man ihnen jeden Wunsch. Doch dann wird man müde, ist zerschlissen, kann nicht mehr. Warum reißt sich der andere nicht zusammen? Man selbst tut doch sein Teil. Es muß endlich etwas geschehen, das Herumhängen soll aufhören. Zuletzt kommt es sogar zu Todeswünschen. Soll der andere doch sterben, wenn er nicht mehr will.

Daß die Angehörigen seelisch Kranker der Betreuung bedürfen, weiß man eigentlich, doch Gustav Scholz ist ein Prominenter. Helga Scholz bedrängt die Schwestern der Klinik, in der ihr Mann eine Entziehungskur macht, ihrem Mann mehr Tabletten, als vom Arzt verordnet, zu geben, denn er verträgt ja so viel, bei ihm genügt die normale Dosis nicht. Und als er wieder zu Hause ist, verabreicht sie ihm die Medikamente, die ihm verordnet worden sind, so, wie sie es für richtig hält. Sie selbst trinkt inzwischen, ist medikamentenabhängig. Ihr ist die Kraft, die Geduld ausgegangen, sie ist erschöpft. »Eine verkehrte Welt«, sagt der Sachverständige Zeller: Die trinkende Frau wird eingesetzt, um den Erleichterungs-, den Verdrängungstrinker zu betreuen; die Medikamentenabhängige teilt die Medikamente zu.

Am späten Abend des 22. Juli 1984 schließt sich Helga Scholz auf der Gästetoilette ein. Der angetrunkene Gustav Scholz will, daß sie herauskommt. Er braucht sie. Sie muß bei ihm, neben ihm sein. Sie darf nicht die Geduld, die Kraft verlieren. Er gibt einen Schuß durch die Toilettentür ab. Der trifft tödlich. Gustav Scholz muß in seinem alkoholisierten, zusätzlich von Medikamenten aufgeladenen Zustand spüren, daß etwas Unwiderrufliches passiert ist. Er trinkt noch mehr. In der Frühe beginnt er gegen die Tür zu schlagen, der Kolben der Tatwaffe bricht.

Er hat keinen Tötungsvorsatz gehabt, sagt das Gericht. Die Tat war, wie der Sachverständige Zeller den Angeklagten beschrieb, persönlichkeitsfremd, und sie war sogar mehr: Sie glich einem Selbstmordversuch, so abhängig wie Gustav Scholz von seiner Frau war. Gustav Scholz wußte nicht, wo sich seine Frau auf der Toilette befand. Hätte sie gesessen: Der Schuß wäre 26 Zentimeter über sie hinweggegangen. Hätte der Schuß eine Strebe in der Tür getroffen, wäre er nicht durch einen Hohlraum gegangen,

Helga Scholz könnte noch leben. Die Schuldfähigkeit von Gustav Scholz war nicht aufgehoben, aber erheblich vermindert: drei Jahre Freiheitsstrafe wegen fahrlässiger Tötung.

Nahezu jeden Tag findet irgendwo in der Bundesrepublik ein Strafprozeß statt, in dem es um die »Tötung des Intimpartners« geht. Es gibt schlimme Urteile in derartigen Prozessen. Und oft treffen die schlimmen Urteile Frauen, die den Menschen getötet haben, mit dem der Versuch einer Partnerschaft scheiterte.

Muß deshalb ein Gericht, wie das, vor dem sich Gustav Scholz zu verantworten hatte und dem auch eine Frau angehörte, aus Angst vor dem Verdacht, es gewähre einen »Prominentenbonus«, unbesonnen entscheiden? Wäre Gustav Scholz durch seine Frau zu Tode gekommen, dieses Gericht unter dem Vorsitzenden Richter Hans-Joachim Heinze hätte auch gegenüber Helga Scholz die sich »musterhaft wiederholende Tötungssituation« erkannt und berücksichtigt, was das Leben neben einem Depressiven aus ihr gemacht hat.

Wo über die »Tötung des Intimpartners« verhandelt wird, spielt die Ehrlichkeit der Richter sich selbst gegenüber eine besondere Rolle. Jeder hat Partner. In Prozessen dieser Art muß man sich gerade als Richter eingestehen, daß jeder Versuch einer Partnerschaft scheitern, tödlich scheitern kann. Es hat auch schon ein Strafrichter vor einem Gericht der Bundesrepublik gestanden, der seine Frau getötet hatte. Zwischen den Menschen, die miteinander als Partner zu leben versuchen, steht alles auf dem Spiel. Die Richter über Gustav Scholz wußten das. Gustav Scholz hat nicht töten wollen. Er hat sich des Menschen beraubt, mit dem zusammen er gescheitert war. Die Barmherzigkeit, wenigstens im Scheitern eine Gemeinsamkeit zu finden, das Scheitern miteinander tragen zu können, gibt es für ihn nicht mehr. □

Gustav Scholz kommt mit seinem Urteil nicht zur Ruhe, und alles, was er im Leiden an der Einsamkeit, in der er nun dahinvegetiert, auch unternimmt, wird aufgegriffen, angegriffen. Sein Weg aus dem Nichts hat ins Nichts geführt, und die, die daran verdient haben, daß sie ein Idol aus ihm machten, verdienen nun daran, das von ihnen erfundene Bild zu zerfetzen. Er kann keinen Schritt tun (und viele seiner Schritte sind Fehltritte, er hat kein Ziel mehr), der nicht hämisch, der nicht gnadenlos kommentiert wird. Er ist gescheitert und muß sein Scheitern alleine ertragen, und daß er das nicht in materieller Not zu tun hat, läßt seine Verfolger hecheln.

Das Gericht, das über Gustav Scholz verhandelte und urteilte, hat hinzunehmen, daß ihm »Männerjustiz« unterstellt, daß ihm vorgeworfen wird, es habe das Opfer verurteilt, indem es den Täter glimpflich behandelte. Wo die Strafjustiz über Menschen befinden muß, die einen Menschen getötet haben, wird fast immer Erbarmungslosigkeit von ihr verlangt. Gerät sie an einen Angeklagten, dessen Name man kennt – so liefert sie gerade ihr Versuch, auch diesem Menschen gleiches Recht zu gewähren, dem Zorn und der Wut aus. Es kommt dann alles zusammen, was die Urteile über Menschen, die einen Menschen getötet haben, für die Öffentlichkeit zum Maßstab für die Rechtsstaatlichkeit der Justiz macht. Hier, wo sonst, soll die Dritte, rechtsprechende Gewalt unmißverständlich entscheiden – soll sie feststellen, daß sich der Täter durch seine Tat aus der Gesellschaft ausgeschlossen hat.

Der Botschafter der Vereinigten Staaten in Bonn, Vernon Walters, hat im Sommer 1990 erklärt, er habe »keine moralischen Probleme mit der Todesstrafe«, wenn sie wie in seiner Heimat wegen schwerster Verbrechen verhängt werde. Die Todesstrafe schrecke ab. Auch sei nicht einzusehen, warum die Gesellschaft Jahrzehnte für die Verwahrung eines Schwerverbrechers zahlen solle, von dem schließlich auch zu fürchten sei, daß er aus der Strafanstalt ausbrechen und seine Tat wiederholen könne. Soziale Probleme sah der Botschafter nicht als eine Ursache der Gewaltkriminalität an, Armut sei ein relativer Begriff. Niemand sterbe in den Vereinigten Staaten an Hunger, und was die Obdachlosen angehe, so sei zu beachten, daß es sich »nur um rund 600 000 Menschen bei einer Bevölkerung von 250 000 Millionen handelt«.

Das ist unmißverständlich, der Botschafter hat ausgesprochen, was auch in der Bundesrepublik die Mehrheit empfindet, ob sie es ausspricht oder nicht, und was auch immer Meinungsbefragungen zu erbringen scheinen. Die heillosen, für den einen oder anderen Partner tödlichen Situationen, zu denen es im Zusammenleben der Menschen kommen kann, hat der US-Diplomat gar nicht erst angesprochen. Wahrscheinlich übertrifft für ihn sogar, wie für die Mehrheit, die Tötung eines nahestehenden Menschen an Abscheulichkeit die Tötung eines Fremden. Als soziale Probleme wiegelte er allein die Armut, den Hunger und die Obdachlosigkeit ab. Das soziale Problem der seelischen Not, der biographischen Verkrüppelung, die man einem Menschen nicht wie eine körperliche Fehlbildung ansieht, die ihm aber in Kindheit und Jugend zugefügt werden und ihn für sein ganzes Leben zeichnen kann – kein Wort dazu. Wenn Strafgerichte der Bundesrepublik über Tötungen mit äußerster Strenge urteilen, können sie breiter Zustimmung gewiß sein. Sie geben nicht etwa dem Erwartungsdruck nach. Nein, sie wahren die Rechtsordnung, sie bestehen auf der Einheitlichkeit der Rechtsprechung, sie haben intelligente Argumente in Fülle, die sie zwingen, auf einer unnachsichtigen Entscheidung zu bestehen. Auf die öffentliche Anerkennung ihrer Haltung kommt es ihnen dabei selbstverständlich nicht an, die fällt halt an, aber auf die hat man nicht gezielt, so jedenfalls sehen sie es.

»ICH BIN HEUTE EINE GANZ ANDERE FRAU...«: Dreimal ist der Strick gerissen. Beim vierten Versuch klappt es endlich. Die Delinquentin hängt. Eine ärgerliche, beleidigende Behauptung? Artikel 102 des Grundgesetzes für die Bundesrepublik Deutschland lautet: »Die Todesstrafe ist abgeschafft.« Hierzulande wird nicht gehängt. Hier wird überhaupt nicht hingerichtet.

Aber wie soll man es denn nennen, wenn eine Frau zunächst zwölf Jahre Freiheitsstrafe erhält – wenn eine zweite Hauptverhandlung gegen diese Frau abgebrochen werden muß, weil Verfahrensbeteiligte andere Termine wahrzunehmen haben – wenn ein dritter Prozeß ein auf neun Jahre Freiheitsstrafe lautendes Urteil erbringt – und wenn endlich ein viertes Gericht auf die lebenslange Freiheitsstrafe erkennt?

Zwischen dem ersten Urteil, das am 14. Februar 1983 verkündet wurde, und dem letzten, das am 9. Juli 1986 erging, liegen mehr als drei Jahre. Die Tat, über die zu befinden war, geschah in der Nacht vom 22. auf den 23. März 1982. In dieser Nacht hat Ursula E. ihren Ehemann getötet.

Seit Mai 1982 ist Ursula in Untersuchungshaft. Am Wochenende nach ihrer letzten Verurteilung im Juli 1986 wurde sie 37 Jahre alt. Nach dem Strafmaß des vorletzten, auf neun Jahre Freiheitsstrafe lautenden Urteils war für sie, wäre es dabei geblieben, die Aussetzung zur Bewährung nach Verbüßung von zwei Dritteln der Strafe immerhin in Sicht.

Nach ihrer letzten Verurteilung liegt vor ihr, von einem Augenblick auf den anderen, die Wüste einer Haftzeit, die nicht wird enden wollen. Sie wird an die fünfzig Jahre alt sein oder älter, wenn sie noch einmal in Freiheit kommt. Und die Freiheit war doch schon greifbar nah. Für sie ist der Strick dreimal gerissen, bevor man sie im vierten Anlauf denn doch gehängt hat.

Es wird, weil es die Todesstrafe nicht mehr gibt (und weil das für allzu viele ein unerträglicher Verzicht ist), verdrängt, was Freiheitsentzug zufügt. So sehr uns das Leben unterläuft und wenn wir es auch wie ein Geschwätz verbringen – das was man Freiheit nennt, ist Freiheit, selbst wenn es nur eine Illusion von Freiheit wäre. Es wird seit dem Verzicht auf die Todesstrafe nicht weniger hart bestraft, nur unblutig. Und auch die Überprüfung des Lebenslang nach 15 Jahren, die zur Gnade und zur Aussetzung zur Bewährung führen kann (wenn nicht »die Schwere der Schuld« gegen den Antrag ins Feld geführt wird), mildert diese Höchststrafe nicht.

Das sollte jene zufriedenstellen, die auf einem Höchstmaß an Vergeltung meinen bestehen zu müssen, jene, die nicht davon zu überzeugen sind, daß die lebenslange Freiheitsstrafe genauso wie die Todesstrafe keinen abschreckt. Das zwingt aber auch zu Kritik, wenn sich zeigt, daß die strafrechtliche Reaktion auf das Kapitalverbrechen (und das kapitalste Verbrechen ist und bleibt die Tötung eines Menschen) in Grenzfällen zu barbarischen Härten verleiten kann. Und es ist von barbarischer Härte zu sprechen, wenn eine Frau, die vor mehr als vier Jahren ihren Mann getötet hat, die lebenslange Freiheitsstrafe erhält, nachdem sie drei vollständige Hauptverhandlungen und eine abgebrochene durchmachen mußte und nachdem ihr Strafmaß, bevor es zum Lebenslang kam, von zwölf auf neun Jahre verringert worden war.

Es wäre ein Trost, könnte man einen Schuldigen für diesen Ablauf nennen, wenn man ihn Personen vorwerfen könnte. Doch dieser Ablauf ist auch und vor allem ein Resultat des Versuchs des Bundesgerichtshofs (BGH), den Gerichten den Verzicht auf die lebenslange Freiheitsstrafe in Fällen zu ermöglichen, in denen sie ihnen unangemessen scheint.

Am 14. Februar 1983 verurteilte die Große Strafkammer I des Landgerichts Detmold Ursula E. zu zwölf Jahren Freiheitsstrafe wegen Mordes. Sie habe ihrem arglosen Ehemann eine hohe Dosis des einschläfernd wirkenden Medikaments Lexotanil in das Essen gemischt. Als er fest schlief, habe sie ihn getötet, indem sie mit einem äthergetränkten Wattebausch oder auf andere Weise seine Atemwege verschloß.

Auf die vom Gesetz vorgeschriebene lebenslange Freiheitsstrafe für Mord erkannte das Gericht jedoch nicht. Es bezog sich auf einen Beschluß des Großen Senats für Strafsachen des BGH vom 19. Mai 1981: »Auch wenn in Fällen heimtückischer Tötung außergewöhnliche Umstände vorliegen, auf Grund welcher die Verhängung lebenslanger Freiheitsstrafe als unverhältnismäßig erscheint, ist wegen Mordes zu verurteilen. Es ist jedoch der Strafrahmen des § 49 Abs. 1 Nr. 1 StGB anzuwenden.«

Der § 49 StGB handelt von »Besonderen gesetzlichen Milderungsgründen« und ließ im Fall der Ursula E., wenn man sich auf den Beschluß des Großen Senats stützen konnte und durfte, eine Freiheitsstrafe zwischen drei und fünfzehn Jahren zu. Den Bezug auf diesen Beschluß begründete das Gericht so:

> »Die Angeklagte ist ihrer unwiderlegten Darstellung zufolge über Jahre schwerwiegenden Demütigungen wie schweren Beleidigungen, Mißhandlungen und mit Gewalt erzwungenen sadistischen Formen des Geschlechtsverkehrs und Bedrohungen für den Fall der Scheidung ausgesetzt gewesen, die sich ständig vermehrt haben. Das ist ein ständig neu angefachter zermürbender Konflikt, wie er in der Entscheidung (des Großen Senats) beispielhaft für das Vorhandensein außergewöhnlicher Umstände geführt worden ist. Unter Berücksichtigung dieser, der Angeklagten zugefügten Demütigungen wäre die Verhängung lebenslanger Freiheitsstrafe eine unverhältnismäßige Folge der Tat gewesen.«

Doch am 22. September 1983 hob der 4. Strafsenat des BGH dieses Urteil auf die Revision der Staatsanwaltschaft hin im Strafausspruch auf und verwies den Fall an eine andere Strafkammer des Landgerichts Detmold zurück. Die Erwägungen des Gerichts seien rechtsfehlerhaft. Der Beschluß des Großen Senats habe nichts daran geändert, »daß im Regelfall für eine heimtückisch begangene Tötung auf lebenslange Freiheitsstrafe zu erkennen ist«.

Die Wertung des Detmolder Gerichts ergebe nicht, daß die Tat der Angeklagten als »Grenzfall« im Sinne des Beschlusses zu kennzeichnen sei. Denn das Gericht halte der Angeklagten bei der Strafzumessung vor,

> »... daß sie sich nicht intensiver um einen anderen Lösungsweg bemüht hat. Da der Konflikt sich über eine lange Zeit erstreckte, hatte sie auch entsprechend Zeit zu überlegen. Ihr

Ehemann hatte sie zwar unwiderlegt für den Fall der Scheidung bedroht. Nach Überzeugung des Gerichts hätte sie aber die Möglichkeit gehabt, sich auf andere Weise von ihrem Ehemann zu trennen...‹ Diese Erwägungen waren nicht erst bei der Bemessung der Strafhöhe von Bedeutung; das Landgericht mußte sie vielmehr bereits bei der Prüfung, ob außergewöhnliche Umstände im Sinne der Entscheidung des Großen Senats für Strafsachen vorliegen, anstellen. Möglicherweise hätte bereits die Einbeziehung dieser Erwägungen in die Prüfung zur Verhängung der lebenslangen Freiheitsstrafe geführt.«

Im Januar 1984 endet in Detmold der zweite Prozeß gegen Ursula E., nachdem die Angeklagte zur Person und zur Sache gehört worden ist. Warum man in eine Terminnot hineintappt, bleibt unbegreiflich, denn es kann kein Beteiligter angenommen haben, man werde mit einem Sitzungstag auskommen. Ursula E. hat den für sie heikelsten Teil der Hauptverhandlung ein zweites Mal zu leisten, doch diesmal für nichts und wieder nichts – denn danach wird abgebrochen und für den März 1984 neu terminiert. Die dritte Hauptverhandlung bringt dann am 12. März 1984 die Verurteilung zu neun Jahren Freiheitsstrafe.

Am 25. Oktober 1984 hebt der 4. Strafsenat des BGH auch dieses Urteil auf. Aus zweieinhalb Blatt für die Gründe der Aufhebung des ersten Urteils werden diesmal sechseinhalb Blatt, denn nun ist der Senat zornig, nun wird er sarkastisch. Aus seinen Erwägungen habe das Gericht »auch nicht mehr als die Erkenntnis zu gewinnen vermocht, daß es der Angeklagten schwergefallen sei, gesetzestreu zu bleiben. Inwieweit ihre Schuld gemindert war, ergibt sich daraus nicht«. An einer eigenen Entscheidung sieht sich der Senat gehindert, er kann nicht selbst auf Lebenslang erkennen, da die Beweiswürdigung des Gerichts »an Mängeln leidet, die den Urteilsfeststellungen ihre Eignung als tragfähige Grundlage einer abschließenden Erkenntnis nehmen«. Der Senat müßte einen Teil der Feststellungen durch andere ersetzen oder wertend ergänzen: »Diese tatrichterliche Tätigkeit ist ihm verwehrt« (und man hört das »leider«, das nicht im Text steht).

Das Gericht hätte seiner Entscheidung die rechtliche Beurteilung des Senats gelegentlich der ersten Urteilsaufhebung zugrunde legen müssen: »Das hat es nicht getan.« Wiederum sei nicht geprüft worden, »ob die Angeklagte andere Möglichkeiten als die Tat hatte, um einen Ausweg aus ihrer Lage zu finden«. Wenig spreche für das Vorliegen eines Sachverhalts, der nach den Grundsätzen des Beschlusses des Großen Senats für Strafsachen vom 19. Mai 1981 zu beurteilen sei.

Vernichtender als so kann ein Strafurteil kaum aufgehoben werden. Und diesmal verweist der Senat den Fall zur neuen Strafbemessung auch an eine Strafkammer des Landgerichts Hagen zurück. Besonderer Grimm des Senats gilt im übrigen der Auffassung des Gerichts, »es seien schuldmindernde Umstände besonderer Art gegeben, die in ihrer Gewichtung dem gesetzlichen Milderungsgrund nach § 21 StGB vergleichbar sind«. Die Sachverständigen haben den § 21 (»Verminderte Schuldfähigkeit«) nicht gegeben, doch einer von ihnen hat immerhin von einem »allmählichen Abbau der psychischen Kraft« gesprochen, der es Ursula E. immer schwerer gemacht habe, ihre Steuerungsfähigkeit zu nutzen. Der Senat: »Von der Sachlogik her entbehren psychische Beeinträchtigungen, die die Voraussetzungen des § 21 StGB nicht erfüllen, zwangsläufig des Gewichts dieses Milderungsgrundes.«

Im Sommer 1986 ist, diesmal in Hagen, zum vierten Mal gegen Ursula E. verhandelt worden. In einem Bericht über den ersten Prozeß hieß es 1983: »Die junge Frau auf der Anklagebank des Detmolder Schwurgerichts muß einmal sehr attraktiv gewesen sein. Jetzt schaut sie blaß und verhärmt aus. Neun Monate Untersuchungshaft haben unübersehbare Spuren hinterlassen.« Von tiefen, dunklen Ringen unter den Augen und vorzeitig ergrautem Haar war die Rede, und die Angeklagte trug, wie dem Bericht zu entnehmen ist, ein schwarzes Kleid mit weißem Kragen und weißen Manschetten.

1986 – eine Mähne von einem blonden Lockenschopf, über dem weißen Rock eine tiefausgeschnittene Bluse, hohe Absätze und Augen, die so ummalt sind, daß die Angeklagte mit ihnen wackelt wie andere mit dem Po. Diese Frau soll ein »Ehemartyrium« erlitten haben? Nur an einem Tag steckt sie die Haarpracht im Nacken zusammen, trägt sie ein braves weißes Kleid. Für einen Tag hat der Hinweis ihres Verteidigers, des Rechtsanwalts Holger Rosteck, wie leicht es ihr Aufzug den fünf Männern macht, die über sie zu Gericht sitzen, einen falschen Eindruck von ihr zu bekommen, etwas ausgerichtet. Doch dann schon wieder ein kurzer, enger Lederrock, Strümpfe mit Naht und Schmetterlingen. Die Angeklagte ist beliebt unter den Frauen, mit denen sie sich in Haft befindet. Die frisieren sie und putzen sie so heraus, denn so wird sie, nach ihrer guten, törichten Meinung, in der Hauptverhandlung Eindruck machen.

Als der Vorsitzende Richter Klaus-Peter Kremer die Angeklagte einmal darauf hinweist, daß er sich all das, was sie vorbringe, bei einer Frau wie ihr gar nicht vorstellen könne, antwortet sie: »Ich bin heute eine ganz andere Frau, mit der vor fünf oder zehn Jahren nicht zu vergleichen. Ich habe in der Justizvollzugsanstalt unheimlich viel Selbstvertrauen bekommen.«

Selbstvertrauen? Die gute, aber im Hinblick auf ihre noch ausstehende letzte Hauptverhandlung törichte Meinung, die in der Untersuchungshaft um sie ist, hat sie zu einer Haltung aufgefordert und ermutigt, die Verständnis für ihre Tat *fordert*, nicht um Verständnis wirbt oder *bittet*. Sie hat sich ihre Verzweiflung wegfrisieren, verkleiden lassen. Sie ist beeinflußbar, da war nicht viel Widerstand zu überwinden, etwas in ihr kam dem entgegen. Sie muß einfach zeigen und ausstellen, was ihr geblieben ist, ihre sogenannte Attraktivität. Die hat ihr schließlich auch geholfen, ihre Einschließung bis zu dieser vierten Hauptverhandlung zu überleben. Sie ist ein Vogel, ein bunter Vogel, sie prägt sich ein, sie ist freundlich, den anderen Frauen in der Haft zugewandt, auch dem Personal der Haftanstalt, doch sie kann nicht unterscheiden, was ihr nutzt und was ihr schadet.

Sie ist nicht mehr die Frau, die sie 1983 gewesen ist, und schon gar nicht mehr die Frau, die verheiratet war, jedenfalls ist diese Frau nicht mehr zu finden. Dreizehnmal hat sie zu Protokoll gegeben, gegenüber Sachverständigen und vor den Gerichten ausgesagt, warum und wie es zum Tod ihres Mannes gekommen ist. Was soll da jetzt noch sein, woraus sich ein Bild davon gewinnen läßt, was tatsächlich war? Zum vierzehnten Mal muß sie sich erklären. Und da verwirren sich ihr die Texte, die sie früher gegeben hat, mit dem Text, den man nun wieder von ihr verlangt.

Sie war 18, als sie den vier Jahre älteren Mann heiratete. Beide Familien waren dagegen. Zu jung die beiden, zu früh die Bindung. Die Familien fühlen sich bestätigt, so wie alles gekommen ist, hätte nicht unser Sohn, Bruder und Verwandter, hätte nicht unsere Tochter, Schwester und Verwandte... Nichts hat bis in die vierte Hauptverhandlung hinein den Zorn und die Wut Abstand gewinnen lassen. Zwei Familien stehen sich gegenüber, als wäre die Tat gestern geschehen.

Enttäuschung in der sexuellen Beziehung, ihrer ersten, nie Erfüllung im Körperlichen. Zwei Kinder, ein Sohn und eine Tochter.

Eine Schwangerschaftsunterbrechung. Eine Totaloperation. Ihr Mann war kein Alkoholiker, daran hat sie immer festgehalten. Doch sie hat auch seit 1982 immer gesagt, ihr Mann habe oft zu Hause getrunken und dann sei er ein ganz anderer, »charakterloser« Mensch gewesen, »pervers«, er habe sie gequält und ihr Gewalt angetan. Sie fordert, sie wirbt nicht, sie bittet nicht um Verständnis.

Was Wahrheit ist, droht unterzugehen in ihrem verwirrenden Verhalten. Nach der Totaloperation sei sie für ihren Mann keine vollgültige Frau mehr gewesen, sei er brutal mit ihr umgegangen, bis ihr vor ihm ekelte. Und immer, schon vor der Heirat, habe er sie mit grundloser, krankhafter Eifersucht verfolgt. Von 1978 an hat sie wieder halbtags gearbeitet, die Familie war in Schulden geraten. Als Telefonistin und Empfangsdame in einem Fotostudio für Industriewerbung »kam sie an« bei der Kundschaft und bei den Kollegen, alle mochten sie, und das war es, was sie brauchte, sie wollte gemocht und geschätzt werden, ohne Probleme. Und schließlich wurde sie auch von einem Kollegen begehrt und ließ sich mit ihm ein. Bei ihm fand sie, was sie bei ihrem Mann nie gehabt hatte. Und darüber wird wohl ihr Ekel gewachsen sein.

Sie hat ihrem Mann Lexotanil gegeben, einen Tranquilizer, der ihr mal verschrieben worden war. Äther will sie sich beschafft haben für den Fall, daß ihr das Medikament ausging. Ursula hält daran fest, daß sie ihren Mann in der Nacht vom 22. auf den 23. März 1982 nicht hat töten wollen, doch das hat nichts mehr zu bedeuten, ihre Verurteilung wegen Mordes ist rechtskräftig, es wird nur über das Strafmaß verhandelt. Auch hat sie ja früher einmal gesagt, ihr sei bei dem letzten, tödlichen Versuch, sich Ruhe vor ihrem Mann zu verschaffen, gleichgültig gewesen, was daraus wurde. Denn unmittelbar vorher sei ihr von ihrem Mann besonders brutal Gewalt angetan worden, Analverkehr.

Während der vierten Hauptverhandlung war nichts mehr so festzustellen in der Beweisaufnahme, daß man davon ausgehen darf, es sei wenigstens eine Annäherung an die Wahrheit gelungen. Sollte Ursula frühere Aussagen mit »Zugaben« angereichert oder abgeschwächt haben, so muß das nicht bedeuten, daß sie ihre Ehe und ihr Verhalten in der Nacht vom 22. auf den 23. März 1982 schon immer falsch dargestellt hat oder jetzt, im vierten Anlauf, falsch darstellt. Sie hat kein ernstzunehmendes, bewertbares »Aussageverhalten« mehr, sooft wie sie sich hat erklären müssen. Ihre Angehörigen, soweit auch sie erneut gehört werden, sind hilf-

und orientierungslos wie sie. Und die Angehörigen des von ihr getöteten Ehemanns – sie sind nun, und das ist nur zu verständlich, unerschütterlicher denn je darin, daß ihr Sohn, Bruder und Schwager nicht charakterlos und auf keinen Fall ein Sadist gewesen ist. Auch die Menschen, die den Absturz dieser Ehe in die Katastrophe miterlebt und aus sehr unterschiedlichem Abstand beobachtet haben, sind keine Zeugen mehr, die etwas vermitteln können.

In der dritten Hauptverhandlung hatte der Psychologe Siegfried Binder, er ist in allen Hauptverhandlungen dabei gewesen, anderthalb Stunden lang sein Gutachten vorgetragen. Diesmal genügen dem Sachverständigen knapp 30 Minuten. Er beschreibt die Techniken der Unterordnung und der Anpassung, mit denen Ursula zu leben versucht hat (und noch immer zu leben versucht), ihre dürftigen Verarbeitungstechniken, den passiven Grundton ihres Wesens. Er kann sich eine Dynamik des Partnerkonflikts zwischen diesen Eheleuten vorstellen, die zu einer immer stärkeren Ablehnung auf ihrer und zu einer sich steigernden Brutalität auf seiner Seite geführt hat. Dies alles, so trägt der Sachverständige vor, solle schon berücksichtigt werden, freilich nur, wenn das rechtlich möglich sei – und zwar außerhalb der §§ 20 und 21. Der Psychologe hat die geharnischte, zweite Aufhebung von Urteilen in dieser Strafsache begriffen, er wird sich doch nicht quer vor einen Senat des BGH legen, der aus allen Rohren feuert.

Die Psychologin Elisabeth Müller-Luckmann benötigte als Sachverständige 16 Minuten, um sich dem Kollegen anzuschließen. Zusätzlich trug sie vor, Ursula habe niemals zu irgend jemand ein Vertrauensverhältnis gehabt, sie habe nie gelernt, sich mit sich selbst auseinanderzusetzen. Die Sachverständige steht im Sommer 1986 auf dem Höhepunkt ihres Könnens und ihrer Geltung. Sie hinterließ Betroffenheit bei denen, die eine – das Wort verdienende – Hilfe für das Gericht von ihr erwartet hatten, und immerhin eine brillante Formulierung. Bezüglich einer den Kollegen Binder ins Grübeln versetzenden »Unvereinbarkeit« (wie konnte eine Frau, in so großen Schwierigkeiten wie die Angeklagte, am Arbeitsplatz so erfolgreich sein) war sie ganz anderer Meinung. Fälle konstanter Arbeitsleistung bei gleichzeitig tiefgreifender Privatproblematik seien durchaus bekannt, insbesondere bei Frauen: »Lieber Neider, als Mitleider.«

Von der Unwirklichkeit alles dessen, was in der vierten Hauptverhandlung an Einlassung der Angeklagten und Aussage der Zeugen zu hören war, hat kein Sachverständiger gesprochen. Staatsanwalt Manfred Rösner beantragte die lebenslange Freiheitsstrafe. »Daß das Verhalten des Getöteten aber zu einem völligen Zerbrechen der Ehegemeinschaft geführt hat, ist meines Erachtens nicht erwiesen...« Ursula hat durch alles hindurch, was sie sagte, daran festgehalten, daß die Scham sie daran gehindert hat, jemand anzuvertrauen, was in ihrer Ehe passierte. Der Staatsanwalt: »Die Überwindung der Scham wäre der Angeklagten zuzumuten gewesen.«

Verteidiger Holger Rosteck hielt ein dreistündiges, gewaltiges Plädoyer. Das Gericht habe sich in der Beweisaufnahme »schlicht und pingelig« an die Vorgaben des 4. Strafsenats gehalten. Der Verteidiger warf sich vor, nicht von Anfang an entschieden Widerstand geleistet zu haben. In der Tat, es wäre, so hoffnungslos die Situation angesichts des BGH-Verdikts und der gehorsamen Haltung des Gerichts auch war, eine ganz andere Verteidigung möglich gewesen.

Zu einem anderen Ergebnis hätte freilich auch eine andere Taktik der Verteidigung nicht geführt. Das Gericht zeigte sich beeindruckt vom Plädoyer des Verteidigers, doch es folgte ihm in keinem Punkt, es erkannte auf Lebenslang. Die Hinweise des BGH, die Weisungen waren, wurden lückenlos berücksichtigt. Alles wurde gegen die Einlassung der Angeklagten gedeutet – auch der Fleiß und die Pünktlichkeit des getöteten Ehemanns, das »objektive Bild«, das seine Verwandten als Zeugen gegeben hatten.

Doch was sagt all das, was in vier Hauptverhandlungen gegen Ursulas Darstellung ihrer Ehe gesammelt worden ist (zwischen 1983 und 1986 und 1982 nach der Tat), gegen ihre Darstellung aus? In Hagen ist auch der Sohn der Angeklagten als Zeuge über die Ehe seiner Eltern gehört worden. Für die ersten drei Hauptverhandlungen war er noch zu jung. Nun war er 16 und konnte gegen die Mutter für seinen toten Vater aussagen, in dessen Familie er seit 1982 lebt.

Die Angeklagte habe sich nicht um Hilfe gegen den von ihr behaupteten Leidensdruck ihrer Ehe bemüht, hieß es in der mündlichen Urteilsbegründung. Wenn ihr Mann ihr und den Kindern den Tod angedroht habe, falls sie ihn verließ oder auf Scheidung bestand, hätte es Hilfen in Fülle gegeben, von der Telefonseelsorge bis zu Anwälten. Die wechselnden Angaben der Angeklagten hätten ihre »Lügenhaftigkeit« erwiesen.

Gewisse krasse Passagen im Plädoyer des Verteidigers beanstandete das Gericht erst am Ende der mündlichen Urteilsbegründung. Diese Passagen seien ihm bereits während des Plädoyers aufgefallen, es habe nur die engagierten Ausführungen des Verteidigers nicht unterbrechen wollen. Daß der Anklagevertreter von der »Blauäugigkeit« der Detmolder Gerichte gesprochen hat, die auf zwölf beziehungsweise neun Jahre Freiheitsstrafe erkannt hatten, ist nicht beanstandet worden. Auch die Kritik des Anklägers, die Detmolder Gerichte hätten lebensfremde, unglaubhafte Einlassungen der Angeklagten »unkritisch übernommen«, blieb unerwähnt.

Das erste Urteil in Detmold, das nicht auf Lebenslang, sondern auf zwölf Jahre lautete, kam unter schwerstem Druck des lokalen öffentlichen Interesses und allseitiger Empörung über die Angeklagte zustande. Und das zweite, auf neun Jahre lautende Urteil wurde gefällt, obwohl der 4. Strafsenat für jeden Juristen unmißverständlich auf Lebenslang gedrängt hatte. Die beiden Gerichte, die zeitlich und örtlich der Tat viel näher waren, sollen gröblich geirrt und sich lustvoll den Zorn und die Wut der Landschaft rings ums Landgericht zugezogen haben. In Hagen, mehr als vier Jahre nach der Tat und auf dem Schutt von drei Hauptverhandlungen, hat man endlich die Wahrheit gefunden. Doch man hat sie nicht erst suchen müssen. Man hatte sie ja schon – die Wahrheit des 4. Strafsenats. Dieses Urteil wurde rechtskräftig. Beim vierten Versuch hat es endlich geklappt. Die Delinquentin hängt. □

Die beiden ersten Urteile gegen Ursula E. mögen vom 4. Strafsenat des BGH im rechtlichen Kern notwendig aufgehoben worden sein. Der BGH hat als Revisionsinstanz über die Einheitlichkeit der Rechtsprechung zu wachen. Doch wenn es, wie hier, um die Tötung eines Ehemanns durch seine Frau geht, um eine Tötung des Intimpartners: hat dann nicht das Tatgericht, das die Angeklagte und die Zeugen gesehen und gehört hat, einen Vorsprung vor dem Revisionsgericht, der respektiert werden muß?

Es könnten andererseits auch Strafsachen angeführt werden, in denen es um die Tötung des Intimpartners ging – und in denen der BGH sehr wohl zugunsten von Angeklagten aufgehoben hat, die nach seinem Eindruck im Übermaß verurteilt worden waren; Strafsachen, in denen der BGH massiv dazu anhielt, glimpflicher zu entscheiden. Nicht selten hat man dankbar zu sein, wenn die

Revisionsrichter eingreifen und Schutz vor Tatrichtern gewähren, die *zu nah an der Tat* waren ...

Die Strafjustiz hat es schwer, die Grenze zu bestimmen, bis zu der gemildert werden darf, ja gemildert werden muß – und von der an, wenn über eine Tötung des Intimpartners verhandelt wird, nur noch von Mord die Rede sein kann. Selbstverständlich gibt es auch Entscheidungen von BGH-Senaten, in denen die Revisionsinstanz ausdrücklich damit einverstanden ist, daß vom Tatgericht Milderungsgründe des § 21 angenommen wurden, obwohl von seiten des Sachverständigen *nicht* ausdrücklich gesagt wurde, die Voraussetzungen des § 21 seien erfüllt.

Und in einem Fall, in dem ein Tatgericht, genau wie im Fall der Ursula E., unter Berufung auf die Entscheidung des Großen Senats in Strafsachen auf Mord erkannt, doch nur sechs Jahre Freiheitsstrafe über die wegen Tötung ihres Ehemanns angeklagte Frau verhängt hatte – hob der 5. Strafsenat das Urteil auf. Auch er befand, das Tatgericht habe nicht voreilig auf diese Lösung ausweichen dürfen. Doch wies der Senat darauf hin, daß alle in Betracht kommenden Rechtfertigungs- und Entschuldigungsgründe, »insbesondere Notwehr und entschuldigender Notstand, erschöpfend abzuhandeln« seien, »und zwar auch insoweit, als der Täter sich möglicherweise die sie begründenden Umstände irrig vorgestellt hat«.

In diesem Fall wurde die Angeklagte in der neuen Hauptverhandlung wegen Totschlags zu einer zur Bewährung ausgesetzten Freiheitsstrafe von zwei Jahren verurteilt. Der Vorsitzende Richter, unter dem erneut verhandelt worden war, murrte in der mündlichen Urteilsbegründung. Die sehr direkten Hinweise des BGH tat er als »Tips« ab, die der BGH dem Gericht gegeben habe. Und unmutig bemerkte er, es habe sich hier eigentlich doch um einen typischen Fall von Heimtücke, also von Mord, gehandelt – und warum denn der BGH nicht selbst entschieden habe. Die Angeklagte hatte ihren schlafenden Mann getötet.

Die Einheitlichkeit der Rechtsprechung ist ein hohes Gut, doch ausgerechnet in den Strafsachen, in denen über Tötungen zu entscheiden ist, in Strafsachen also, denen ein überaus reizbares öffentliches Interesse gilt (in Strafsachen, aus denen der Bundesbürger seine Meinung über die Qualität der Justiz herleitet), steht immer wieder eines gegen das andere. Das wird gern damit entschuldigt, daß nun einmal keine Tötung der anderen gleicht. Doch das trifft auf die Tötung des Intimpartners kaum zu. Rasch hat die

»sich musterhaft wiederholenden Tötungssituationen von überindividueller Vorprägung« beschrieben, in denen der Täter oder die Täterin »nur noch als Funktionsgröße in einem über ihn (sie) selbst hinweggehenden Geschehen« erscheint.

Daß es sich um »sich musterhaft wiederholende Tötungssituationen« handelt, ist nicht als Aufforderung zu einer Generalamnestie für derartige Taten zu verstehen, aber doch als ein Appell zu einer ganz anderen Einheitlichkeit der Rechtsprechung. Lebenslang für Jürgen H. – zwei Jahre Freiheitsstrafe, zur Bewährung ausgesetzt für Christa S. – ein Jahr und sechs Monate, zur Bewährung ausgesetzt, für Julius, der sein Lieschen tötete – zehn Jahre Freiheitsstrafe für Friedrich K., der seine Frau und ihren Liebhaber getötet hat – drei Jahre für Gustav Scholz – lebenslang gegen Ursula E. – das Band dieser Strafmaße, dieser Mord- beziehungsweise Totschlagsbefunde ist zu breit.

Ist es rechtspolitisch gefährlich, wenn Täter im voraus darauf bauen können, ihnen werde die »sich musterhaft wiederholende Tötungssituation« zugute gehalten werden? Aber es geht ja nicht darum, freizusprechen – und der verbleibende Strafrahmen läßt genügend Raum, dem Täter beziehungsweise der Täterin besondere Mißbilligung mitzuteilen und zuzufügen. Bei der Tötung des Intimpartners besteht kein himmelschreiender Unterschied zwischen den Taten (nehmen wir jene Fälle ausdrücklich aus, in denen nur materielle Ziele die Ursache dafür sind, daß der Partner aus der Welt geschafft werden soll). Höchst unterschiedlich ist nur die Reaktion der Tatgerichte und des Revisionsgerichts.

Und leider spielt auch eine trostlose Rolle, daß der oder die Angeklagte Glück mit ihrem Verteidiger oder ihrer Verteidigerin haben müssen. *Von wem* man verteidigt wird – es darf nicht fast alles davon abhängen, daß eine Frau oder ein Mann ein Glückslos in der Lotterie ziehen. Auch hat die Auswahl des psychiatrischen oder psychologischen Sachverständigen eine Bedeutung, die nicht so vorentscheidend sein darf, wie das nach wie vor die böse Regel ist. Denn gerade hier kulminiert dann das Elend derartiger Wahrheitsfindung: Ist hinsichtlich der Begutachtung eine fatale Vorentscheidung gefallen, so kann der Verteidiger die Katastrophe für den Angeklagten oder die Angeklagte so vollständig machen, daß sie – ohne die geringste Hoffnung auf Revision oder gar Wiederaufnahme – ein vernichtendes Urteil zu tragen haben.

Es nimmt dem Entsetzen darüber, daß ein Mensch den ihm

nächsten Menschen tötet, nichts, wenn Tötung dieser Art von den Gerichten mit besonderer Aufmerksamkeit verhandelt und entschieden werden.»Etwas Besseres als das Töten gibt es immer«, hat einmal eine juristisch und menschlich kluge Vorsitzende Richterin in der mündlichen Begründung des Urteils in einem derartigen Fall gesagt. Dies gerade den Partnern in ruinierten Beziehungen zugänglich zu machen, ist die Aufgabe. Diese Aufgabe ist noch nicht annähernd gelöst.

Es hat den Anschein, als stünden Angebote für Menschen, die nicht mehr miteinander können, aber nicht auseinander kommen, in Überfülle zur Verfügung. Die Zahl derartiger Möglichkeiten mag groß sein, doch die meisten erreichen die Menschen nicht, die ihrer bedürfen (oder sie machen es diesen Menschen zu schwer, Vertrauen zu ihnen zu fassen).

Die Frauen, die entschlossen zu einem Anwalt marschieren oder einen Therapeuten zu finden wissen, haben fast nichts zu tun mit dem Gros der Frauen, die diese Wege nicht kennen und die vor solchen Wegen, so man sie ihnen zeigt, zurückschrecken, aus Scham beispielsweise, so wie Ursula E.; gerade die Frauen, die in schwerer Not sind, scheuen davor zurück, von ihrer Not zu sprechen, sie zu erklären, sie zu begründen. Und Männern geht es nicht anders. Sie mögen ein Scheitern im persönlichen Bereich nicht aussprechen. Sie fürchten, als Schwächling dazustehen.

Die, von denen es in den Urteilen heißt, sie hätten sehr wohl eine Möglichkeit gehabt, sich »auf andere Weise« von ihrem Partner zu trennen, sind selten Juristen. Die wissen fast immer Wege. Denen fällt es leicht, im nachhinein auf versäumte, gütliche Lösungen zu verweisen. Würde man sich einsichtiger verhalten, so bringt man vor, so käme das einer geradezu zur Tat auffordernden Nachsicht gleich. Und darum leugnet man die Gefährdung des Menschen in der Partnerschaft, der man, würde man sie nachdenklich und einfühlend betrachten und beurteilen, Brücken bauen und vorbeugend begegnen könnte.

Die Justiz vor Gericht: Da stehen auch die Menschen vor Gericht, die das System entwickelt haben und sich entwickeln lassen, das Menschen dem Urteil von Menschen unterwirft, die Gesellschaft. Es bedarf einer leidlichen Ordnung, sie muß gewahrt werden, sie ist zu verteidigen. Wer sich nicht an die Gesetze genannten Regeln hält, die das Zusammenleben ermöglichen sollen, muß zur Rechenschaft gezogen werden. Das Leben ist das höchste, das einzige unstreitige Rechtsgut. Daß es verteidigt werden muß, versteht sich. Doch was erlegt die Gesellschaft eigentlich denen auf, die in ihrem Namen zu urteilen haben?

»Lauras Tod konnte ›nicht geklärt werden‹«: Die Not der Gerichteten kennt man. Es gibt aber auch eine Not der Richter. Ihr Beruf (oder Ehrenamt) ist es, »Im Namen des Volkes« zu entscheiden. Ihre Macht ist groß (jene Macht, von der Blaise Pascal, der französische Religionsphilosoph schrieb, daß wir sie gefunden haben, weil wir das Recht nicht finden konnten). Doch mitunter wird ihnen ihre Ohnmacht, die Tatsache, daß wir »Recht üben« (wie wir in unbewußter Ehrlichkeit sagen), vor Augen geführt.

Am 22. Februar 1988 um 11.45 Uhr wird in München Peter L., 23, auf freien Fuß gesetzt. Er ist freizulassen, denn am Morgen dieses Tages ist er wegen eines ihm vorgeworfenen Raubmordes *nicht* verurteilt worden. Nichts deutet darauf hin, daß in diesem Augenblick drei Sanduhren auszulaufen beginnen. Nur wegen Unterschlagung (und wegen Mißbrauchs von Titeln, Berufsbezeichnungen und Abzeichen) hat er eine Gesamtfreiheitsstrafe von 14 Monaten erhalten. Die erlittene Untersuchungshaft war anzurechnen, und so ist Peter zu entlassen.

Zwölf Tage später, am 5. März 1988, töten Peter L. und ein Komplize drei Menschen, zwei Frauen und einen Mann, und eine der Frauen wird, bevor sie getötet wird, von Peter L. noch zum Geschlechtsverkehr genötigt.

Es gibt auch eine Not der Richter. Was der Tod von drei Menschen am 5. März 1988 für die drei Berufs- und die beiden Laienrichter bedeutet, deren Urteil Peter L. in die Freiheit entließ, bedarf keines Wortes. Vorsitzender Richter der 4. Großen Strafkammer des Landgerichts München I ist Heinz Alert, zum Zeitpunkt dieses Urteils 52 Jahre alt, ein Richter, der in der Beweisaufnahme keine Nachlässigkeit und kein Ausweichen duldet, der sich aber auch nicht eifernd aufspielt. Unter seinem Vorsitz ist in vielen Strafsachen zugleich einfühlend und entschieden verhandelt worden.

In der Hauptverhandlung gegen Peter L. vor der 5. Großen Strafkammer ging es an acht Sitzungstagen im Februar 1988 um den Tod der 30 Jahre alt gewordenen Laura B., deren Leiche am 7. August 1986 in der mit Wasser gefüllten Badewanne ihrer Münchner Wohnung gefunden worden ist (sie war auf dem Hof ihrer Eltern, sie hatte während eines Teils ihres Urlaubs bei der Ernte helfen wollen, nicht eingetroffen, und darum hatte man sie gesucht).

Nach Peter L.'s Einlassung hat er Laura am 2. August 1986, einem Samstag, auf einem Parkplatz am Englischen Garten angesprochen und sie nach dem Weg zur Autobahn gefragt. Er habe ihr erzählt, daß er aus Italien komme und daß er als Anhalter in Richtung Saarland unterwegs sei, weil er dort, bei den Eltern, seine schmutzige Wäsche in Ordnung bringen wolle. Darauf habe Laura gesagt: »Die kannst du auch bei mir waschen«, und so sei er mit ihr in ihre Wohnung gefahren, in der man dann rasch im Bett gelandet sei.

Peter L. behauptete ein weiteres, besonderes Entgegenkommen Lauras. Er sagte aus, sie habe ihm am Morgen des 4. August 1986 ihren Wagen nebst zwei Fahrzeugschlüsseln und dem Kfz-Brief für einen Monat überlassen, damit er nach Italien fahren könne. In vollem Einverständnis habe er Laura am Montagmorgen verlassen, sie habe ihn noch vor die Haustür begleitet und ihn dort verabschiedet, sie sei also am Leben gewesen, als er abfuhr. Wo er sie notfalls erreichen könne, habe sie ihm nicht gesagt. Sie habe nicht gewollt, daß er bei ihren Eltern anrief, denn die sollten von dieser Zufallsbekanntschaft nichts erfahren.

Er sei also gen Süden aufgebrochen und habe sich in Misano an der Adria einquartiert. Er gab sich als Arzt, sogar als Leibarzt des Papstes aus und fiel dadurch einem dort Urlaub machenden Polizeibeamten aus der Bundesrepublik auf, der sich die Nummer seines Wagens notierte. Bei seiner Rückkehr entdeckte der Polizeibeamte, daß dieser Wagen zur Fahndung ausgeschrieben war. Am 28. August 1986 wurde Peter L. in Mantua festgenommen und am 30. Januar 1987 an die Bundesrepublik ausgeliefert.

Die 4. Große Strafkammer ist aus überzeugenden Gründen zu dem Ergebnis gekommen, daß Peter L.'s Einlassung, er habe am Morgen des 4. August 1986 eine lebende Laura in ihrem Wagen und mit ihrem Einverständnis verlassen, als widerlegt anzusehen ist. Sie ging in ihrem Urteil davon aus, daß Laura tot war, als Peter L. sie verließ. Daß er angesichts der toten jungen Frau den Entschluß faßte, sich ihres Wagens (eines Neuwagens, der noch unter Eigentumsvorbehalt stand, Wert etwa 12 000 Mark), ihres Fotoapparats, eines Koffers, einer Goldmünze und eines Geldbetrags von mindestens 500 Mark zu bemächtigen.

Doch wie starb Laura? »Die genaue Art und Weise ihres Ablebens konnte nicht geklärt werden«, heißt es in der schriftlichen Urteilsbegründung, und diese Begründung ist in keinem Punkt oberflächlich oder leichtfertig. Als Todeszeitpunkt wird der Montagmorgen angenommen. Für ihn spricht auch, daß Laura noch die

Pille vom Sonntag, nicht mehr aber die vom Montag genommen hat, und daß sie am Montag nicht ihr Gewicht in die im Bad gefundene Gewichtstabelle wie sonst an jedem Tag eintrug. Was die Todesursache angeht, hatte das Gericht drei Möglichkeiten zu prüfen.

»Nach Sachlage kann sie der Angeklagte einmal aus Habgier durch Ertränken oder Ersticken ermordet haben. Festgestellte Indizientatsachen für diese Möglichkeit sind der Umstand, daß der Angeklagte den Pkw sowie andere Gegenstände von Laura B. nach deren Ableben in Besitz hatte, die Situation bei Auffindung der Leiche und die rechtsmedizinischen Gutachten zur Todesursache, die ein Fremdverschulden in Betracht ziehen.«

Doch die Obduzentin führte in der Hauptverhandlung aus, die Befunde sprächen für ein Ersticken als Todesursache, »wobei auch an einen Asthmaanfall gedacht werden könne«. Mit »hoher Wahrscheinlichkeit« sah sie Ertrinken als die Todesursache an: »Zusammenfassend sei jedoch zu sagen«, so das Urteil über dieses Gutachten, »daß bei der Obduktion keine Befunde für eine Gewaltanwendung hätten gefunden werden können.«

»Das Schwurgericht schloß sich den überzeugenden Ausführungen der Sachverständigen an. Der Umstand, daß nur wegen der fortgeschrittenen Leichenfäulnis möglicherweise keine Zeichen für Gewaltanwendung gefunden werden konnten, kann sich nicht zu Lasten des Angeklagten auswirken. In diesem Zusammenhang ist auch von erheblicher Bedeutung, daß in der Wohnung keine Spuren für einen stattgefundenen Kampf gefunden worden sind... Ferner war auch davon auszugehen, daß der Angeklagte in den Stunden und Tagen nach dem Ableben der Laura B. keine Verletzungen aufgewiesen hat, jedenfalls konnten die Zeugen... keine Verletzungen bestätigen.«

Einer der drei rechtsmedizinischen Sachverständigen trug vor, daß »keine Fälle eines gewaltsamen Todes eines Erwachsenen durch Ertränken in der Badewanne« bekannt sind, »ohne daß Verletzungen bei dem Opfer oder Täter entstanden«. Sogar der Fall des »Mr. Smith« (in Großbritannien vor dem Ersten Weltkrieg, er riß seinen Opfern in der Badewanne überraschend die Beine hoch) wurde in Erwägung gezogen, doch fanden sich keine Hinweise darauf, »daß diese ausgefallene Technik dem Angeklagten bekannt ist und er sie angewandt hat«.

Als »nicht nur fernliegende, sondern durchaus naheliegende Möglichkeit« hat das Gericht weiter in Betracht gezogen, daß der Tod von Laura bei »Manipulationen in der Badewanne« (spielerischer oder aggressiver Art) eingetreten sein könnte, beim gemeinsamen Baden etwa durch einen Stimmritzenkrampf. Doch schließlich konnte auch »eine natürliche Todesursache ohne jegliche Beteiligung des Angeklagten« nicht ausgeschlossen werden: »Hierbei sind der chronisch niedrige Blutdruck und die dadurch bedingten Kreislaufstörungen von Laura B. von Bedeutung.« Nicht mit an Sicherheit grenzender Wahrscheinlichkeit war ein Kreislaufkollaps als »Ursache eines Ereignisses in der Badewanne« auszuschließen. Das Urteil faßt das zusammen:

»Der Tod von Laura B. konnte nicht lückenlos aufgeklärt werden. Das Gericht konnte sich hinsichtlich deren Ablebens nicht vom Vorliegen eines bestimmten Sachverhalts überzeugen. Hierbei war es sich durchaus bewußt, daß hierfür nicht eine absolute, das Gegenteil denknotwendigerweise ausschließende Gewißheit Voraussetzung ist, daß vielmehr ein nach der Lebenserfahrung ausreichendes Maß an Sicherheit genügt, das vernünftige Zweifel nicht entstehen läßt. Solche Zweifel sind aber nicht ausgeräumt. Damit konnte der Angeklagte nach dem Grundsatz in dubio pro reo wegen Mordes an Laura B. nicht verurteilt werden. Da das Gericht nicht sicher feststellen konnte, auf welche Weise sie zu Tode gekommen ist, kann auch eine Verurteilung wegen fahrlässiger Tötung als rechtliches Minus nicht in Betracht kommen.«

Im Urteil wird der Angeklagte nicht ausdrücklich von der Anklage wegen Raubmordes freigesprochen: »Ein Teilfreispruch hinsichtlich des Vorwurfs des Mordes kam nicht in Betracht, da dieser in Tateinheit mit Raub angeklagt und das Verfahren auch so eröffnet worden war und rechtlich an die Stelle des Raubes die Unterschlagung getreten ist.«

Peter L. kehrt in die Freiheit zurück, 23 Jahre ist er alt. Er findet in Dachau Unterschlupf bei Altersgenossen, die er in der Untersuchungshaft kennengelernt hat. Mit einem von ihnen, mit Gregor P., 22, fährt er am 4. März 1988 in einem Leihwagen, den ihm der Entleiher zur Verfügung stellt, nach Großrosseln-Karlsbrunn im

Saarland. Er will einen 49 Jahre alten Unternehmer besuchen, einen Millionär, für den er einmal gearbeitet hat und von dem er weiß, daß er erhebliche Bargeldbeträge im Haus zu haben pflegt. Doch es sind Gäste im Haus, und die beiden jungen Männer finden keinen Einlaß.

Am nächsten Tag, am Samstag, läßt man sie ein. Aus dem Besuch bei dem Unternehmer wird schnell ein Überfall. Der Unternehmer und seine 54 Jahre alte Frau werden geknebelt, gefesselt und mit einem Messer bedroht. Überwältigt wird auch die 39 Jahre alte Schwägerin der Hausfrau, die als Besuch in den Überfall gerät. Peter sammelt Wertgegenstände in der Wohnung ein, findet in einem Tresor 5000 Mark. Gegen 17 Uhr schaffen Peter L. und Gregor P. die drei Menschen in den Mercedes des Unternehmers und in den Leihwagen, mit dem sie gekommen sind. In anderthalbstündiger Fahrt über die Autobahn erreichen sie den Raum Schwetzingen. Im Schwetzinger Staatswald töten sie die drei Menschen. Sie erdrosseln sie mit Schals. Drei Menschen sterben qualvoll, nachdem sie schwer mißhandelt worden sind.

In der Hauptverhandlung vor einer Großen Strafkammer des Landgerichts Mannheim Ende 1988 belasten sich die Angeklagten gegenseitig. Gregor P. will keines der drei Opfer getötet haben. Peter L. räumt nur die Tötung der Schwägerin der Frau des Unternehmers ein. Und er gibt auch zu, daß er sie zuvor mit dem Versprechen, danach werde er sie laufenlassen, genötigt hat, mit ihm zu verkehren. Das Gericht verurteilt beide Angeklagte zur lebenslangen Freiheitsstrafe. Sie hätten von Anfang an die Tötung ihrer Opfer geplant. Um ihre Tat zu verdecken, hätten sie drei Menschen buchstäblich »liquidiert«. Milderungsgründe fand das Gericht, dem zwei Berufsrichter, eine Berufsrichterin und zwei Laienrichterinnen angehörten, nicht. Diese drei Morde hätten »nach der Höchststrafe geschrien«.

Peter L. hat Vorstrafen. Unter denen findet sich ein Verkehrsunfall, findet sich sexuelle Nötigung, findet sich jedoch vor allem das, was man im Alltag Aufschneiderei und Angeberei nennt. Peter L. hat sich als Medizinstudent, Stabsarzt der Bundeswehr, Oberstabsarzt, Oberfeldarzt, Kardiologe, Herzspezialist des Papstes und Rennarzt einer italienischen Rennstrecke ausgegeben. Er hat Kenntnisse genutzt, die er sich als Rotkreuzhelfer und als Sanitäter bei der Bundeswehr angeeignet hatte, um als angeblicher Mediziner nicht sofort unglaubhaft zu wirken. Er ist aber auch als Polizei- oder Kriminalbeamter aufgetreten.

Warum? 1,87 groß, 83 Kilo schwer, sympathisch wirkend, hat er das nötig? Er machte Frauen Eindruck, er »kam an«. Männer verstanden sich rasch und gut mit ihm. Er nahm ganz einfach für sich ein. Der Psychiater Henning Saß hat Peter L. für die Hauptverhandlung in München und dann noch einmal für die in Mannheim begutachtet. Er stellt fest, daß diese und andere Besonderheiten »die Spielbreite der normalpsychologisch vorkommenden Variationen nicht verlassen«. Er beschreibt aber auch, was wohl die Wurzel der Fehlentwicklung des Angeklagten ist.

»Biographisch bedeutsam dürfte allerdings die Tatsache sein, daß der Junge wegen Berufstätigkeit der Mutter in den ersten dreieinhalb Lebensjahren überwiegend von der Großmutter aufgezogen wurde, die auch später eine wichtige Beziehungsperson blieb. Die Mutter des Probanden hat anschaulich eine gewisse Konkurrenzsituation zwischen Mutter und Großmutter um das Kind geschildert, hinzu kam noch die zweite, ebenfalls den Jungen unterstützende Großmutter. Es wurde eine beträchtliche Verwöhnungssituation deutlich, die nach psychiatrischer Erfahrung besonders schädlich sein kann. Offenbar hat der Junge schon früh gelernt, die verschiedenen Beziehungspersonen gegeneinander auszuspielen, sich hier wie dort Vorteile zu verschaffen.«

Über seine allmähliche Gewöhnung an Schwindeleien hat Peter L. dem Psychiater auch gesagt, seine Maskeraden hätten ihn in seinem Leben oft geschützt. Er »habe sich die Masken aufgebaut, um sich zu schützen vor irgend etwas. Er habe auch immer das Gefühl, sein Gegenüber wolle ihm etwas Böses, wolle ihm ein Bein stellen«. Eine bedeutsame psychosoziale Traumatisierung sieht der Sachverständige in Peter L.'s Situation während der ersten Lebensjahre dennoch nicht. Er räumt nur ein, daß in diesen Jahren eine gewisse Neigung zu manipulativen Verhaltensweisen gefördert worden sein mag.

Die Verteidigung hält ihren Mandanten in Mannheim, in der zweiten Hauptverhandlung, für vermindert schuldfähig. Sie sieht, weiter davon ausgehend, daß Laura nicht von Peter L. getötet worden ist, sogar ein bedeutsames Moment darin, daß Peter L. so lange »unschuldig« in Untersuchungshaft saß. Der Sachverständige Saß hat sich auch dazu erklärt. Peter L. scheine im Milieu der Haftanstalt »ein neues, die Arztrolle weitgehend ersetzendes Betätigungsfeld für seine Größengedanken und sein Geltungsbedürfnis gefunden zu haben«:

> »Die vor anderen aufgebaute Geschichte über seine Beziehung zur Mafia und seine Möglichkeiten, an hohe Geldbeträge zu kommen, dürfte eine gewisse Eigendynamik erhalten haben. So mag er sich durch die Folgen seines Renommierens vor ... und Gregor P. gedrängt gesehen haben, der Rolle eines ›Gangsters‹ oder ›Mafiabosses‹ gerecht zu werden, die er nach seinen Angaben in Gedanken und Äußerungen gespielt hat.«

Eine Beziehung dieser Eigendynamik zur Schuldfähigkeit sieht der Sachverständige nicht, er kann eine Pathologisierung durch unschuldig erlittene Untersuchungshaft nicht erkennen (und ist denn überhaupt Untersuchungshaft *unschuldig* erlitten worden?). Die Verteidigung der beiden Angeklagten hat in Mannheim alles versucht, ohne Hoffnung, dem Lebenslang zu entrinnen, um ihren Mandanten eine Chance für die ferne Zukunft zu bewahren, für den Zeitpunkt, zu dem geprüft werden kann, ob eine Aussetzung der Strafe zur Bewährung in Betracht kommt. »Das Prinzip Hoffnung muß auch für die beiden Angeklagten gelten«, hat einer der Verteidiger gesagt.

Ein Mensch, der wegen eines Kapitalverbrechens angeklagt ist, das er tatsächlich begangen hat, und der nicht hoffen kann, daß ihm wenigstens verminderte Schuldfähigkeit zugebilligt werden wird (und daß das Gericht von der Möglichkeit der Strafmilderung, die ihm der § 21 gibt, auch Gebrauch macht), ein Mensch also, der mit dem Lebenslang rechnen muß – was soll er eigentlich tun? Die Wahrheit sagen, um das Lebenslang noch gründlicher und schneller zu bekommen? Es ist zu einfach, von ihm eine Reue zu verlangen, die sich darin ausdrückt, daß er die Wahrheit sagt. Die Wahrheit kann das Lebenslang nicht verkürzen, das Lebenslang, vor dem der Angeklagte nicht weniger zittert, als er vor der Todesstrafe zittern würde, wenn es diese noch gäbe. Und so wird denn gelogen oder geschwiegen.

Hier mündet eine Not in eine andere Not. Hier begegnen sich die Not der Angeklagten und die Not der Richter. Man sollte einen Weg für beide suchen, aber was steht dem alles, ähnlich wie hier, entgegen: Die Tochter der Schwägerin, zwölf Jahre alt, als ihre Mutter getötet wurde, muß ohne die Mutter aufwachsen. Ihr und den erwachsenen Kindern des getöteten Ehepaars wird immer vor Augen stehen, wie schrecklich die Mutter und die Eltern sterben mußten. Und auch die drei Berufs- und die beiden Laienrichter, die in München freigesprochen hatten, werden ihr Leben lang an diesem Urteil tragen. Ihrem Urteil ist nichts, aber auch gar nichts vorzuwerfen, es war fehlerfrei. Das Gericht hat die Zweifel, die ihm nach der Beweisaufnahme geblieben waren, nicht einfach beiseite geschoben. Es hat seine Zweifel präzise beschrieben und begründet. Es hat sich nicht damit beruhigt und darauf hinausgeredet, daß ein Angeklagter, der einen Todesfall unverzüglich ausnutzt, um sich zu bereichern, den Todesfall herbeigeführt haben muß.

Wenn die Öffentlichkeit, warum auch immer, einem Angeklagten oder einer Angeklagten wohlgesonnen ist, auch das kommt vor (nicht ohne massive Mitwirkung der Medien, die sich am Streit um einen Strafprozeß und um ein Urteil nur zu gerne nähren, sobald sie erkennen, daß sich die Öffentlichkeit diesmal dem oder der Angeklagten zuneigt) – worum geht es denn dann: Darum, daß die Gerichte die Zweifel hätten haben und in dubio pro reo berücksichtigen müssen, von denen sich die – sich nur auf die Informationen in den Medien stützende – Öffentlichkeit geplagt fühlt.

Die Berücksichtigung von Zweifeln des Gerichts zugunsten eines Angeklagten, dem die Tötung eines Menschen vorgeworfen wird, den jedoch die Öffentlichkeit für schuldig hält und darum erbarmungslos abgeurteilt wünscht, gilt als Schwäche, als Verweigerung des Schutzes vor dem Verbrechen, den die Strafjustiz, mögliche Täter durch strenge Urteile abschreckend, zu geben hat. Die Mehrheit der Bundesbürger beschäftigt es nur einen Augenblick, wenn sich eine Verurteilung nach vielen Jahren als Fehlurteil erweist. Sie reagiert empört, wenn eine Schuld, von der sie überzeugt ist, nicht erkannt oder nicht so hart bestraft wird, wie ihr das angemessen scheint. □

Der Freispruch des wegen Raubmordes angeklagten Peter L., der zwölf Tage später mit einem Komplizen drei Menschen tötete, erinnert daran, was die Gesellschaft denen aufbürdet, die zu entscheiden haben, ob ein Mensch einen Menschen getötet hat, und die ein Strafmaß finden müssen, wenn er nach ihrer Überzeugung schuldig ist.

Daß ein Mensch einen Menschen tötet, ist nicht hinzunehmen.

Das Leben ist das einzige Rechtsgut, über das es keinen Streit geben kann. Hier ist das vergängliche Gebilde zur Erhaltung eines verworrenen Gefüges zu verteidigen, das man pathetisch Rechtsordnung nennt, als sei es mehr als der Versuch, ein leidliches Zusammenleben zu ermöglichen.

Es ist verständlich, daß nichts so viel aufwühlt, wie der Tod eines Menschen durch einen Menschen; daß gerade hier Erbarmungslosigkeit von der Strafjustiz gefordert wird. Doch die meisten Menschen, die einem Mitmenschen zum Opfer fallen, werden von Menschen getötet, die ihnen nahestehen, etwa von ihrem Partner in einer zerbrechenden, heillosen Beziehung. Die Wissenschaft in Ehren, die um die Definitionen dessen ringt in unzähligen Veröffentlichungen von hohem Rang, was eine Tötung jeweils ist – man kann, man muß es gelegentlich einfach sagen, so wie Sling es gesagt hat: »Alles tötet den Menschen, auch der Mensch tötet den Menschen.«

Es ist schrecklich, daß der Mensch den Menschen tötet, und wir können es nicht hinnehmen. Doch wir haben gerade diesen Taten nachdenklich und einfühlend zu begegnen, wir dürfen nicht erbarmungslos auf das reagieren, was wir als erbarmungslos empfinden. Ungeheuerlich sind allein die Massentötungen, zu denen sich Menschen aufrufen und befehlen lassen; die Kahlschläge ganzer Generationen gehorsamer Soldaten und Zivilisten, die Versuche, um einer religiösen oder politischen Überzeugung, eines Rassenwahns willen auszurotten, was anders fühlt, denkt oder aussieht. Wenn der einzelne Mensch tötet, ist das, wie wiederum Sling schrieb, »der gewaltsame Ausbruch des Stücks Natur, das sich Mensch nennt«. Dem Aufruf und dem Befehl kann man sich widersetzen und für diesen Widerstand mit dem Leben bezahlen. Daß der einzelne, dieses Stück Natur, ausbrechen und etwas tun kann, wovon ihm sein Selbstvertrauen vortäuschte, daß er dazu nicht fähig sei – ist schrecklich, ist nicht hinzunehmen, aber es ist nicht unmenschlich. Es ist dem Menschen möglich, jedem Menschen.

Die Strafgerichte, die über Menschen urteilen müssen, die einen Menschen getötet haben, brauchen Spielraum. Die Gesetze, die Rechtsprechung und die Verfahrensordnung, aber auch die Öffentlichkeit, dürfen sie nicht auf Schienen zwingen, schon gar nicht unter Berufung auf die »Gleichheit vor dem Gesetz«, diese Errungenschaft, die einmal ein Fortschritt war, die aber längst neu bedacht werden muß. Den Gerichten sind Fragen zu stellen und an ihnen ist Kritik zu üben, doch wer fragt und wer Kritik übt, hat zu bedenken, daß er gerade diesen Gerichten auferlegt hat, etwas in seinem Namen zu tun – was er sich selbst ersparen, was er sich nicht antun, womit er sich nicht beschweren möchte.

Das Unbehagen daran, daß Menschen über Menschen urteilen, der Zweifel daran, daß das möglich ist, sie sitzen tief. Dieses Unbehagen und dieser Zweifel mögen nicht bewußt sein, doch sie plagen jeden. Es ist ein menschlicher Wert, an diesem Unbehagen und diesem Zweifel zu leiden.

Nicht selten verdrängen, übertönen wir das Unbehagen und den Zweifel im Zorn und in Wut und in wütender Kritik. Doch dann hilft uns das höchste Gut des miserablen Gedächtnisses. Jene, die »Im Namen des Volkes« über einen Menschen entscheiden, der einen Menschen getötet hat, müssen mit ihrem Urteil, mit dem Unbehagen daran, daß Menschen über Menschen richten, und mit dem Zweifel, ob Menschen über Menschen urteilen können, weiterleben.

IV

»Ein redliches Bemühen,
Schatten zu tilgen«

Ende der fünfziger, Anfang der sechziger Jahre ist in der Bundesrepublik ernsthaft untersucht worden, ob es nicht unumgänglich sei, die Todesstrafe wieder einzuführen (und sei es auch nur für bestimmte Taten, für die Tötung von Kindern und Polizeibeamten beispielsweise oder wenigstens für Kriegszeiten). Die Abschaffung der Todesstrafe im Grundgesetz (das so gern für heilig erklärt, indessen nur zu oft korrigiert worden ist) verhinderte diese Untersuchung nicht. Einige Gutachten, die anläßlich dieser Untersuchung vorgelegt und einige Stellungnahmen, die vorgetragen wurden, sind niederschmetternd. Rechtsgelehrte, die man namhaft zu nennen hat, traten für die Todesstrafe ein. Unmißverständlich wurde dargelegt, daß das System des Strafens ohne die Krönung der Todesstrafe gefährdet sei, daß es, um seine Würde gebracht, sich ausbluten und auflösen werde. Auch wurde warnend darauf hingewiesen, daß der nächste Schritt, der nach der (wenn denn endgültigen) Abschaffung der Todesstrafe zu fürchten sei, die Forderung nach der Abschaffung der lebenslangen Freiheitsstrafe sein werde.

Es ist bei der Abschaffung der Todesstrafe geblieben, und was ihre Anhänger gefürchtet hatten, trat ein: Es wurde nun die Abschaffung der lebenslangen Freiheitsstrafe gefordert. 1973 trat Gerhard Jahn, damals Bundesminister der Justiz, für eine faire Diskussion darüber ein, ob nicht Menschen, die zu lebenslanger Freiheitsstrafe verurteilt wurden, nach 15 Jahren die Chance haben sollten, entlassen zu werden. Jahn erwies dem Sicherheitsbedürfnis der Öffentlichkeit den gebührenden Respekt. Es müsse gegebenenfalls selbstverständlich gewährleistet sein, daß ein zu lebenslanger Freiheitsstrafe Verurteilter nach seiner Entlassung ein straffreies Leben führen werde.

Nachdem er diese Anregung gegeben hatte, sah sich der Minister »geradezu erschreckenden Reaktionen« gegenüber, eine »Welle des Hasses« schlage ihm entgegen. Man warf ihm vor, er wolle »leichtfertig und mutwillig« die Ordnung der Gesellschaft zerstören. Es könne und dürfe nicht das Ziel des Strafvollzugs sein, hatte Jahn gesagt, »den Menschen letztlich vernichten zu wollen«.

Schon 1970 hatten die katholischen Strafanstaltsgeistlichen der BRD erklärt: »Weiterhin machen wir die ständige Erfahrung, daß bei den zu lebenslanger Freiheitsstrafe Verurteilten im allgemeinen bei etwa 15 Jahren Strafverbüßung ein fortschreitender Persönlichkeitsabbau und ein schwindendes Schuldbewußtsein eintreten, wodurch ein weiterer Vollzug der Strafe seinen Sinn verliert.«

Doch diese Erklärung war untergegangen. Wer praktisch im Strafvollzug arbeitet, kann vortragen, wozu ihn seine alltägliche Erfahrung drängt. Er wird nicht gehört (es sei denn, er behauptet, der Strafvollzug sei zu lasch: damit findet er sofort und überall Gehör). Die von Jahn erbetene faire Diskussion fand nicht statt. Die Stimmung jener Tage macht eine Szene aus einem Strafprozeß in Hamburg deutlich, der damals stattfand. Es wurde gegen Angeklagte verhandelt, die einem zur lebenslangen Freiheitsstrafe Verurteilten geholfen hatten, auszubrechen. Der 44 Jahre alte Ausbrecher, als Zeuge gehört, sprach von der Hoffnungslosigkeit, die ihm nur die Wahl zwischen Freitod, Wahnsinn oder einem Fluchtversuch gelassen habe. Der Anklagevertreter, ein 63 Jahre alter Oberstaatsanwalt: »Sie sitzen doch erst neun Jahre.« Und der Oberstaatsanwalt sagte auch: »Die Öffentlichkeit hat ein Recht auf hohe Strafen.«

Theorien über die Strafe gibt es in Fülle. Warum die Öffentlichkeit ein Recht darauf hat, daß auf Verstöße gegen die Vereinbarungen, die ihr Zusammenleben regeln sollen, *strafend* reagiert wird, warum also »Im Namen des Volkes« zu *strafen* ist (und zwar *hoch* zu strafen) – es hat sich so ergeben durch die Geschichte. Juristische, philosophische, psychologische und theologische Argumente haben durch die Jahrhunderte ein Gebäude errichtet, in dem strafend reagiert wird. Die Frage, ob es auch eine andere Reaktion als die Strafe geben könnte, wurde und wird gestellt. Ist es nicht paradox, den rechten Umgang mit der Freiheit durch Entzug der Freiheit lehren zu wollen? Die These, daß der Entzug der Freiheit lehrreich sei, weil er dem Verurteilten den Wert der Freiheit deutlich mache, wird durch die Zahl der Rückfälligen widerlegt: Sie lernen in der Unfreiheit nichts, was ihnen nach ihrer Rückkehr in die Freiheit hilft.

Doch die Strafe gilt als *die* angemessene Reaktion. Es ist für die Mehrheit der Bevölkerung eine Selbstverständlichkeit, daß in ihrem Namen gestraft wird, und sie mißt die Richter, die in ihrem Namen strafen, daran, ob sie streng genug sind, ob sie bei der Strafzumessung ausschöpfen, was der Strafrahmen zuläßt. Daran, daß Strafe sein muß, zweifeln nur wenige (und die Verzweiflung, in die sie geraten, weil es ihnen nicht gelingt, für ihren Zweifel Gesprächspartner zu finden, läßt sie nur zu leicht übersehen, wie fest gegründet das Strafgebäude ist; wie sehr es sich der Ängste des einzelnen und der Gesellschaft anzunehmen scheint).

Die Todesstrafe ist in der Tat die Speerspitze der Strafe, und wer sie abschafft, der rührt an das Strafen im ganzen. Denn die lebenslange Freiheitsstrafe setzt an die Stelle der Hinrichtung das Sterben über Jahrzehnte. Der Verzicht auf das Übel der Todesstrafe zwingt zum Nachdenken darüber, was das zufügt, was an ihre Stelle als Höchststrafe tritt.

1976 beschloß eine Große Strafkammer des Landgerichts Verden an der Aller, dem Bundesverfassungsgericht (BVerfG) die Frage vorzulegen, ob die lebenslange Freiheitsstrafe mit den ersten drei Artikeln des Grundgesetzes zu vereinbaren ist (also mit den Artikeln, die vom »Schutz der Menschenrechte«, von den »Freiheitsrechten« und von der »Gleichheit vor dem Gesetz« handeln).

Der Fall, anläßlich dessen das höchste Gericht der Bundesrepublik angerufen wurde, war der Fall einer Tötung, wie es nur zu viele gibt. Ein ehemaliger Polizeibeamter, so lautete die Anklage, hatte in der Nacht zum 13. Mai 1973 einen 22 Jahre alten Mann erschossen. Es ging um Drogen, die verkauft werden sollten, die aber den Fahndern in die Hände gefallen waren, die ersetzt werden sollten vom Verkäufer. Der Angeklagte, damals noch bei der Polizei, war telefonisch bedroht worden: Er habe mehr zu fürchten, wenn man auspacke. Die Antwort auf die telefonische Drohung waren tödliche Schüsse. Zwar bestritt der Angeklagte die Tat und nannte einen anderen als den Täter. Doch das Gericht war von seiner Schuld überzeugt, es mußte nach dem Gesetz zur lebenslangen Freiheitsstrafe verurteilen, denn die Tat war »heimtückisch« begangen worden – nur: die Strafe schien dem Gericht zu hoch, zu vernichtend, zu endgültig.

Der Vorsitzende des Gerichts in Verden sprach denn auch von den »bedenklichen Umgehungsversuchen«, die seit langem die einzige Möglichkeit für ein Gericht seien, das nach dem Buchstaben des Gesetzes auf Mord und damit auf Lebenslang zu erkennen hat, das jedoch nicht auf Lebenslang erkennen möchte, weil es von »außertatbestandsmäßigen Besonderheiten« beeindruckt ist und weil es daran zweifelt, daß sich die lebenslange Freiheitsstrafe in Einklang mit dem Grundgesetz bringen läßt. Das Gericht konnte sich auf Fachliteratur stützen, etwa auf den Strafrechtler Ernst-Walter Hanack, demzufolge die »Abgrenzungen zwischen Vorsatz und Fahrlässigkeit sowie zwischen Mord und Totschlag... bekanntlich seit jeher vage und grobschlächtig« sind und der auch geschrieben hat: »Es verletzt daher in nur zu vielen Fällen die Gerechtigkeit, allein anhand dieser Abgrenzungen und ohne jede Rücksicht auf außertatbestandsmäßige Besonderheiten des Einzelfalles die Entscheidung darüber zu treffen, ob der Täter lebenslange oder zeitige Freiheitsstrafe erhält.« Das Gericht in Verden verurteilte also lediglich wegen vorsätzlichen und fortgesetzten Handels mit Rauschgift zu einer Freiheitsstrafe von fünf Jahren und sechs Monaten. Das Strafverfahren wegen Mordes wurde ausgesetzt.

Am 22. und 23. März 1977 verhandelte das BVerfG über die Vorlage. Es hörte und befragte elf Sachverständige. Es befand am 21. Juni 1977, daß die lebenslange Freiheitsstrafe für Mord mit dem Grundgesetz vereinbar ist. Nach dem gegenwärtigen Stand der Erkenntnisse könne *nicht* festgestellt werden, daß der Vollzug der lebenslangen Freiheitsstrafe gemäß den Vorschriften des Strafvollzugsgesetzes und unter Berücksichtigung der gegenwärtigen Gnadenpraxis zwangsläufig zu irreparablen Schäden psychischer oder physischer Art führe, von denen die Würde des Menschen verletzt werde. Zwar hatten Strafvollzugspraktiker wie Helga Einsele und Hans-Dietrich Stark von erheblichen Schädigungen körperlicher und seelisch-geistiger Art gesprochen. Doch das BVerfG hatte auch ganz andere Meinungen gehört, und es konnte sich sogar auf den Psychiater Wilfried Rasch berufen, der »bei der Mehrzahl der untersuchten Häftlinge weder körperliche Dauerschäden noch geistigen Verfall noch emotionale Abstumpfung – wenngleich Rücknahme, die aber offenbar reversibel sei – noch psychotische Symptome feststellen« konnte: »Es ist nicht Sache des BVerfG, darüber zu befinden, wie es zu so auseinandergehenden Beurteilungen kommen kann.«

Doch das BVerfG stellte auch Leitsätze dafür auf, nach deren Maßgabe die lebenslange Freiheitsstrafe mit dem Grundgesetz vereinbar ist:»Zu den Voraussetzungen eines menschenwürdigen Strafvollzugs gehört, daß dem zu lebenslanger Freiheitsstrafe Verurteilten grundsätzlich eine Chance verbleibt, je wieder der Freiheit teilhaftig zu werden. Die Möglichkeit der Begnadigung allein ist nicht ausreichend; vielmehr gebietet das Rechtsstaatprinzip, die Voraussetzungen, unter denen die Vollstreckung einer lebenslangen Freiheitsstrafe ausgesetzt werden kann, und das dabei anzuwendende Verfahren gesetzlich zu regeln.«

Dieser Aufforderung kam der Gesetzgeber nach. In §57a des StGB heißt es nun, daß die Vollstreckung des Restes einer lebenslangen Freiheitsstrafe zur Bewährung ausgesetzt werden kann, wenn 15 Jahre der Strafe verbüßt sind und wenn nicht die»besondere Schwere der Schuld« des Verurteilten die weitere Vollstreckung gebietet.

Was ist eine besonders schwere Schuld? Das BVerfG hat sich in der Begründung seiner Entscheidung zur lebenslangen Freiheitsstrafe auch zum Strafvollzug in der Bundesrepublik geäußert, der schon bisher»nicht mehr reiner ›Verwahrvollzug‹« gewesen sei, in dem vielmehr»ein auf die Resozialisierung des Gefangenen hin ausgerichteter ›Behandlungsvollzug‹ angestrebt« werde. Das BVerfG habe, so wurde in der Begründung erinnert, mehrfach betont,»daß die Forderung nach Resozialisierung verfassungsrechtlich dem Selbstverständnis einer Gemeinschaft entspreche, die die Menschenwürde in den Mittelpunkt stelle und dem Sozialstaatsprinzip verpflichtet sei«. Das Hohe Gericht überschätzte den Zustand des Strafvollzugs. Und es verkannte das Selbstverständnis der Gemeinschaft, in deren Namen es sprach.

»WER DIESES GESTÄNDNIS GEHÖRT HAT...«: Das Kind finde keine Ruhe im Grabe, solange der Angeklagte nicht verurteilt ist. Eine Frau im Publikum sagt das in Karlsruhe schluchzend im Dialekt der Landschaft. Aufgeklärte Zeitgenossen mögen darüber mit einem Achselzucken hinweggehen oder sogar darüber spotten. Doch was die Aufgeklärtheit des 20. Jahrhunderts wert ist, bedarf wohl keiner Erläuterung mehr.

Das Bild vom Opfer, das erst Frieden findet, wenn der Täter abgeurteilt wurde, ist ein uraltes Bild. Da sind die Angehörigen des Opfers. Und ihr Schmerz wird immer wieder aufgefrischt, solange noch kein Urteil gefällt wurde. Das Bild meint aber mehr, auch wenn das heute nicht mehr ausgesprochen wird, weil es die Todesstrafe nicht mehr gibt: Es meint, daß das Opfer erst Ruhe in der Erde findet, wenn der Täter nicht mehr lebt; wenn er den Tod erleiden mußte, den er zugefügt hat.

Am 8. Februar 1982 beginnt vor dem Landgericht Karlsruhe die Hauptverhandlung gegen den Diplomvolkswirt Günther Adler, 49. Die Anklage wirft ihm vor, die elf Jahre alte Cornelia B. am 3. November 1980 entführt und getötet zu haben. Günther Adler hat versucht, von den Eltern des Kindes zwei Millionen Mark zu erpressen.

Warum hat er sich nicht umgebracht? Warum hat er die Tat überlebt? Er hat ein Kind töten können, aber sich selbst konnte er nichts antun. Allein dieser Angeklagte, dieser Günther Adler, konnte eine derartige Tat begehen. Alle anderen im Sitzungssaal sind außerstande, ein Kind zu töten. Doch wenn sie ein Kind getötet hätten oder töten würden – sie könnten das nicht überleben. Denn auch in dem Menschen, der eine solche Tat begangen hat, muß es doch einen »Funken Anstand« geben, er muß vom Grauen vor sich selbst und von der Reue überwältigt werden. Man weiß genau, wie man sich in einer Situation verhalten würde, von der man überzeugt ist, daß man nie in sie kommt.

Die Todesstrafe ist abgeschafft worden, doch ein Bild davon, wie einer mit seiner Tat weiterleben kann, hat die Gesellschaft nicht. Sie trauert der Todesstrafe nach. Und so ist das Verhalten jedes Angeklagten, der sich zu einer Tötung (und noch dazu zur Tötung eines Kindes) bekennt, unannehmbar. Das Bekenntnis zur Tat muß abgewertet, muß verdächtigt werden: Der Täter gesteht nur, weil die Beweise gegen ihn unwiderleglich sind. Er bekennt sich nur, weil er hofft, für krank befunden zu werden und »billiger« davonzukommen. Etwas soll stärker gewesen sein als er, eine Krankheit beispielsweise, damit er für seine Tat überhaupt nicht oder wenigstens nicht in vollem Umfang verantwortlich ist. Vor allem läßt ihn das Selbstmitleid gestehen und überleben oder das Bedürfnis, einmal im Mittelpunkt zu stehen. Es darf nicht sein, daß einer die Wahrheit sagen, bekennen will, was er getan hat.

Günther Adler gesteht in Karlsruhe, er gesteht einen Tag lang, der nicht nur wegen der Tat entsetzlich ist, die Günther Adler zu gestehen hat. Es gibt schon ein paar Menschen im Saal, die auch den Anblick eines Menschen inmitten der Hölle nicht mehr werden vergessen können.

Das Leid, das er den Eltern des Mädchens zugefügt hat, er

spricht es an, aber er kann dazu nichts sagen: »Jedes Wort dazu
von mir wäre unpassend und unnötig.« Den Menschen, die ihm
zuhören, und denen, die von ihm lesen, ist jedes Wort aus seinem
Mund zuviel. Günther Adler lebt. Und er sagt in Karlsruhe: »Cornelia werde ich, solange ich noch lebe, nicht aus dem Gedächtnis
verlieren. Ich will es auch nicht.« Doch er sollte ja gar nicht mehr
leben, wie kann er noch am Leben sein. Was er auch sagt – es
bestärkt nur die Verachtung, den Abscheu und den Haß, die ihn
umstellen. Wenn man ihn schon nicht hinrichten kann, soll er
sich wenigstens selbst richten. Da er das nicht getan hat, steigert
alles, was von ihm kommt, nur den Ekel.

Er äußert sich »weinerlich«, wie man am nächsten Tag liest.
Hinsichtlich seiner Erscheinung ist von »Mausgrauheit« die
Rede. Und es wird am nächsten Tag auch von einer »teuflischen«
Tat berichtet, als sei es an der Zeit, die Hexenprozesse wiederaufle-
ben zu lassen. Verzweiflung wird diesem Angeklagten nicht
zugestanden. Daß er selbst nicht begreift, wie er diese Tat begehen
konnte, daß sein Geständnis auch der Versuch sein könnte, endlich zu erfassen, was er nicht fassen kann, nein, das darf nicht sein.
Er hat versucht, zwei Millionen Mark von den Eltern zu erpressen
– und im Keller des Hauses, in dem sich sein Büro befand, lag 14
Tage lang die Leiche des Kindes, bevor er sie in den Wald schaffte.
Das Kind hat keine Chance gehabt, durch ein Lösegeld freizukommen. Sein Überleben war nicht vorgesehen.

»Alle hatten Zeit und waren mit sich und der Welt zufrieden«,
sagt Günther Adler: »Wir aber schienen dem sicheren Untergang
zuzutreiben.« Günther Adlers Planungsbüro ging seit langem
schlecht. Schulden drückten. Die Hausbank hatte bereits einmal
eine Kreditsperre verhängt. Mit Mühe war noch mal eine Über-
brückung gelungen, doch die schien zu platzen. An einer derart
»existentiellen Stelle«, so sagt er, »kommen Handlungen in Bewegung, die ich lieber nicht nennen täte«.

»Der Gedanke kam auf und nahm immer mehr Besitz von mir«,
der Gedanke, durch eine Entführung, durch Erpressung alles zu
wenden, doch: »Ich glaubte bis zuletzt nicht, daß ich es tun
könnte.« Günther Adler gibt einen Einblick in die Entstehung
eines Verbrechens, wie man ihn noch nie gehört hat. Er kann den
Entschluß zur Tat nicht datieren: »Im Spätsommer, vielleicht.«
Einen Entschluß, aber das sagt er zögernd, hat es nicht gegeben:
»Es waren Gedanken. Aber keine Gedanken, die eine konkrete
Planung zum Inhalt gehabt hätten.«

Was Günther Adler zu schildern versucht, was er mühsam auf Fragen antwortet, stellt die Verdrängung der Hemmung vor dem Verbrechen, vor dem Töten, stellt die allmähliche, schleichende Außerkraftsetzung des Gewissens dar.

Es gab da Teile eines Plans. Doch neben Teilen, die ausführbar schienen, standen immer auch Teile, die er für unausführbar hielt. Es klingt unerträglich, aber es kommt wohl der Wahrheit sehr nahe, wenn Günther Adler wiederholt versichert, nur mit Gedanken »gespielt« zu haben. Und ohne Frage sagt er die Wahrheit, wenn er beteuert, er habe buchstäblich bis zuletzt nicht für möglich gehalten, daß er die Tat ausführen könnte. Er hat sich immer näher an die Tat heran und schließlich in die Tat hinein betrogen.

Bis zuletzt, bis zur Tat, steht Unausführbares neben Ausführbarem, er hat sich noch nicht entschieden, alles noch nicht endgültig abgewogen – doch das ist nichts als Selbstbetrug, so setzt man sein Gewissen außer Kraft. Günther Adler spricht in Karlsruhe von »Gedanken«, als gebe es Gedanken, die »nur« Gedanken sind. Er hat sich bis zu dem Augenblick belogen, in dem das Kind Cornelia zu ihm ins Auto stieg.

Einmal spricht Günther Adler von den »hohen moralischen Wertvorstellungen«, die seine Frau habe. Und er fügt halblaut, nicht trotzig, sondern eher klagend, bittend, hinzu: »Ich übrigens auch.« Daß es Gedanken gibt, mit denen man nicht spielen, die man sich nicht nur so machen kann, ohne sich der Tat zu nähern und in sie hineinzugleiten, Gedanken, die nicht unverbindlich, sondern der Weg zur Tat sind: Er sieht das nicht, er sieht das noch nicht.

»Es war ein blindes Umsichschlagen, so würde ich es jetzt sehen«, sagt er im Rückblick auf seine Tat. Und er hat doch eigentlich, so beteuert er, weder jemals daran geglaubt, daß er sie begehen, noch daran, daß sie ihm gelingen könnte. Wie ist er auf die Familie dieses Mädchens gekommen, warum hat er gerade ihr die Entführung eines ihrer Kinder angetan? Es habe einen »möglichen Kreis« gegeben, er hat Erkundigungen über Familien in einer bestimmten Gegend angestellt, Häuser beobachtet. Für diese Familie, gegen sie, gegen das Kind Cornelia, entschied »das Verhängnis«, denn auch das »war mehr spielerisch«. Es hätte auch eine ganz andere Familie, ein anderes Kind treffen können.

In der Straßenbahn stellt Günther Adler »Kontakt« zu Cornelia her. Ob sie etwa die Tochter von Herrn B. sei, fragt er, und das Kind antwortet, erzählt ein bißchen etwas, ist nun oberflächlich mit ihm bekannt. Zu den Gedanken, mit denen er spielte, gehörte auch die Überlegung, »das Kind in den Keller zu bringen und das, was geschehen ist, in Gang zu setzen«. So drückt er sich aus, so gewunden, und man kann diese Ausdrucksweise ausweichend nennen. Doch vielleicht ist sogar einem Menschen, der unbarmherzig gehandelt hat, zuzugestehen, daß die Verzweiflung seine Worte verklemmt, verspannt und verbiegt.

Er hat einen Hammer besorgt, er hat eine Schachtel mit Münzen auf einem Regal bereitgestellt und sich weiter eingeredet, er werde es wohl nicht tun. Doch am Morgen des 3. November 1980 hält er mit seinem Wagen neben Cornelia, die dicht bei ihrem Elternhaus auf dem Weg zum Schulbus ist. Er fragt, ob er sie mitnehmen könne: »Sie stieg ahnungslos zu mir ins Auto.«

Er sagt, er müsse vorher noch einmal in seinem Büro vorbei, etwas holen. Das Kind ist einverstanden. Es steigt mit ihm zusammen aus und folgt ihm »ahnungslos«, er wiederholt die Ahnungslosigkeit des Kindes mehrfach, in den Keller, »ohne jedes Zureden«, sagt er, und er sagt auch »ohne Angst«. Die Ahnungs- und Angstlosigkeit ist ihm wichtig. Daß das Kind nicht gespürt hat, was ihm drohte, ist ihm wichtig. Absichtlich stößt er die Schachtel mit den Münzen herunter, das Kind bückt sich »spontan«, um ihm beim Auflesen zu helfen, und er schlägt zu. Er sagt: »Es war entsetzlich«, und auch das mag als Selbstmitleid abgetan werden, aber er sagt das mit einem Entsetzen, in einer Fassungslosigkeit, als schlüge er noch immer zu.

»Mir war, als müßte ich mein eigenes Kind erschlagen«, weint er. Das Kind sei sofort bewußtlos gewesen, er habe ja gleich weiter zugeschlagen. »Was ich fühlte, das kann ich nicht beschreiben. Aber entsetzlich ist nicht der richtige Ausdruck. Das ist zu farblos, das ist zuwenig«, sagt er, und das ist wieder einer der Augenblicke, in dem der Haß über ihm zusammenschlägt, weil er noch lebt, weil er noch redet.

Er grübelt während seines Geständnisses, ob er ein »geborener Verbrecher« oder ob seine Tat »ein letztes, verzweifeltes Aufbäumen vor dem eigenen Untergang« gewesen ist, ob er unbewußt Rache an einer Welt genommen hat, die ihn in dieses Verbrechen trieb, ob er zum »Opfer« für seine Familie wurde.

Er schweigt danach. Dann sagt er: »Ich weiß es nicht.« Und er fügt hinzu: »Wenn einer jahrelang verzweifelt ist ... was dann einer tut ...«

Er hat mit dem Kind auf der kurzen Fahrt in seinem Wagen

gesprochen, aber er hat sich bemüht, dabei Distanz zu halten. »Es ist schwierig, in einer solchen Situation ein Gespräch zu führen.« Er habe versucht, unbefangen zu wirken, aber er habe ja gewußt, wo und wie die Fahrt enden mußte.

Er spricht immer wieder vom »Müssen«. Ihm, dem Vater von fünf Kindern, ist zumute gewesen, als »müsse« er sein eigenes Kind erschlagen. Nachdem das Kind zu ihm in den Wagen gestiegen war, »mußte« er die Tat ausführen. Wieder und wieder sticht dieses Müssen in seinem Geständnis hervor.

Und endlich sagt er, er wird nicht genötigt zu irgendeiner Antwort, er wird nur immer wieder fassungslos befragt, denn wie soll man es verstehen, daß er zuletzt diese Tat begehen »mußte«: »Es war ein innerer Kampf bis zuletzt. Es war eine regelrechte Selbstüberwindung.« Er habe, so fügt er hinzu, »wie ein Soldat« mit sich gekämpft und sich zur Tat überwunden.

»Wen wollten Sie eigentlich verteidigen mit dieser Tat?« wird Günther Adler später von einem der Sachverständigen gefragt: Wer denn eigentlich der Gegner gewesen sei? Günther Adler korrigiert sich, aber nur ein wenig. Er habe es mit einem Mädchen zu tun gehabt, insofern stimme das Bild vom Soldaten nicht. Aber der Feind, gegen den er kämpfte, gegen den er sich wie ein Soldat zur Tötung eines Kindes überwand: »Es war die ganze Umwelt, die Gesamtsituation, die keinen Ausweg mehr zuließ.«

Da waren Schulden, die man hätte bezahlen können, wenn man das Haus verkauft hätte, das man besaß. Doch der Verkauf des Hauses ist von ihm nie durchgerechnet worden. Das Haus mußte gehalten, verteidigt werden. In ihm saß er mit seiner Familie, und die würde sich auflösen, die würde untergehen, wenn es das Haus nicht mehr gab. So hat er es empfunden.

Die Katastrophe, im Kampf gegen die er ein Kind getötet und die Eltern des Kindes wochenlang einer Hoffnung überantwortet hat, die sich nicht mehr erfüllen konnte vom ersten Augenblick an – diese Katastrophe ist nichts als das Scheitern eines Kleinunternehmers gewesen; als ein Scheitern, das nur zu vielen widerfährt. Der Gedanke, das Haus aufzugeben: »Das hätte auch das Ende der Ehe bedeutet, der Familie.« Familie und Ehe sind Werte, aber für Günther Adler waren sie überwertig geworden. Warum? Da schoß vieles zusammen. Da war der Bürger, für den der Verlust eines Besitzes, denn man ist nur, was man hat, dem Untergang gleichkommt. Da war ein Familienleben, das keineswegs glücklich gewesen sein kann, dessen Schein jedoch gleichfalls zu wahren war, das mit seinen unterdrückten, geleugneten Konflikten nicht auseinanderplatzen durfte. Wie kann man töten, ein Kind töten, für ein Nichts, für eine Fassade und im Kampf gegen einen eingebildeten Untergang? Wie kann man töten, um ausgerechnet eine Ehe und eine Familie vor einem Untergang zu bewahren, der nichts als ein bürgerliches Scheitern gewesen wäre und keineswegs der Tod?

Der »gemeinste Mörder« ist Günther Adler genannt worden, als seien nicht gerade in diesem Jahrhundert die abscheulichsten Verbrechen längst geschehen. Wie sehr gleicht Günther Adler jenen Tausenden, die sich das Morden befehlen ließen. Er hatte sich ein höchstes Gut zurechtgemacht, zu dessen Bewahrung er, wie ein Soldat, zuletzt nur den »inneren Schweinehund« überwinden mußte.

Der Mensch ist zu allem fähig. Warum bestehen die Menschen so erbittert darauf, so sei es nicht? Die Reaktion auf Günther Adlers Geständnis im Sitzungssaal und draußen, überall in der Bundesrepublik, ist verheerend. Sein Geständnis löst »bei den Zuhörern fast traumatische Reaktionen« aus, liest man in der *Frankfurter Rundschau.* Günther Adler ist nach dieser Selbsthinrichtung nur noch ein lebender Leichnam, ein kahler Baum, durch den der Wind geht. Er widerruft im Juni 1982 sein Geständnis, erfindet eine Person, die von ihm ins Vertrauen gezogen worden sein soll, die die Nerven verlor und die Tat beging, eine Person, die er nicht nennen will, für die er sich verantwortlich fühle, denn er habe ihr die Beteiligung an diesem Erpressungsversuch (der unblutig verlaufen sollte) zugemutet.

Günther Adlers Geständnis, seine Reue, war zuviel. Wie verhält man sich gegenüber einem Menschen, der bereut – der bereut, was nicht gutzumachen ist. Günther Adlers Reue, so ist die Reaktion der Öffentlichkeit, krönt sozusagen seine Tat, er begeht sie noch einmal, indem er sie bereut.

Es gab im Publikum in Karlsruhe eine Frau, die fast an jedem Sitzungstag anwesend war und die von den Berichterstattern »Frau Hackfleisch« genannt wurde, weil sie ständig dazu aufrief, aus dem Angeklagten Hackfleisch zu machen. Eine andere Frau blies vor der Absperrung beim Eingang, nachdem die Anklage die lebenslange Freiheitsstrafe beantragt hatte, auf einem Horn das Signal »Aufbruch zur Jagd«. Und selbstverständlich haben auch Männer im Publikum ihren Haß vorgeführt, etwa hinsichtlich der Körperteile, derer der Angeklagte mit dem (stumpfen) Messer beraubt gehöre. Doch die intellektuellen Reaktionen auf das Geständnis Günther Adlers waren auf ihre Weise nicht weniger drastisch. Es gibt auf entsetzliche Taten nur eine Antwort für die Mehrheit, auch und sogar gerade wenn der Täter bereut, und diese Antwort ist die Strafe, eine Strafe, die ein Leben lang nicht endet (wenn es schon nicht möglich ist, dem Leben des Täters ein Ende zu machen).

Günther Adler wird zur lebenslangen Freiheitsstrafe verurteilt, und das Gericht hat sich in der Begründung des Urteils mit dem Geständnis und dem Widerruf Günther Adlers befassen müssen. »Wer dieses Geständnis gehört hat, weiß, daß es der Wahrheit entsprach«, sagte der Vorsitzende Richter Ernst Baader, 55. Warum diese Wahrheit für das Publikum im Saal und für die Öffentlichkeit unerträglich und der Widerruf des Geständnisses geradezu eine Erleichterung war (denn er machte ja deutlich, so deutete man ihn, daß die Reue des Angeklagten keine wahre Reue war, sondern nur eine gemeine Taktik), ist nicht Sache des Gerichts gewesen. Das Gericht verzichtete in der mündlichen Begründung des Urteils auf schmähende Worte. Der Vorsitzende sprach nicht nur davon, was Günther Adler Cornelia und ihren Angehörigen antat. Er erwähnte auch, daß der Angeklagte seine eigene Familie tief ins Unglück gestoßen hat. □

Das BVerfG sagt in der Begründung seiner Entscheidung zur lebenslangen Freiheitsstrafe auch, »daß ein menschenwürdiger Vollzug der lebenslangen Freiheitsstrafe nur dann sichergestellt ist, wenn der Verurteilte eine konkrete und grundsätzlich auch realisierbare Chance hat, zu einem späteren Zeitpunkt die Freiheit wiedergewinnen zu können; denn der Kern der Menschenwürde wird getroffen, wenn der Verurteilte ungeachtet der Entwicklung seiner Persönlichkeit jegliche Hoffnung, seine Freiheit wiederzuerlangen, aufgeben muß«. Allein die Aussicht auf die Wiedererlangung der Freiheit mache den Vollzug der lebenslangen Freiheitsstrafe »nach dem Verständnis der Würde der Person überhaupt erst erträglich«.

Günther Adler sieht sich im Strafvollzug einem »Sterben auf Raten« ausgeliefert. Er hat sich über seinen Zustand, darüber, daß er nur noch ein lebender Leichnam ist, und auch darüber, wie sein weiteres Schicksal aussehen wird, keine Illusionen mehr gemacht, nachdem er »einigermaßen zur Ruhe und zur Besinnung gekommen war«. Der seelische und körperliche Tod auf Raten ist eine

Qual. Er grübelt darüber, dieses Hinsterben abzukürzen, sich zu töten, solange seine Kräfte das noch zulassen.

Im Herbst 1985 erreicht er wieder einmal den Punkt, an dem er mit sich ringt, den letzten Schritt zu tun. »In jener Nacht hätte ich mich nur unter primitivsten Bedingungen und mit unsicherem Ausgang ans Gitter des Zellenfensters hängen können.« Doch alles in ihm empört sich gegen einen Strafvollzug, der ihm nur diese unwürdige Form des Sterbens erlaubt. Er beschließt, den Strafvollzug zu »demaskieren«. Er hängt sich nicht am Zellengitter auf. Und am nächsten Morgen beantragt er beim Anstaltsleiter »die Genehmigung zum Bezug eines toxischen Präparats, um einem sinnlosen Leben auf menschenwürdige Art ein Ende bereiten zu können«.

Günther Adler geht mit diesem Antrag bis zum BVerfG, das seine Beschwerde nicht annimmt mit dem Hinweis auf die staatliche Schutzpflicht, die es gebiete, »sich schützend und fördernd vor das Leben zu stellen und es vor Eingriffen zu bewahren«.

Im Oktober 1987 beantragt Günther Adler, um die Vollzugsbehörde »auf die Probe zu stellen«, die ja nicht nur schützend, sondern auch fördernd vor ihm stehen soll (und die ihm doch auch, um seiner menschlichen Würde willen, die Aussicht auf Wiedererlangung der Freiheit nicht nehmen darf), die Unterbringung im offenen Vollzug. Er wird durch alle Instanzen abschlägig beschieden. Er hat seinen Antrag nach sieben Jahren Haft gestellt, und so wird ihm entgegengehalten, daß er »erst wenige Jahre der Strafe verbüßt« hat (ein immerhin nicht völlig unverständliches Argument). Doch in den Begründungen der Ablehnungen finden sich Sätze, die jede Hoffnung auf Wiedererlangung der Freiheit (oder auch nur Erleichterungen der Haft) so heftig und unbedingt zerstören, als gebe es die Leitgedanken des BVerfG zum Vollzug der lebenslangen Freiheitsstrafe in Einklang mit dem Grundgesetz nicht.

Da heißt es beispielsweise: »Der Beschwerdeführer mußte wegen eines ganz abscheulichen Verbrechens verurteilt werden. Er hat dabei ein solch außergewöhnlich hohes Maß an Schuld auf sich geladen, daß allein schon dieser Umstand seinen Verbleib im geschlossenen Vollzug auf absehbare Zeit erforderlich macht.« Als »zutreffend« wird die Beurteilung der Vollzugsanstalt bestätigt, daß »die Schuld des Beschwerdeführers bei einer Gesamtbewertung der von ihm begangenen Tat so stark von dem gewöhnlichen Tatbestand des § 211 Strafgesetzbuch« abweicht, »daß beim Beschwerdeführer im derzeitigen Vollzugsstadium der Gesichtspunkt der Sühne gegenüber den anderen Vollzugszwecken vorrangig zu bedenken ist«.

Günther Adler müsse mit einer Gesamtvollzugsdauer rechnen, »die weit über 15 Jahren liegen wird«. Eine so lange andauernde Haft im offenen Vollzug würde ihn überfordern. Er werde nicht damit zurechtkommen, daß sich über sehr viele Jahre hinaus »keine weitere vollzugliche Entwicklung zum Strafende und zur Entlassung hin anschließen könnte«. Und dann folgen Sätze, die auf eine abscheuliche Tat eine abscheuliche Antwort geben: »Nachdem der Beschwerdeführer aber bereits nach wenigen Jahren der Strafhaft sich ernsthaft damit befaßte, sich dieser durch Suizid zu entziehen (wobei dies entsprechend eingehender schriftlicher Begründung das allein ausschlaggebende Motiv war), muß davon ausgegangen werden, daß er sich alsbald der dargelegten Belastung und auch den im offenen Vollzug ganz gravierenden Einschränkungen durch Flucht entziehen würde.«

In seinem Antrag, ihm ein »toxisches Präparat« zur Verfügung zu stellen, damit er »einem sinnlosen Leben auf menschenwürdige Art ein Ende bereiten« könne, hatte Günther Adler von seinem Recht »auf einen menschenwürdigen Freitod als Alternative zu einem menschenunwürdigen und verfassungswidrigen Zerstörungsvollzug bis zum Tode« gesprochen. Das wird ihm nun um die Ohren geschlagen. Hätte er Gift beantragt, weil er seine Schuld nicht mehr ertragen kann, wäre sein Antrag selbstverständlich auch abgelehnt worden, doch ein derartiger Antrag hätte wenigstens das befriedigende Gefühl vermittelt, daß diesem Delinquenten die Erbarmungslosigkeit seiner Tat erbarmungslos zugefügt wird.

Und in einem Beschluß der zuständigen Strafvollstreckungskammer wird festgestellt: »Unter diesen Umständen dominiert in der derzeitigen Phase des Strafvollzuges des Verurteilten auf absehbare Zeit das am Strafzweck des gerechten Schuldausgleichs orientierte Element der Sühne und der Verteidigung der Rechtsordnung.« Auch wird der »vom Verurteilten seither erbrachte Beitrag an Mitarbeit zur Erreichung des Vollzugszieles« als »denkbar gering« bewertet. »Eine von Reue, Einsicht und innerer Umkehr geprägte Einstellung ist gleichfalls zu vermissen. Der Verurteilte vermittelt vielmehr den Eindruck, seine Energie und Intelligenz in Verfolgung eines unangemessenen Anspruchsdenkens zu verschleißen. Eine positive Persönlichkeitsentwicklung ist somit zusammenfassend nicht festzustellen.«

Warum hat er sich nicht umgebracht, warum bringt er sich nicht endlich um? Wie fast alle im Strafvollzug hat Günther Adler nur eine Chance, weiterzuleben und zu überleben, indem er sich gegen das wehrt, was ihn umzubringen droht; indem er auf dem besteht, was die Gesetze und die Rechtsprechung ihm zu gewähren scheinen. Als »unangemessenes Anspruchsdenken« wird das abqualifiziert, als falscher Einsatz seiner »Energie und Intelligenz«, als Verweigerung der Sühne, als Reuelosigkeit.

In einem Referat für eine Tagung über die lebenslange Freiheitsstrafe, das Günther Adler nicht halten konnte, weil ihm die Ausführung zur Teilnahme verweigert wurde, und das darum verlesen werden mußte, spricht Günther Adler von der »Unaufrichtigkeit«, von den »Widersprüchlichkeiten« und von der »Heuchelei«, die »allenthalben im Strafvollzug anzutreffen sind«. Er drückt damit das aus, was die meisten dem Strafvollzug unterworfenen Menschen empfinden, ob sie eine zeitlich begrenzte oder die lebenslange Freiheitsstrafe zu verbüßen haben: Die hehren Texte, die verkünden, was der Vollzug sein soll, trennt eine Wüste von der Wirklichkeit des Vollzugs.

Im Mai 1990 trafen sich die evangelischen Pfarrer in den Justizvollzugsanstalten der Bundesrepublik in Arnoldshain im Taunus. Allein Norbert Leppert hat in einer überregionalen Tageszeitung, der *Frankfurter Rundschau*, über dieses Treffen berichtet. »›Für uns hat das Gefängnis ausgespielt, der Strafvollzug ist nicht mehr zu retten‹, bekannte der Butzbacher Anstaltsgeistliche Otto Seesemann ... Ob es um die Aufnahme der Gefangenen in die Kranken- und Sozialversicherung geht oder um die Anpassung ihres Arbeitsentgelts an die ortsüblichen Tariflöhne: Für die Verwirklichung so wichtiger Anliegen des 1977 mit großen Vorschußlorbeeren bedachten Strafvollzugsgesetzes wird in diesem Jahrhundert keine Möglichkeit mehr gesehen.«

Lepperts Bericht erinnert daran, daß im Strafvollzug von heute keineswegs nur »Schwerstkriminelle« sitzen: »Drogen- und Alkoholsüchtige, psychisch Kranke, HIV-Infizierte, Schwarzfahrer, Fahnenflüchtige, Asylanten oder die vielen kleinen ›Eierdiebe‹« – nach wie vor ist der Strafvollzug »eine Art Sammelbecken für jene sozial Gestrandeten, die zur rechten Zeit und anderswo keine wirksame Hilfe fanden«. Und Leppert zitiert Martin Steller, den Pastor der Hamburger Vollzugsanstalt Fuhlsbüttel, der davon gesprochen hat, daß der Vollzug Benachteiligungen nur verstärkt. Im Strafvollzug wurde dem Menschen seine Minderwertigkeit vor Augen geführt: »Er wird auf eine negative Rolle festgelegt als einer, der ständig eine Oppositionshaltung einnimmt, als Störer, als potentieller Ausbrecher.«

Über die »Gestaltung des Vollzugs« ist im StVollzG zu lesen: »Das Leben im Vollzug soll den allgemeinen Lebensverhältnissen soweit als möglich angeglichen werden. Schädlichen Folgen des Freiheitsentzugs ist entgegenzutreten. Der Vollzug ist darauf einzurichten, daß er dem Gefangenen hilft, sich in das Leben in Freiheit einzugliedern.« Man mag es gar nicht mehr zitieren. Über den Zustand des Strafvollzugs, über die Wüste zwischen den Texten der Gesetze, der Rechtsprechung und der Wirklichkeit des Vollzugs, ist alles schon gesagt und geschrieben worden, wird weiterhin gesprochen und geschrieben werden.

Geht man davon aus, daß die »allgemeinen Lebensverhältnisse«, von denen im StVollzG die Rede ist, chaotisch und heillos sind, dann könnte der Auftrag, das Leben im Vollzug solle den allgemeinen Lebensverhältnissen soweit als möglich angeglichen werden, als erfüllt gelten. Doch den Häftlingen wird abverlangt – was draußen in der sogenannten Freiheit nicht stattfindet. Unaufrichtigkeit, Widersprüchlichkeit und Heuchelei werfen sie dem Vollzug vor, Günther Adler spricht da für nahezu alle.

Versuche zur Besserung hat es gegeben, gibt es immer wieder. Auf kurze Freiheitsstrafen sollte verzichtet werden. Doch Heinz Müller-Dietz, ein führender Kommentator des Strafvollzugs, schreibt im Juli 1990: »Selbst die lange Zeit gängige Forderung nach Zurückdrängung, wenn nicht gar Abschaffung der kurzen Freiheitsstrafe (unter sechs Monaten) hat sich nicht in dem erhofften Maße durchsetzen lassen. Der Anfang der siebziger Jahre erfolgte Rückgang ist inzwischen durch beachtliche Zuwachsraten auf Umwegen – qua Aussetzungswiderruf und Vollstreckung von Ersatzfreiheitsstrafen – wieder wettgemacht worden«. Es könne »von einer fühlbaren Reduzierung der im internationalen Vergleich immer noch beachtlich hohen Haftquote nicht die Rede sein«.

Eine Frau, die *Stuttgarter Zeitung* berichtet im August 1990 darüber, wird wegen Schwarzfahrens zu einer Strafe von 975 Mark verurteilt, ersatzweise zu 94 Tagen Freiheitsstrafe. Sie zahlt in Raten. Sie lebt von Sozialhilfe. Sie zahlt unregelmäßig. Sie wird zur Strafverbüßung einbestellt, die in diesem Fall in letzter Minute abgewendet werden kann. Das ist nur ein Beispiel. Die Zahlung einer Geldstrafe kann neuerdings zur Bewährung ausgesetzt werden, aber auch dieser Versuch wird scheitern. Denn damit versucht man es ausgerechnet bei Delikten, bei denen es nur zu leicht, nur zu oft zum Verstoß gegen die Bewährung kommt. Und es bleibt ja hartnäckig bei dem Katalog der mit Strafe bedrohten Vergehen. Während die Straftatbestände sich üppig vermehren, beispielsweise um die Umweltkriminalität oder das organisierte Verbrechen — wird nicht versucht, den Katalog zu dezimieren, ihn von dem zu befreien, was zwar auch weiterhin störend ist, was jedoch im Gesamtbild der Kriminalität einen neuen, geringer bedrohten Platz auf der Stufenleiter der Strafen bekommen müßte (denn keine Gesellschaft kommt mit einem Katalog des Strafbaren zurecht, der wächst und wächst und wächst).

Des Schwarzfahrens könnte man sich mühelos, wenn gewiß auch zunächst nicht billig, entledigen, zumindest was S- und U-Bahnen angeht: Wenn der Bahnsteig nur mit einem Fahrschein, der den Zugang öffnet, betreten werden kann, ist es mit dem Schwarzfahren vorbei. Doch die Verteidigung der Rechtsordnung erschöpft sich in der Bewahrung von Straftatbeständen, buchstäblich: sie erschöpft sich, sie ruiniert sich.

Und vergleicht der Mensch im Vollzug, was er getan hat und was ihm dafür an Strafe zugemessen wurde, mit dem, was anderen widerfuhr, die sich wie er im Vollzug befinden (oder eben nicht), dann gerät er an das, was er als Unaufrichtigkeit, Widersprüchlichkeit und Heuchelei empfindet.

Fünf Jahre Freiheitsstrafe für die Hilfe beim Bau einer Giftgasfabrik, deren Produkt unzähligen Menschen den Tod bringen kann. Daß auch Steuerhinterziehung in Millionenhöhe im Strafmaß enthalten ist, was soll's. Zu Steuerhinterziehung ist gar nicht jeder fähig. Da muß der Minderbemittelte schon Verständnis dafür haben, daß diese Fähigkeit mit einem Minimum an Diskriminierung geahndet wird. »Hier ist eine außerordentliche Gewissenlosigkeit bestraft worden«, hieß es in einem Kommentar der *Frankfurter Allgemeinen* zum Gasfabrikurteil, »die sich nur schwer in adäquate juristische Kategorien fassen läßt.« Sollten nicht die juristischen Kategorien neu gefaßt werden, fragt sich der Vollzugsinsasse, der Strafzumessungsvergleich betreibt. Er hat sich Wertgegenstände wie Uhren und Radios erschwindelt, indem er so tat, als wolle er sie nach Prüfung daheim kaufen. Er hat diese Werte verkauft und sich von dem Erlös Heroin verschafft, das er als Abhängiger brauchte. Zweieinhalb Jahre Freiheitsstrafe wurden ihm zugemessen.

Taten wie die des Günther Adler, unstreitig abscheuliche, unerträgliche Taten, werden benutzt, um die Strafe als einzig mögliche Antwort hochzuhalten. Günther Adler darf nicht als Sühnender, Bereuender von der Bühne verschwinden. In seinem Referat, das er nicht halten konnte, das verlesen werden mußte, sagt er, da nach seiner Erfahrung Sühne »nur in freier Verantwortung«, letztlich »nur in Freiheit möglich« sei: »In diesem Sinne bin ich vor allen anderen Cornelia zutiefst verpflichtet, nach ihr aber auch allen, die Cornelia nahestehen und mit ihr und um sie schweres Leid getragen haben. Vor ihrem Urteil soll mein gegenwärtiges und künftiges Handeln letztlich Bestand haben. Und in dieser Verpflichtung sehe ich durchaus auch meine Kritik am Strafvollzug; sie ist stets verbunden mit dem Gedanken an Cornelia. Möge sie, diese Kritik, ein Versuch sein zu einer sinnvollen, positiven Leistung in meiner gegenwärtigen Lage, ein winziger Beitrag zur Sühne.« Und Günther Adler erwähnt auch seine Familie, alle, die einen Anspruch haben »zumindest auf ein redliches Bemühen, Schatten zu tilgen«.

Günther Adler sagt auch: »Evangelische Anstaltspfarrer stellten vor wenigen Jahren auf einer Konferenz fest, es sei ein Skandal, daß die Gesellschaft Sühne fordere, aber nicht bereit sei, diese anzunehmen.« Ein Skandal? Was alles nennt man heute einen Skandal. Man muß vorsichtig mit diesem Wort sein. Sprechen wir von einer Not der Gesellschaft – von ihrer Ratlosigkeit darüber, wie man zu einem Menschen stehen kann, der eine unsägliche Tat beging und der ihr nun auch noch antut, daß er bereut.

Man kann ihn in dem festhalten, was er getan hat. Unbarmherzig hat er getötet, ihm ist Barmherzigkeit zu verweigern, kann man sagen. Man kann behaupten, daß man ihn aus seiner Tat entließe, wenn man ihn hoffen läßt, eines Tages die Freiheit wiederzuerlangen. Er kämpft um das, was ihm, wie er es sieht, nach Gesetz und Rechtsprechung zu gewähren wäre. Dieses Aufbegehren läßt sich leicht als Beleg dafür abtun, daß er nicht wirklich bereut.

Daß von ihm noch Gefahr ausgeht, kann man nicht sagen. Er ist nun einmal wirklich einer, um dessen *Resozialisierung* es geht. Es geht um seine Rückkehr in das, was wir Ordnung nennen, in eine Welt, in der er einen Platz hatte – einen Platz, den er durch seine Tat sich und seiner Familie erhalten wollte.

Anläßlich Günther Adlers geht es darum, was Strafe soll, was Strafe kann, was Strafe sein darf. Das BVerfG hat sich in seiner Entscheidung zur lebenslangen Freiheitsstrafe zurückgehalten, was die Strafe angeht. Es hat an seine Rechtsprechung erinnert, die nicht nur den Schuldgrundsatz betone, sondern auch die anderen Strafzwecke anerkenne; die es als allgemeine Aufgabe des Strafrechts erkennt, »die elementaren Werte des Gemeinschaftslebens zu schützen«. Und es heißt in der Begründung auch: »Schuldausgleich, Prävention, Resozialisierung des Täters, Sühne und Vergeltung für begangenes Unrecht werden als Aspekte einer angemessenen Strafsanktion bezeichnet.«

In aller Welt ist die Rechtsprechung letzter Instanz dazu prädestiniert, den nationalen Sündenbock abzugeben. Der höchste Gerichtshof der Vereinigten Staaten ist ein »Gericht der höchsten Überraschungen« genannt worden. Selbst das Jüngste Gericht dürfte am Ende der Tage nur dadurch der Kritik entgehen, daß es nach ihm keine Rezensionsmöglichkeit gibt. Die Entscheidung des BVerfG zur lebenslangen Freiheitsstrafe ist bedenklich, was den Sinn, den Zweck der Strafe angeht. Sie bietet ein Bukett von Aspekten an, in dem nicht in Einklang zu bringen ist, was da von Resozialisierung bis Sühne und Vergeltung zusammengebunden wurde. Da findet jeder, was er finden will. Da wird nicht gesagt, was das BVerfG verlangt von denen, die zu befinden haben über Strafen.

Wenn das Hohe Gericht damit seine Ratlosigkeit, seine Ohnmacht gegenüber der Strafe, gegenüber den vielfältigen Erwartungen an sie, andeuten wollte, dann hat es damit immerhin die Bürger, in deren Namen es entscheidet, daran erinnert, daß es ihre Sache ist, sich zu entscheiden, was Strafe sein soll. Es mag an Entscheidungen ergehen, was will – doch alle Entscheidungen werden in dem Rahmen bleiben, den die Meinung der Mehrheit der Bevölkerung von der Strafe hat. Ihre Erwartungen wird keiner enttäuschen wollen, es wird aber auch keiner rechtsprechend wagen, ihr die Illusionen zu nehmen, an die sie sich klammert. Die Menschen, in deren Namen entschieden wird, müssen sich selbst damit auseinandersetzen, daß Sühne und Vergeltung derzeit Rache sind; daß sie selbst, und nicht irgendein Gericht, die Reue nicht wollen. Daß sie selbst die Kriminalität zu einer ewigen, endlosen Geschichte machen, indem sie nicht nur einem Günther Adler, sondern jedem, der sich nicht an die Verabredungen gehalten hat, die das Zusammenleben regeln sollen, den Eintritt in die Gesellschaft (denn die meisten, die man Straftäter nennt, sind nicht zu resozialisieren, sie bedürfen der Sozialisation, sie hatten noch nie einen Platz in der Gesellschaft), oder ihm die Rückkehr in sie nicht gestatten. Jeder Mensch ist zu allem fähig. Das müßte anerkannt werden, damit ein Gespräch über die Strafe möglich wird. Und keine Tat, sie mag noch so abscheulich sein, übertrifft, was an Abscheulichkeiten schon geschehen ist. Aufstände in Strafvollzugsanstalten häufen sich in der ganzen Welt, auch in der Bundesrepublik werden Innenhöfe und Dächer besetzt. »Sie hausten wie die Tiere«, lautet die Überschrift über einem Bericht über den Manchester-Aufstand 1990. Im Text wird der »Rädelsführer« zitiert: »Man hält uns wie Tiere.« Eingesperrte Menschen ertragen die Kluft zwischen der vorgeblichen und der tatsächlichen Haltung derer, die sie durch Entzug der Freiheit den Umgang mit der Freiheit lehren wollen, in aller Welt nicht mehr.

In Bayern besucht im August 1990 Ministerpräsident Max Streibl die Justizvollzugsschule des Landes. Er sieht im Strafvollzugsgesetz der »sozialistisch-kollektivistischen Regierung« in den 70er Jahren die Ursache der Unruhe in den Anstalten der Bundesrepublik. Daß er damit auch das Bundesverfassungsgericht schmäht, das ein solches Gesetz gefordert hat, und das sich immer wieder auf es bezieht in seinen Entscheidungen, ist ihm nicht bewußt.

Der Polizeibeamte, wegen dem ein Gericht in Verden in Karlsruhe angefragt hatte, ob die lebenslange Freiheitsstrafe mit dem Grundgesetz vereinbar sei, stand nach der Entscheidung, daß sie zulässig ist, erneut wegen Mordes in Verden vor Gericht. Er wurde freigesprochen. Wir haben schon einige Schwierigkeiten mit dem Strafen.

V
»Auch ich bin daran gebunden«

Ein Mensch tötet einen Menschen. Der Getötete hatte eine Familie, Verwandte und Freunde. Diese Menschen haben einen Menschen verloren. Auch ihnen ist etwas zugefügt worden. Sie leben weiter mit dem Verlust, den sie erlitten haben. Und sie haben weiterzuleben mit dem Menschen, der ihnen einen Menschen nahm. Sie müssen auch weiterleben mit dem Urteil, das von einem Strafgericht über den Täter verhängt wird.

»GRANDIOSE ÜBERHÖHUNGSTENDENZEN«: Eva und Karl-Hermann Schmidt, im Sommer 1989 sind sie 53 beziehungsweise 56 Jahre alt, haben Lebenslang. Ihnen ist ihr Sohn, der Medizinstudent Frank Schmidt, im Alter von 23 Jahren getötet worden. Bis zu ihrem Tod werden die Eltern im Schatten dieses Verlustes leben.

42 Jahre alt ist im Sommer 1989 der Mann, der ihren Sohn am 13. Dezember 1985 getötet hat. Der Mann, der zur Tatzeit gleichfalls Medizin studierte, ist am 10. September 1986 zu einer Gesamtfreiheitsstrafe von zehn Jahren verurteilt worden. Am 17. März 1987 wurde dieses Urteil durch Verwerfung der Revision des Angeklagten rechtskräftig.

Daß der Mann, der ihren Sohn getötet hat und der seine Strafe in Niedersachsen verbüßt, nicht wegen Mordes, sondern wegen Totschlags und gefährlicher Körperverletzung verurteilt, eines absehbaren Tages wieder in Freiheit kommen würde, war den Eltern Schmidt bewußt. Zu dieser Rückkehr in die Freiheit hieß es in den Strafzumessungsgründen des Urteils über den Mann, der ihren Sohn getötet hat:

»Weiterhin war zu bedenken, daß der Angeklagte durch die Taten seine Berufswünsche nicht mehr wird verwirklichen können. Es erscheint ausgeschlossen, daß er eine Approbation als Arzt erlangt. Darüber hinaus ist er derart verschuldet, daß er nach der Strafverbüßung kaum noch eine sozial gesicherte Existenz aufbauen kann.«

Doch im März 1989 sahen sich die Eltern Schmidt veranlaßt, an Ernst Albrecht, damals Ministerpräsident des Landes Niedersachsen, »Mit der Bitte um dringende persönliche Vorlage!« zu schreiben.

In ihrem Brief fragen die Eltern Schmidt den Ministerpräsidenten, ob er sich vorstellen kann, daß sein Sohn »als Medizinstudent von einem Kommilitonen erschossen wird«. Sie fragen, wie der Ministerpräsident reagieren würde, wenn er erfährt, daß der Täter bereits nach drei Jahren Haft im Freigang aus der Haft sein Medizinstudium fortsetzt. Und sie fragen, was der Ministerpräsident empfinden würde, wenn ihm und seiner Frau zu Ohren käme, daß der Mann, der ihren Sohn getötet hat, »auf Grund eines in der Haft erstrittenen Urteils die Möglichkeit bekommt, zu promovieren« (also den Titel eines Doktors der Medizin zu erwerben).

Für die Eltern Schmidt ist es »unfaßbar und unvorstellbar«, daß der Mann, der ihren Sohn getötet hat, »zu irgendeinem Zeitpunkt den Beruf ausüben kann, den er unserem Sohn durch sein Verbrechen verwehrt hat«. Der Brief der Eltern soll ihrer »Empörung Ausdruck verleihen«. Und die Eltern Schmidt bitten den Ministerpräsidenten darum, im Rahmen seiner Möglichkeiten einzuschreiten, damit »wir als Angehörige, Freunde und Kommilitonen von Frank und auch als Staatsbürger nicht den Glauben an unsere Justiz und unseren Staat verlieren«.

Würde dieser Mann Arzt, so würde das für die Eltern Schmidt bedeuten, daß das Leben über den gewaltsamen Tod ihres Sohnes hinweggeht, als wäre nichts geschehen. Daß ein Mensch, der einen Menschen getötet hat, seinen Weg einfach fortsetzen kann, und zwar den Weg, auf dem auch der Getötete war, geht für die Eltern Schmidt weit darüber hinaus, daß der Mann, der ihren Sohn getötet hat, weiterleben darf und daß er sogar die Freiheit wiedererlangen wird.

Die Bitte um Einschreiten und die Beschwörung des Verlusts des Glaubens an Justiz und Staat scheinen der Kern des Briefes zu sein. Doch dieser endet mit den Worten: »... und helfen Sie uns in unserer Verzweiflung.«

Eva und Karl-Hermann Schmidt sitzen nicht gelähmt vor dem

Unglück, das über sie gekommen ist, und starren es an. Karl-Hermann Schmidt ist Diplomkaufmann und in der Datenverarbeitung tätig. Eva Schmidt arbeitet als Sekretärin. Das Lebenslang, das den beiden mit dem Tod ihres Sohnes zugefügt wurde, hat ihre Bewegungsfreiheit, ihre Aktivität nicht eingeschränkt oder reduziert. Sie klammern sich nicht an ihr Unglück. Das Lebenslang, das durch einen tödlichen Schuß über sie verhängt wurde, beraubt sie auf andere Weise. Ihr Unglück begleitet, es verfolgt sie.

Kinder, so erfahren es doch die meisten, die einen mehr, die anderen weniger bewußt, bedeuten unendlich viel für die Entwicklung ihrer Eltern. Fast kann man sagen, daß man Kinder hat, um sich selbst zu begegnen, um sich selbst zu finden. Wer ein Kind verliert, wie die Eltern Schmidt ihren Sohn Frank, und dabei spielt keine Rolle, ob das Kind noch bei den Eltern lebt oder schon aus dem Haus ist, wird einer Erfahrung beraubt, für die es keinen Ersatz gibt. Er verliert einen Partner in einem wörtlichen oder wortlosen Dialog, der erst mit dem Tod enden sollte; in einem Dialog, der ihm Antworten für den Weg zu seinem eigenen Ich gab. Das Bemühen um die Verarbeitung des Verlustes, das man Trauerarbeit nennt, kann nur lindern, nicht heilen.

Für die Eltern Schmidt war und ist es auch schwer, ihren Verlust zu tragen, weil das Bild des Mannes, der ihren Sohn getötet hat, voller Widersprüche für sie ist. Die Vorgeschichte der Tat und die Situation, in der es zu dem tödlichen Schuß kam, hat ein rechtskräftiges Urteil festgestellt. Doch noch hat kein Urteil in einem derartigen Fall, das nicht auf die Höchststrafe, auf Lebenslang lautete, die Umstände der Tat für die Familie, die Angehörigen und die Freunde des Getöteten erschöpfend aufgeklärt. Die Höchststrafe, so empfinden sie es, ist verweigert worden. Und da die Gerichte durch die Jahrhunderte gelehrt haben, daß sich im Strafmaß auch das Maß der Mißbilligung (der Verachtung des Täters und seiner Tat) ausdrückt, müssen sie den Eindruck haben, die zeitlich beschränkte Freiheitsstrafe von zehn Jahren solle sie lehren, daß das, was ihnen widerfuhr, doch kein ganz so großes Übel ist.

Der Mann, der Frank Schmidt getötet hat, heißt hier Hans Feldmann, aus rechtlichen Gründen, aber auch weil dieser Mann, wie auch immer es mit ihm weitergeht, eine Überlebenschance haben muß. Für den Menschen, der einen Menschen getötet hat, geht es auch dann ums Überleben, wenn es die Todesstrafe nicht mehr gibt. Eine Tat mag Mord oder Totschlag genannt werden, es mag die lebenslange oder eine zeitlich begrenzte Freiheitsstrafe verhängt werden: Der Täter hat die einzige menschliche Solidarität, die gegenüber dem Tod, gebrochen. Er hat, wie auch immer über ihn und seine Tat von den Strafgerichten entschieden wird, sein Lebenslang. Gelingt es ihm nicht, aus und mit seiner Tat weiterzuleben, versteckt er sich vor ihr oder läuft er vor ihr davon, so ist er nur noch ein lebender Leichnam.

Hans Feldmann kommt mit seinen Eltern 1956 in die Bundesrepublik. Schon während seiner Schulzeit verdient er nebenher. Er schließt eine Lehre als Groß- und Einzelhandelskaufmann erfolgreich ab. Gleichzeitig bessert er seinen Realschulabschluß durch Besuch einer Abendschule mit dem Abitur auf. Und immer verdient er nebenher Geld, als Kellner, Barkeeper oder Garderobier. Nach elfeinhalb Monaten Dienst verweigert er bei der Bundeswehr, leistet den Ersatzdienst in einem Krankenhaus ab.

1969 beginnt er ein Wirtschaftsstudium, das er 1977 als Betriebswirt beendet. 1979 fängt er an, Medizin zu studieren. Schon 1974 hat er, neben seinem Studium her, begonnen, in größerem Rahmen als bisher zu verdienen. Er vermittelt Kredite, Finanzierungen und Versicherungen, er betreibt Immobilienberatung. Während er noch immer oder schon wieder studiert, hat er ein Jahreseinkommen zwischen 80 000 und 200 000 Mark.

Er ist seiner Zeit voraus. Junge Leute, die Ausbildung und Geldverdienen derart verbinden können, wurden erst Anfang der achtziger Jahre in den Vereinigten Staaten ein neuer Typ. Er kann alles, und er kann alles zugleich, er ist ein Macher. Er ist an die 1,90 groß und sieht gut aus. Wer ihn nicht mag, etwa wegen seiner Lebensvirtuosität, ist dennoch von seinem Erfolg beeindruckt. Er wohnt und macht Geschäfte in einer großen Stadt, und er studiert in einer anderen großen Stadt. Die Distanz zwischen den Städten überwindet er mit schnellen Autos.

Im Januar 1985 stirbt unerwartet ein Geschäftspartner, mit dem zusammen Hans Feldmann Bauherrenmodelle verkauft hat. Die Firma des Partners, an der er beteiligt ist, bricht zusammen. Hans Feldmann hat plötzlich über eine Million Mark Schulden. Zwar gelingt es ihm, bei den wichtigsten Gläubigern die Stundung der Rückzahlungen bis zum letzten Examen seines Medizinstudiums zu erreichen. Er rechnet damit, dieses Studium im Herbst 1985 abzuschließen und danach die Approbation, die Zulassung als Arzt zu erhalten und dann zu verdienen.

Doch am 27. November 1985 besteht Hans Feldmann seine letzte medizinische Prüfung nicht. Und in den folgenden Tagen widerfährt ihm eine finanzielle Niederlage nach der anderen. So scheitert ein lukrativer Versicherungsvertrag mit einem Freund, und als er diesem gegenüber von seiner katastrophalen geschäftlichen Situation spricht, sagt der, er solle aufhören zu jammern. Zwar gewinnt er einen Zivilprozeß, aus dem er 22 000 Mark erwartet hat, doch er bekommt nach Abzug der Kosten nur zwei- bis dreitausend Mark heraus. Auch eine andere Versicherung, die er abzuschließen hoffte, kommt nicht zustande. Und endlich versagt ihm eine Geschäftsfrau, mit der er seit Jahren bekannt ist, einen dringend benötigten Kredit von 20 000 Mark.

Der Macher Hans Feldmann ist als Geschäftsmann zumindest für den Augenblick am Ende, aber er ist auch als Mann in eine Krise geraten (oder schon längst in einer Krise, die sich nicht länger zurück- und verdrängen läßt). 1970 hat er sich mit einer jungen Frau verlobt. Die hat 1982 die Verlobung aufgelöst, sich von ihm getrennt. Man hatte sich wohl nur der Eltern der jungen Frau wegen verlobt, denn wer verlobt sich noch. Doch zwölf Jahre lang hat Hans Feldmann diese Beziehung zu selbstverständlich genommen. Daß er diese junge Frau verlor, ist eine erste, verheerende Niederlage für den vom Erfolg Verwöhnten gewesen. Eingestanden hat er sich diese Niederlage allerdings damals nicht. 1989 räumt er im Gespräch ein, daß dieser Verlust ein tiefer Einschnitt in seinem Leben war.

Im Herbst 1982 ist Hans Feldmann nach der Niederlage, die er sich nicht eingestand, in der Stadt, in der er studiert, eine neue Beziehung eingegangen. Seine Partnerin, sie heißt hier Monika, studiert wie er Medizin. Sie gilt als das schönste Mädchen ihres Semesters. Doch im März 1985 bricht die junge Frau mit ihm. Sie hat den Eindruck, daß Hans Feldmann inzwischen auch das Verhältnis mit ihr zu selbstverständlich nimmt, daß es unter anderem für ihn nicht nur sie gibt. Es beginnt ein Hin und Her, denn Hans Feldmann will den Bruch, wohl auch weil dieser nicht von ihm ausgeht, nicht hinnehmen. Doch im November 1985 beendet Monika die Beziehung mit ihm endgültig. Sie hat sich dem Studienkollegen Frank Schmidt zugewandt.

Im Zusammenbruch seines Selbstbilds, des Machers, des Erfolgreichen, den geschäftlich nichts aufhalten kann, ist es für Hans Feldmann unerträglich, auch als Mann der Verlierer zu sein. Er droht, er beschwört und er würgt Monika sogar, er wird tätlich, wie früher schon. Er versucht zu überreden, und als das mißlingt, will er es erzwingen. Er will nicht mit Monika eine weitere Niederlage erleiden, er kann nicht verlieren, für ihn ist es immer vorwärts gegangen, ohne daß ihm bewußt war, was dieser andauernde Vormarsch kostete.

Am Abend des 12. Dezember 1985 besucht Hans Feldmann ein Studentenfest, er trinkt. Er trifft Frank Schmidt und Monika. Er bedrängt die junge Frau erneut, doch kann er ihr, bis sie zusammen mit Frank Schmidt das Fest verläßt, eine Verabredung zum Essen am nächsten Tag nicht abringen, er hat schon wieder keinen Erfolg. Er trinkt weiter und fährt nach ein Uhr in der Nacht zu Monikas Wohnung. Sie ist nicht zu Hause.

Hans Feldmann beschließt, sich umzubringen. Er rast durch die Nacht in die Stadt, in der er wohnt und in der er so lange erfolgreich Geschäfte gemacht hat. Er holt seine Flinte und lädt beide Läufe. Danach fährt er in die Stadt zurück, in der er studiert. Er ist entschlossen, vor Monikas Augen Selbstmord zu begehen. Da er annimmt, daß Monika bei Frank Schmidt übernachtet, fährt er direkt zur Wohnung des Kommilitonen.

Durch die unverschlossene Tür kommt er in das Reihenhaus, es ist etwa 7.25 Uhr am Morgen des 13. Dezember 1985. Ein Freund Frank Schmidts, dem er begegnet, sagt ihm, daß Frank Schmidt in einem Zimmer des ausgebauten Dachgeschosses wohnt. Der Freund weiß, daß Frank Schmidt an diesem Morgen einige Bekannte erwartet. Er nimmt an, Hans Feldmann sei ein verfrühter Gast (und das wird auf ihm lasten nach der Tat und das erklärt, warum er mit anderen zusammen später gegen Hans Feldmann aktiv wird).

Hans Feldmann betritt das Zimmer, in dem Frank Schmidt und Monika schlafen. Als er die beiden liegen sieht, so heißt es im Urteil, wird ihm bewußt, daß er Monika »endgültig verloren« hat: »Seine darüber empfundene tiefe Enttäuschung schlug in ein Haßgefühl gegenüber Frank Schmidt um, den er als einen Auslöser seiner persönlichen Schwierigkeiten ansah. Seine vorher noch gegen sich selbst gerichtete Aggression kehrte sich nun gegen Frank Schmidt. Er zog die Bettdecke, mit der sich Frank Schmidt zugedeckt hatte, etwas zurück und beschloß, Schmidt auf der Stelle zu töten.«

Hans Feldmann erschießt Frank Schmidt. Er schlägt Monika, die sich auf ihn stürzt, schwer zusammen. Er verläßt das Haus, fährt in die Stadt zurück, in der er wohnt. Jetzt will er wieder sich selbst töten. Vorher besucht er noch die Eltern der jungen Frau, die bis 1982 mit ihm verlobt war. »Ich wollte noch einmal zu den liebsten Menschen kommen, die ich kenne«, sagt er zum Vater seiner ehemaligen Freundin. Als dieser das Zimmer verläßt, um sich rasch anzuziehen, geht Hans Feldmann aus dem Haus zu einem nahegelegenen Hochsitz. Auf dem schießt er auf sich, doch er verletzt sich nur, es war Schrot in dem Lauf, den er auslöst.

Hans Feldmann wird in seiner Hauptverhandlung im September 1986 von Rechtsanwalt Henning Plähn hervorragend verteidigt. Und in dem Psychiater Hans K. Rose hat er einen Sachverständigen, dessen »Zuverlässigkeit und Sorgfalt... dem Gericht aus anderen Verfahren bekannt« sind. Rose war auch Sachverständiger in dem Strafprozeß in Münster, in dem Plähn 1984 Friedrich K. verteidigte, der seine Frau und den Freund seiner Frau getötet hatte.

Von Rose wird eine tiefgreifende Bewußtseinsstörung, die zu einer erheblichen Verminderung der Steuerungsfähigkeit geführt haben kann, nicht ausgeschlossen. Von einem Selbstbild Hans Feldmanns mit »grandiosen Überhöhungstendenzen« ist die Rede. In völliger Verkennung der Realität habe der Angeklagte in einer Krisensituation, die sein Bild von sich selbst nachhaltig erschütterte, gemeint, Monika zurückgewinnen zu können. In seinem narzißtischen Charakter habe er der Beziehung zu Monika eine bis zu »kaum noch verstehbarer Selbsterniedrigung« gehende, geradezu überwältigende Bedeutung zugemessen, sagt der Sachverständige.

In einer »schweren narzißtischen Kränkung« könne Hans Feldmann durchaus beabsichtigt haben, sich selbst zu töten. Der Selbsthaß, die »autoaggressive Tendenz«, könne in Haß auf Frank Schmidt umgeschlagen sein. Die ursprüngliche Absicht, sich vor Monikas Augen zu töten, sei durchaus denkbar.

Für die Familie Frank Schmidts, für seine Verwandten und Freunde, ist das schwer nachzuvollziehen. Der Sachverständige bei der Erstattung seines Gutachtens, das Gericht bei der mündlichen und in der schriftlichen Begründung seines Urteils – niemand ist gehalten, der Familie eines Getöteten Erklärungen zu geben oder ihr Formulierungen zu ersparen, die für sie unannehmbar sein können, wenn nicht gar sein müssen. Die Familie, die Verwandten, die Freunde, sie alle werden mit ihren Zweifeln, mit ihrem Unverständnis allein gelassen.

Wie sollen alle, denen Frank Schmidt so viel gewesen ist, den jähen Umschlag von Selbsthaß in Haß auf einen anderen begreifen? Hat Hans Feldmann nicht genau gewußt, in welchem Lauf seiner Flinte (noch oder wieder) Schrot war, hat er wirklich versucht, sich zu töten? Hat er nicht die Wohnung Frank Schmidts vor der Tat ausgekundschaftet, das Haus, in dem ihm dann der Weg in das ausgebaute Dach gewiesen wurde? Hat er nicht von vornherein beabsichtigt, Frank Schmidt zu töten? Wie kann es ihn so jäh verwandelt haben, daß er Frank Schmidt und Monika beieinander im Bett fand? Er hatte doch angenommen, daß Monika bei Frank Schmidt übernachtete. Haben die ehemalige Verlobte und ihre Familie korrekt ausgesagt? Ist Hans Feldmann auch schon der Verlobten gegenüber gewalttätig geworden, ist er nach Auflösung der Verlobung mit dem Wagen zu ihr gerast und hat nur ein schwerer Unfall, den er auf dieser Fahrt hatte, verhindert, daß er schon damals eine schreckliche Tat beging?

Die Eltern Frank Schmidts sind als Nebenkläger in der Hauptverhandlung gegen Hans Feldmann vertreten gewesen. Sie sprechen mit Respekt von dem Verteidiger Hans Feldmanns. Der Rechtsanwalt, der eine Nebenklage vertritt, befindet sich in einer schwierigen Lage. Selbstverständlich gibt es auch Anwälte, die vom »Tier in Menschengestalt« sprechen, wenn sie die Nebenklage in einer Hauptverhandlung vertreten, in der Mord oder Totschlag angeklagt sind; Anwälte, die es nicht behindert, daß sie sonst als Strafverteidiger auftreten und darum bemüht sind, darzutun, daß der Angeklagte, ihr Mandant, kein Tier in Menschengestalt, sondern nur zu sehr ein Mensch ist. Ein angesehener Strafverteidiger hat einmal als Vertreter der Nebenklage die Kette, mit der das Opfer in einem Verließ gehalten worden und an der es elend verhungert war, aus den Asservaten gezerrt und mit ihrem Rasseln sein Plädoyer akustisch und optisch untermalt. Er tat es um seiner Mandanten, der verzweifelten Eltern willen, doch half er ihnen damit wirklich, mit der Tat, die ihnen widerfahren war, weiterzuleben? Andererseits hinterläßt die Nebenklage, die nicht so drastisch vertreten wird, bei denen, die sie erhoben haben, oft das Gefühl, nicht hinreichend vertreten worden zu sein.

Im Gespräch mit Freunden Frank Schmidts, die in der Hauptverhandlung gegen Hans Feldmann als Zeugen gehört wurden und die nach ihrer Aussage die Hauptverhandlung beobachtet haben, wird eine weitere Ursache für die Beunruhigung, für die Bitterkeit der von der Tat Betroffenen sichtbar: Sie beanstanden, es sei sozusagen einverständlich, »unter Eingeweihten«, verhandelt worden. Die Berufsrichter, der Anklagevertreter, der Verteidiger, die Sachverständigen, der Nebenklägervertreter – Akademiker, wie auch der Angeklagte. Man habe eine Ebene des Fühlens, Denkens und Sprechens, einen Ton und einen Stil miteinander gehabt. Es sei nicht gegen, über ihn, sondern mit dem Angeklagten verhandelt worden, eben unter Akademikern, sozusagen einverständlich. Wer dafür eintritt, daß so verhandelt werden sollte (nicht gegen, nicht über, sondern mit dem Angeklagten), hat sich um einen Weg zu bemühen, der von der Familie des Opfers, seinen Verwandten und seinen Freunden, nicht als Mißachtung ihres Schmerzes empfunden wird.

Der Rechtsanwalt Plähn, der Hans Feldmann verteidigt hat, ist auch ein hervorragender Mann in der Verteidigung des Mandanten in der Strafvollstreckung. Nachdem Hans Feldmann auf dem Rechtsweg erreicht hat, daß er die letzte Prüfung seines Medizinstudiums wiederholen darf (weil ihm gegenüber, als er diese Prüfung nicht bestand, das Fairneßgebot verletzt wurde), setzt Rechtsanwalt Plähn auf dem Rechtsweg durch, daß sein Mandant weiterstudieren darf. Die Eltern Frank Schmidts, die davon durch Freunde ihres Sohnes erfahren, trifft das, als würde ihr Sohn ein zweites Mal getötet.

Sie greifen, so sehen sie das, nicht an, sie wehren sich. Strafmildernd war im Urteil unter anderem auch berücksichtigt worden, daß der »Angeklagte durch die Taten seine Berufswünsche nicht mehr wird verwirklichen können«. Es erschien dem Gericht »ausgeschlossen, daß er eine Approbation als Arzt erlangt«. Es ist das nur ein Detail, aber in einem der Briefe, die nun von den Eltern Schmidt an den Ministerpräsidenten und Minister des Landes Niedersachsen, an die Ärztekammer, den Dekan der Medizinischen Hochschule und an Gerichte geschrieben werden, heißt es dazu, daß Hans Feldmann erlaubt worden ist, sein Medizinstudium zu beenden: »Diese Tatsache empört uns alle zutiefst, zumal Feldmann als abgeschlossener Betriebswirt eine andere Möglichkeit hätte, sich zu resozialisieren.«

Doch das ist nur ein Detail, in dem die Eltern ihre Verzweiflung darüber, daß Hans Feldmann auf dem Weg weitergeht, den ihr Sohn nicht fortsetzen konnte, in einem direkten Einwand artikulieren können. »Es geht uns nicht um Haß oder Rache«, schreiben sie. Und sie versuchen, auszudrücken, worum es ihnen geht, aber da haben sie nur Worte, die blaß bleiben, weil sie Begriffe sind, die keinen unmittelbaren Zugang zu ihrem Schmerz geben: »Es geht uns um Würde und Gerechtigkeit.« Doch dann heißt es, und das ist ratloser Schmerz: »... denn auch wir müssen weiterleben.« Ihnen wird geantwortet. Es wird »um Verständnis für die Situation des niedersächsischen Justizvollzugs gebeten«. Da wünscht man ihnen, »daß Sie auch angesichts der gemachten Erfahrungen Ihr Vertrauen in die Gerechtigkeit nicht verlieren und Ihr schweres Schicksal mit Mut und Zuversicht meistern«. Es wird auch »herzlich um Verständnis« gebeten einmal. Ein andermal: »Ich habe Verständnis für Ihre Verzweiflung und respektiere Ihren Unmut.«

Betroffen sind alle, die angeschrieben werden und antworten. Unbehagen und mehr haben die Briefe der Eltern Schmidt über sie gebracht. In den Antworten versucht mancher ein kraftvolles Wort: »Nach unserer Einschätzung hat sich Herr Feldmann mit dem von ihm begangenen Verbrechen eines Verhaltens schuldig gemacht, aus dem sich seine Unwürdigkeit oder Unzuverlässigkeit zur Ausübung des ärztlichen Berufs mit der Folge ergibt, daß ihm die Approbation als Arzt nicht erteilt werden kann.« Und: »Wir sind jedoch sicher, daß die zuständige Landesbehörde im Falle einer Antragstellung auf Erteilung einer Approbation als Arzt gewissenhaft prüfen wird, ob die Eignung und Würdigkeit zur Ausübung des ärztlichen Berufs gegeben sind.«

Es wird auch um Verständnis dafür gebeten, daß das Justizvollzugsamt an die Gerichtsentscheidung gebunden ist: »Es macht ganz wesentlich den Rechtsstaat aus, daß unabhängige Gerichte Verwaltungsentscheidungen überprüfen und ggf. aufheben können. Das ist hier geschehen. Meine nachgeordneten Behörden und ich selber haben diese Entscheidungen hinzunehmen, auch wenn wir sie für falsch halten. Das verlangt der Respekt vor der dritten Gewalt.« Und einmal heißt es: »Nach dem Grundsatz der Gewaltenteilung muß die Justizvollzugsanstalt diese gerichtliche Entscheidung respektieren, auch wenn sie völlig anderer Meinung ist. Auch ich bin daran gebunden.«

Daran gebunden ist der Ministerpräsident des Landes Niedersachsen, Ernst Albrecht, der auch schreibt: »Nach der Grundentscheidung des Strafvollzugsgesetzes hat der Strafvollzug die Aufgabe, den Gefangenen durch den Vollzug der Strafe zu befähigen, künftig ein Leben ohne Straftaten zu führen. Das ist ein hohes Ziel.« Ein zu hohes Ziel? Niemand soll sicher sein, er würde, eine politische Verantwortung tragend, eine andere Antwort gegeben haben, eine Antwort beispielsweise, die sich zum Strafvollzugsgesetz und dem bekennt, was es vom Strafvollzug verlangt. Es hat wohl jeder, der den Eltern Schmidt antwortete, sich gefragt, wie er selbst reagieren würde, befände er sich in der Situation dieser Eltern. »Was würden Sie empfinden, wenn Ihrer Frau und Ihnen zu Ohren käme...«, hieß es im Brief an den Ministerpräsidenten, der mit den Worten endet: »...und helfen Sie uns in unserer Verzweiflung.«

Die Verzweiflung, diese äußerste Ratlosigkeit, bringt noch mehr hervor als die Briefe der Eltern Schmidt. Die Urheber sind uns nicht bekannt, die Eltern Schmidt haben nichts damit zu tun: In Kliniken, in denen Hans Feldmann seine Ausbildung fortsetzt, werden die Kopien von Zeitungsausschnitten ausgestreut. »Eifersucht: Reicher Student (38) erschoß seinen Nebenbuhler«, heißt die Überschrift über einem Zeitungsbericht, der im Dezember 1985 nach der Tat erschien. Reich ist Hans Feldmann nicht gewesen, im Gegenteil, und der Bericht enthält ein Foto von Hans Feldmann, doch die Kopie des Ausschnittes ist auch noch mit handschriftlichen Anmerkungen versehen. »Er untersucht und betreut Sie hier!« Es folgt der wahre Name von Hans Feldmann, und danach heißt es: »– ein für seine Brutalität bekannter psychiatrisch kranker ›Student im praktischen Jahr‹.« Zusätzlich erscheint in der örtlichen Ausgabe der Zeitung der Bundesrepublik mit der größten Auflage ein Bericht unter der Überschrift: »Todesschütze arbeitet im Krankenhaus – ist das richtig?« Der Name von Hans Feldmann wird mit dem richtigen Vornamen und dem Anfangsbuchstaben seines wahren Namens genannt, er ist also identifizierbar vor Ort. Ein »Kommilitone des erschossenen Frank S.« wird zitiert: »Erst vor drei Jahren wurde der Mann verurteilt, jetzt sitzt er mit uns im Besprechungsraum. Wir sind fassungslos, entsetzt, betäubt, besorgt.« Das Krankenhaus: »Die Entscheidung ist von der Justiz sorgfältig geprüft und damit verbindlich.« Der Sprecher des Justizministeriums: »Bei allem Verständnis für Angehörige und Freunde des Getöteten: Resozialisierung ist stets ein Abwägungsproblem. Hier haben sich die zuständigen Experten für eine Lockerung des Vollzugs entschieden.«

Die Widerstände, die sich Hans Feldmann entgegenstellen auf dem Weg zu seinem Ziel, Arzt zu werden, sind fast übermächtig. Warum besteht er darauf, Arzt zu werden? Um so viel zu verdienen, daß er seine finanziellen Verpflichtungen abtragen kann? Wohl kaum, er ist inzwischen über 40 Jahre alt, die Wahrscheinlichkeit, daß er als Arzt noch ein Großverdiener werden kann, ist gering.

Eher mag der Behauptungs-, der Lebenswille ihn motivieren. Wer wie er in den Strafvollzug gerät, wer wie er zu begreifen beginnt, was er getan hat, steht vor dem Zusammenbruch, vor dem Ertrinken. Nichts fängt ihn auf im Strafvollzug, nichts hilft ihm, ihm droht der Untergang. Es ist paradox, aber eine Chance zum Überleben, dazu, seine Tat als seine Tat anzuerkennen, nicht vor ihr zu fliehen, sondern sich ihr zu stellen, hat er nur, wenn er sich gegen die Umstände, in denen er vegetiert, zur Wehr setzt. Für Hans Feldmann ist der Kampf um die Fortsetzung und den Abschluß seines Medizinstudiums die Front, an der er versucht, weiterzuleben und zu überleben. Eine zeitlich begrenzte Freiheitsstrafe hat er erhalten, aber sein Leben lang wird er ein Mensch sein, der einen Menschen getötet hat. Mit jedem Tag, den er durchhält, tritt er tiefer in seine Schuld, in *sein* Lebenslang ein. Kämpft er nur darum, diesen Berufsabschluß der Welt abzutrotzen, so wird er scheitern. Da sind nicht nur die Eltern Schmidt, die Verwandten und Freunde des von ihm Getöteten. Da ist seine eigene Familie, auch über die ist seine Tat gekommen...

Hans Feldmann besteht seine letzte ärztliche Prüfung in einer bedrängten Situation, die verständlich gemacht hätte, daß er sie nicht besteht. Er versucht als Arzt zugelassen zu werden, und es könnte die Hartnäckigkeit erklären, mit der er diesen Beruf auszuüben trachtet, daß er Menschen helfen möchte, weil ihm nur geholfen werden wird, wenn er anderen helfen darf. Patienten, denen er während seines praktischen Jahrs aus dem Strafvollzug heraus begegnete, sprechen mit Hochachtung von ihm, von der Intensität seiner Zuwendung zu ihnen. Vielleicht kann die Familie Schmidt eines Tages seine Bitte um Vergebung ertragen. Vielleicht. □

In der Geschichte der Familie Schmidt erkennen viele ihr eigenes Schicksal wieder. 21 Jahre alt ist die Tochter, als sie 1983 von einem jungen Mann aus ihrem Freundeskreis getötet wird. Sie wird erwürgt, erstochen und zu Tode getreten. Der seelisch gestörte Täter, der schon zweimal versucht hatte, sich selbst zu töten, wird wegen Totschlags zu zwölf Jahren Freiheitsstrafe verurteilt. Er hat auch nach der Tat versucht, sich zu töten, doch wie der Sachverständige meint, nur an seinen Pulsadern »geschnipfelt«. Zunächst geht der Täter im Vollzug nicht auf die Behandlung ein, die ihm angeboten wird, schließlich nimmt er sie an. Er holt sogar sein Abitur nach. Mit seinem Opfer ist er nur locker befreundet gewesen. Der Sachverständige hat gemeint, der Täter habe gehofft, wenn er das Mädchen für sich gewinne, so würde alles, was sie hatte (und was ihm fehlte), auf ihn abfallen, abstrahlen. Als er erkannte, daß das Mädchen nur an einer unverbindlichen Freundschaft innerhalb der Gruppe von jungen Leuten interessiert war, tötete er es.

Nach sechs Jahren wird dem Täter die Reststrafe zur Bewährung ausgesetzt. Am Todestag seines Opfers kehrt er in die Freiheit zurück. Die Mutter der Getöteten hat das Gefühl, daß das Leben ihrer Tochter, ihre Hoffnungen und ihre Freude gar nichts waren. Wenn sie sich der schönen Jahre mit ihrem Kind erinnert, mündet die Erinnerung immer in die Frage: »Na und, was war es denn?« Sie schreibt: »Der junge Mann hätte nie sein Abitur gemacht, wenn er nicht gemordet hätte, man stelle sich das vor, irgendwie war die Tat letzten Endes doch ein Glücksfall für ihn, jetzt studiert er und bringt alles fertig, was er unserer Tochter verwehrt hat, als ob es sie nie gegeben hätte.«

Herbert Koch spricht in »Jenseits der Strafe« direkt an, was in der Flut der erlesenen juristischen Fachliteratur über Schuld, Strafe, Tötungsdelikte und das Verbrechensopfer nicht mehr auszumachen ist: »Das opferfeindliche Strafrecht.« Es geht nicht um das Opfer im Strafprozeß, um seine Familie, seine Verwandten und seine Freunde. Es geht »um eine Selbstinszenierung des Staates, für die das Tatgeschehen lediglich das Spielmaterial abgibt. Der Staat setzt sich selbst an die Stelle des Opfers und damit in den Mittelpunkt des Geschehens, mehr noch: er versteht sich auch selbst als das eigentliche Tatopfer. Die reale Betroffenheit des tatsächlichen Tatopfers und seine daraus erwachsenden Interessen bleiben außerhalb der Verhandlung«. Und Koch zitiert den Hamburger Kriminologen Klaus Sessar: »Es sieht so aus, als hätten wir eine Ebene der Problembewältigung geschaffen, die so abstrakt ist, daß sie die Betroffenen, Täter wie Opfer, nicht mehr erreicht. Denn die Ebene, auf der das Problem gesehen wird und gelöst werden soll, ist die zwischen dem Rechtsbrecher und der Rechtsordnung unter weitergehender Ausblendung des sozialen Konfliktcharakters der Tat.«

Die Familie eines Getöteten, seine Verwandten und Freunde, gefährden für die meisten Gerichte den Strafprozeß. Leidenschaftslos, objektiv soll verhandelt werden. Menschen aus dem

Kreis der unmittelbar und mittelbar Betroffenen können von ihren Gefühlen überwältigt werden. Haß auf den Angeklagten kann sie zu Äußerungen hinreißen, die nicht geduldet werden dürfen. Sie sind, ob man sie als Zeugen zu hören oder als Nebenkläger während der ganzen Hauptverhandlung (mit erheblichen Rechten) hinnehmen muß, eine Last. Mitunter sind sogar Drohungen bekannt, die dem Angeklagten den Tod ankündigen, und es ist schließlich schon einmal ein Angeklagter von der Mutter des von ihm getöteten Kindes im Gerichtssaal erschossen worden.

Daß sich der Staat an die Stelle des Opfers setzt, daß er sich (in seiner Rechtsordnung angegriffen und getroffen) als das eigentliche Tatopfer versteht, ist indessen nicht nur auf den Machtanspruch des Staates zurückzuführen. Wer dem Strafrecht Opferfeindlichkeit vorwirft, muß sich der Tatsache stellen, daß es ein einfühlbares Bedürfnis nach »Versachlichung« gibt, das über die Rücksicht auf die Rechte des Angeklagten hinausgeht.

Wie soll sich ein Gericht gegenüber den Menschen verhalten, denen ein Mensch getötet worden ist? Es ist etwas geschehen, was durch nichts zu heilen ist. Man versucht Anteilnahme und Verständnis mitzuteilen und jedes Wort, das man zu sagen wagt, ist nur ein Wort. Und man ist um so betroffener, als man in dieser Ohnmacht gegenüber dem Tod die Ohnmacht spürt, in der man einmal den eigenen Tod erfahren wird.

Da sitzt der Vorsitzende Richter, der »Herr der Hauptverhandlung« und fühlt sich wie der ärmste Knecht, denn für ihn geht es nicht nur darum, wie er sich verhalten soll, sondern auch darum, wie er sich verhalten *darf*. Der Angeklagte hat Rechte, aus guten Gründen hat er die, nicht der Schmerz und schon gar nicht der Haß dürfen in den Versuch eindringen, herauszufinden, ob, warum und wie er das getan hat, was ihm die Anklage vorwirft. Und neben dem Vorsitzenden Richter sitzen seine Mitrichter, und er, der das Wort zu führen hat in der Sitzung, muß sich so verhalten, daß er sie zu der Objektivität ermutigt und in der Unabhängigkeit bestärkt, die vom Gericht erwartet werden und die so leicht zu fordern und so schwer zu leisten sind.

Die Auseinandersetzung mit dem Menschen, der einen Menschen getötet hat, ist auch opferfeindlich geworden (sie war es nicht immer), weil es in dem Konflikt zwischen der Familie, den Verwandten und den Freunden des Opfers und dem Täter in Wahrheit keine Lösung gibt. Da ist nichts, was sich ausgleichen, wiedergutmachen ließe, da ist schon gar nicht, mitunter begegnet einem die Formel heute noch in mündlichen Urteilsbegründungen, »die Gerechtigkeit wiederherzustellen«. Die Strafgerichte, auf die man diese heillose Hilflosigkeit abgewälzt hat – für sie ist die »Ebene der Problembewältigung ... die so abstrakt ist, daß sie die Betroffenen, Täter wie Opfer, nicht mehr erreicht«, eine Zuflucht.

Wie sehr die Strafgerichte dieser Zuflucht bedürfen (und in welcher Not sie sich auch noch in dieser Zuflucht befinden), wird spürbar, wenn das Opfer, für sein Leben körperlich gezeichnet und seelisch versehrt überlebt hat und vom Gericht, das über den Täter urteilen soll, als Zeugin oder Zeuge gehört werden muß.

Die Schüsse haben den Zeugen, der überlebt hat, in den Unterleib getroffen. Sein Leben lang werden ihn Nervenschmerzen quälen, wird er an Schlaflosigkeit leiden, seiner Frau, die sehr viel jünger ist als er, kann nur noch sein Gefühl ein Partner sein. Er kann sich auch nur noch mühsam bewegen, wird immer eine Schiene an einem Bein tragen müssen. Als er auf dem Stuhl für den Zeugen Platz genommen hat, sagt der Vorsitzende Richter zu ihm, daß er ja schon wieder recht ordentlich gehen könne.

Unerhört, herzlos, wie leicht läßt sich dieser Satz brandmarken. Doch er entspringt nicht der Gedankenlosigkeit, sondern der Fülle der Gefühle und Gedanken, die den Richter überkommen, der in einer derartigen Hauptverhandlung den Vorsitz hat. Der Täter, der in dieser Strafsache (man spricht auch von Straf-*Sachen*, um Zuflucht zu finden) angeklagte Mann, hat in einer Verwirrung des Gefühls geschossen, er hatte sich in eine unerwiderte Leidenschaft verrannt – für Jahre wird das Gericht ihm die Freiheit nehmen, ihn dem Opfer seiner Tat zum Opfer bringen müssen. Was bringt es diesem Opfer, daß man ihm dieses Opfer bringt? Man darf über das, was auf die Menschen einstürmt, bewußt oder unbewußt, auf die es abgewälzt wird, richten zu müssen, nicht schweigen. Daß man den Staat und seine Rechtsordnung zum eigentlichen Tatopfer macht, hilft den Strafgerichten nicht.

Jahrelang ist die Stieftochter mißbraucht worden. 18 Jahre ist sie inzwischen alt. Fünf Jahre für den Angeklagten wegen sexuellem Mißbrauch einer Schutzbefohlenen, wegen sexueller Nötigung und Vergewaltigung. Edgar Neumann hat in der *Stuttgarter Zeitung* im August 1990 über diese Hauptverhandlung eindringlich berichtet:

»Weshalb blieb das Gericht mit dem verhängten Strafmaß weit unter den von der Staatsanwaltschaft geforderten zwölf Jahren Freiheitsstrafe? Als einen von mehreren Gründen geben die Richter zu bedenken, daß der Angeklagte in besonders hohem Maße strafempfindlich ist. Will heißen, daß er als ›Kinderschänder‹ auch innerhalb der Vollzugsanstalt auf der untersten Stufe der sozialen Leiter stehen und von seinen Mitgefangenen am meisten geächtet werden wird.« Für das Opfer, für die junge Frau, hat der Richter »einen nur wenig wegweisenden Rat zur Hand: Er wünscht ihr, daß sie das Geschehen sobald wie möglich vergessen kann«. Unerhört, herzlos? Nur hilflos, nur ratlos.

Ein Ehepaar, dessen Tochter getötet worden ist, spricht mit dem Psychologen einer Strafvollzugsanstalt: »Es war für sie das erste Mal, daß sie mit jemandem intensiv über ihre Schwierigkeiten, Ängste und Probleme sprechen konnten. Auch ihre Bekannten und Verwandten würden mit ihnen nicht über dieses Ereignis sprechen. Manchmal haben sie das Gefühl, daß man den Kontakt mit ihnen meidet, weil es den anderen unangenehm ist, auch nur entfernt mit der Tragödie in Berührung zu kommen.« Nicht nur die Richter sind hilf- und ratlos.

Der Psychologe berichtet unter dem – mit Rücksicht auf die Betroffenen abgeänderten – Namen Volker Ernst über dieses Ehepaar in einer Fachzeitschrift, über Herrn und Frau X, und er findet im Gespräch mit ihnen bestätigt, daß es für die Angehörigen der Opfer zwar »durch gesetzliche Regelungen inzwischen Möglichkeiten einer materiellen Hilfestellung« gibt, »eine Hilfe zur Verarbeitung der psychischen Probleme« aber nicht. Vor einigen Jahren ist der Sohn des Ehepaars bei einem Verkehrsunfall ums Leben gekommen. Dann wurde das andere Kind getötet. »Die Tochter hatte gerade ihr Studium als Ärztin beendet. Sie hatte den Traum ihres Vaters von einer akademischen Laufbahn erfüllt. Durch den Tod der Tochter sei ihre ganze Familie praktisch ausgelöscht, sagt der Vater. Er hat das Gefühl, daß damit sein ganzes Leben sinnlos geworden ist bzw. der einzige Sinn seines Lebens darin liegen kann, daß er den Mörder seiner Tochter tötet.«

Das Ehepaar X ist unangemeldet in der Strafvollzugsanstalt erschienen, in der der junge Mann, der ihre Tochter getötet hat, seine zeitlich begrenzte Freiheitsstrafe absitzt. Vater X will von dem Psychologen wissen, ob der Täter »normal oder verrückt« sei. Wenn er krank sei, werde er sich nicht an ihm vergreifen, aber wenn er »gesund ist, dann werde ich ihn umbringen«. Frau X, die Mutter der vor zwei Jahren getöteten jungen Frau, »wirkt sehr vergrämt. Sie hat tiefe Falten um den Mund. Ihre Kleidung betont eher noch ihr Alter. Die Gesprächsführung überläßt sie weitgehend ihrem Mann. Sie ist zurückhaltend, scheint aber zu spüren, wie wichtig Aktivitäten für ihren Mann sind. Seit dem Tod ihrer Tochter ist sie in Behandlung bei einem Nervenarzt. Sie hat Angst, deswegen von den Nachbarn schief angesehen zu werden, weil ein ›normaler‹ Mensch doch nicht zu einem Nervenarzt geht«. Der Arzt gibt Tabletten, die auch helfen, doch Frau X hat Angst, tablettenabhängig zu werden, sie möchte sie möglichst bald wieder absetzen. »Der Arzt hat den Eheleuten gesagt, sie würden drei bis fünf Jahre benötigen, um mit den Ereignissen fertig zu werden« – auch so ein Satz der Hilf- und Ratlosigkeit. Der Psychologe spricht lange mit dem Ehepaar X, das ihm unerwartet in den Tagesablauf gekommen ist. Er wehrt Störungen des Gesprächs ab, und das überrascht die Eheleute X, denn das ist ihnen noch nie geschehen, daß sich jemand so auf sie einstellte, sich ihnen wirklich stellte. Der Psychologe berichtet:

»Besonders betroffen und verärgert ist Herr X darüber, wie die Behörden mit ihnen umgegangen seien. Von der Gerichtsverhandlung hätte sie niemand benachrichtigt. Nur durch Zufall hätten sie davon erfahren. Überhaupt hätten sie den Eindruck gehabt, daß sich niemand für sie interessiere. Auch von der ermittelnden Polizei seien ihre Hinweise zunächst überhaupt nicht ernstgenommen worden. Sie seien dann als Zuhörer in der Verhandlung gewesen. Gehört worden seien sie nicht. Die Tat ist nicht weit weg von der Wohnung der Familie X geschehen. Von den Nachbarn hatte Herr X viele Informationen bekommen, die zum Teil der Polizei nicht bekannt waren bzw. keinen Eingang in die Gerichtsverhandlung gefunden haben. Das wiederum verstärkt sein Gefühl, das Gerichtsverfahren sei nur oberflächlich gewesen. Einzig der Staatsanwalt, der wegen einiger extremer Äußerungen über den Angeklagten während des Verfahrens in der Presse attackiert worden ist, hätte ihre Gefühle verstanden.«

Der letzte Satz, der Eindruck der Eltern X, allein von der Anklage hätten sie sich verstanden gefühlt, bündelt alles, was über die Opferfeindlichkeit des Strafrechts zu sagen ist. Was ist das für ein Verständnis, das den Zorn und die Wut ermutigt: Da wird nicht einmal eine Zuflucht gesucht, da wird eine Ausflucht gebraucht. Da wird, was auf die Strafjustiz abgewälzt wurde, auf die Familie des Opfers abgeladen. Denn da wird so getan, als gebe es einen

Ausgleich im Strafmaß, der den Schmerz lindern kann; eine Strafe, deren unüberbietbare Höhe die Mißbilligung, die Verachtung für den Täter so ausdrückt, daß sie das Opfer fast wieder lebendig macht. Doch was die Familie des Opfers in ihrem Zorn und ihrer Wut bestärkt, und sie sogar zum Haß ermutigt – macht nur das Lebenslang endgültig, das ihr Verlust über sie gebracht hat.

»ICH STAND NUR WIE ANGEWURZELT DA«: Im Jahr 1982 ereigneten sich bei der Bundeswehr »vier Unfälle mit Todesfolge« im Wachdienst. Vier tödliche Unfälle im Wachdienst galten 1982 als der jährliche Durchschnitt. Der junge Mann, von dessen Tod hier berichtet wird, fiel einem der vier tödlichen Unfälle im Wachdienst der Bundeswehr während des Jahres 1982 zum Opfer.

In der Nacht zum 28. November 1982 trafen ihn drei Schüsse aus der Maschinenpistole eines Kameraden und verwundeten ihn schwer. Unter anderem mußten die Milz und die linke Niere des jungen Mannes entfernt werden. Künstliche Beatmung war erforderlich. Nach einer Magenblutung fand eine weitere Bauchoperation statt. Erst am 6. Februar 1983 konnte die Luftröhrenkanüle entfernt werden. Da es darauf erneut zu Atemnot kam, wurde die künstliche Beatmung wieder aufgenommen. Am 13. Februar 1983 starb der junge Mann. Sein Tod war die Folge der erlittenen Schußverletzungen.

Der junge Mann, der einen schweren Tod starb, hieß Frank P. Er ist 22 Jahre alt geworden. Die Verhandlung über den Tod Franks fand an einem Montag im August 1983 in Tostedt in Niedersachsen statt, einem Ort südlich der Autobahn zwischen Hamburg und Bremen. Es verhandelte ein Schöffengericht des Amtsgerichts Tostedt. Dem Gericht gehörten ein 34 Jahre alter Richter und eine Schöffin und ein Schöffe an. Die Sitzung, die um neun Uhr begann, sie wurde von einer Pause und der Urteilsberatung des Gerichts unterbrochen, endete gegen 11.30 Uhr mit dem Urteil.

Es wird über den Tod eines Menschen verhandelt, doch dieser Mensch ist der Fahrlässigkeit zum Opfer gefallen. Die Fahrlässigkeit ist Sache der Amtsgerichte. Die Amtsgerichte sind die vorderste Linie der Justiz, der Wellenbrecher, überlastet von der Zahl der anhängigen Verfahren und auch von der Vielfalt des Anhängigen.

Das in diesem Fall zuständige Amtsgericht Tostedt gleicht einem zweckentfremdeten Wohnhaus. Und der Saal, in dem verhandelt wird, muß vielen Zwecken dienen. Hier drinnen könnte man, mit ein paar Lampions und mit Girlanden unter der Decke, auch ein Klassenfest veranstalten.

Der Vater des getöteten Frank P. hat Nebenklage erhoben. Er hat das nicht getan, weil er Rache will und allzu große Nachsicht mit dem Angeklagten fürchtet. Sein Sohn ist der Fahrlässigkeit zum Opfer gefallen; nur der Fahrlässigkeit, wie man zu sagen pflegt.

Fahrlässigkeit – das Wort enthält schon 1983 nicht mehr viel Vorwurf in den Köpfen derer, die es als Juristen gebrauchen. Der Straßenverkehr hat das Wort ausgezehrt. Das »Risikoverhalten« im Straßenverkehr gilt schon damals als soziale Fehlleistung, als Fahrlässigkeit. Die Fahrlässigkeit bedeutet auch für die, in deren Namen die Urteile ergehen, nicht mehr viel. Zu viele von ihnen sind als Verkehrsteilnehmer Nutznießer des Verblassens der Fahrlässigkeit. Das Volk, in dessen Namen geurteilt wird, zieht es vor, auf den Vorsatz, auf den Mord zu starren und die Zahl der von der Fahrlässigkeit verschuldeten Toten zu ignorieren.

Wer einen Menschen durch Fahrlässigkeit verliert – nun, es gibt, auch was die Fahrlässigkeit angeht, Menschen, die allein in Zorn und Wut oder gar im Haß, in der Rache einen Trost finden können. Doch die meisten haben nur den Wunsch, dem von der Fahrlässigkeit verursachten Tod ihres Angehörigen einen Sinn zu geben. Über den fahrlässigen Tod soll so verhandelt werden von der Strafjustiz, daß die Fahrlässigen aufschrecken.

Der Vater des durch Fahrlässigkeit zu Tode gekommenen Frank P. hofft, daß der Verlust, den er erlitten hat, ein Zeichen setzt; daß er zu größerer Aufmerksamkeit und Rücksicht beiträgt, daß er mahnt. Doch der Rechtsanwalt, mit dem er gesprochen und dem er sich anvertraut hat und der ihn als Nebenkläger in der Verhandlung vertreten soll, ist nicht erschienen, er ist noch nicht von einer Auslandsreise zurück, und an seiner Stelle kommt ein Vertreter.

Mit dem hat der Vater nur eben auf der Fahrt nach Tostedt gesprochen, dem hat er nicht erklären können, welche Fragen ihn quälen und worum es ihm geht. Der Vertreter stellt in der Sitzung nur zwei, drei Fragen. Er plädiert auch nicht. Er schließt sich einfach dem Strafantrag des Staatsanwalts an (sieht man davon ab, daß er die Übernahme der Kosten der Nebenklage durch den Angeklagten beantragt, und davon sieht man angesichts der finanziellen Verhältnisse des Angeklagten besser ab).

Der Angeklagte, der hier wie seine Kameraden, die als Zeugen gehört wurden, nur mit dem Vornamen erscheint, heißt Axel und

133

ist 23 Jahre alt inzwischen. Er kennt seinen Vater nicht. Er hat die Hauptschule ohne Abschluß verlassen. Eine Lehre als Glaser hat er nach drei Monaten abgebrochen, weil ihm der Beruf nicht gefiel. Er hat mit dem Jugendrichter zu tun gehabt. »Beförderungserschleichung« wird das genannt, wodurch er »strafrechtlich in Erscheinung getreten« ist.

Man glaubt ihm das Entsetzen, das ihn überfiel und lähmte, als er sah, was er angerichtet hatte. »Ich stand nur wie angewurzelt da«, sagt Axel, und er ringt sich diese Worte ab. Es wirkt, als sei er dieser Lähmung noch nicht entronnen. Sein Verteidiger erwähnt später, daß man fürchten mußte, Axel werde Selbstmord begehen, und daß ein Psychologe hinzugezogen worden ist. Und der Verteidiger erwähnt auch, daß sich sein Mandant bis heute nicht wieder »integrieren« konnte und daß er erst nach dem Urteil versuchen wird, zu sich zu finden und sich zu etwas zu entschließen.

Axel ist ein junger Mann, dem Fahrlässigkeit leicht unterlaufen kann, und auch die jungen Männer, die man in der Hauptverhandlung als Zeugen erlebt, sind Menschen, die noch keinen Boden unter den Füßen haben. Nur kann man dieser Verhandlung ein Wort, das ohnehin ein dummes, bequemes Wort ist, nicht mehr hören: das Wort »normalerweise«.

»Normalerweise« sagt der Angeklagte, »normalerweise« sagen Zeugen, und sogar der Staatsanwalt sagt zuletzt »normalerweise«. Normalerweise ist zu beachten, zu berücksichtigen, zu bedenken – doch nichts von dem, was angeblich normalerweise beachtet, berücksichtigt und bedacht wird, ist in diesem Fall beachtet, berücksichtigt und bedacht worden.

Normalerweise – das klingt beruhigend, beschwichtigend. Das soll heißen, daß sonst immer beachtet, berücksichtigt und bedacht wird, daß jedoch leider dieses Mal, nur dieses Mal, das sonst Übliche, das Normale eben unterblieb. Die Sterne müssen ungünstig gestanden haben in diesem Augenblick, normalerweise kann gar nichts passieren.

Doch so oft und immer unerträglicher das »Normalerweise« platscht und quatscht, muß man zuletzt die Überzeugung gewinnen, daß nahezu ständig am Rand der Fahrlässigkeit mit allen möglichen Folgen und sogar mit den tödlichen Folgen, die sie haben kann, geschlampt wird: daß es eher ungewöhnlich ist, wenn die Vorschriften eingehalten werden.

Der 24 Stunden dauernde Wachdienst, der dem Munitionsdepot einer Panzergrenadierkaserne galt, begann am 27. November 1982 um 17 Uhr. Die Doppelstreifen um 17 und um 21 Uhr verliefen ohne Zwischenfälle. Doch während des ersten und zweiten Streifengangs tranken der Angeklagte und einer der Zeugen, der mit ihm Streife ging, jeweils eine Dose Bier. Normalerweise ist das natürlich streng verboten.

Um 0.40 Uhr wurden der Angeklagte und drei weitere Soldaten geweckt. Die vier jungen Männer griffen sich die Waffen aus dem Ständer, doch nicht etwa jeweils die Waffe, die sie quittiert hatten, sondern irgendeine von den Maschinenpistolen. Denn die Nummern, die normalerweise diese Waffen kenntlich machen, waren abgegangen.

Die Munitionsausgabe, das Teilladen der Waffen, die Prüfung darauf, ob der Sicherungshebel auf »S« steht, verliefen nicht so, wie sie normalerweise zu verlaufen haben, denn, so Michael, der damals Wachhabender gewesen ist: »Diesmal war große Hektik draußen.« Die »alte Wache« kam »schon früher zurück«, sie hatte nicht dort im Gelände gewartet, wo sie normalerweise zu warten hatte, sie stand plötzlich da und »knallte die Magazine auf den Tisch«. Der Zeuge Michael: »Das ging ja alles unheimlich schnell.«

Der Zeuge Michael belegt übrigens die Reife, die ihn zum Wachhabenden qualifizierte. Nach seiner Ansicht über den Angeklagten gefragt, antwortet er: »Meiner Meinung nach kein guter Soldat. Kein Kämpfer.« Er erläutert den »Kämpfer« anschließend damit, daß Axel »von der Sache her nicht voll dabei« sei.

Nach etwa 80 Meter Streifengang soll Frank P., der mit Harald zusammen etwa fünf bis zehn Meter hinter Axel und Ralf ging, gerufen haben: »Halt! Hier ist der stellvertretende Offizier vom Wachdienst!« Daraufhin will sich Axel umgedreht und die Maschinenpistole »Uzi« durchgeladen haben, um Frank P. zu erschrecken und sich für den Scherz zu revanchieren. Dabei habe er den Abzug berührt. Die Waffe war nicht gesichert: Sie stand auf Dauerfeuer. Sie war ja nicht, wie normalerweise üblich, vor dem Aufbruch kontrolliert worden. Von den vier Schüssen des Feuerstoßes trafen drei Frank P., einer streifte Harald.

Harald hat eine andere Darstellung gegeben. Es wird nicht aufgeklärt, man bemüht sich nicht ernsthaft darum, ob Frank P. – nach dem »Halt«-Ruf, der behauptet wird – zunächst zu Axel ging und mit ihm sprach und ob erst dann die Schüsse fielen. Es kommt auch nicht zur Sprache, was den Vater Franks quält: daß er sich einen solchen »Scherz« seines Sohnes nicht vorstellen kann.

Ein 30 Jahre alter Staatsanwalt beantragt zehn Monate Freiheitsstrafe für Axel und die Aussetzung dieser Strafe zur Bewährung. Es sei nicht möglich, zu verschweigen, sagt er, daß Frank P. »letztlich die Ursache gesetzt hat durch seinen Scherz« – die Ursache für einen tödlichen Feuerstoß aus einer Maschinenpistole, die normalerweise kontrolliert gewesen wäre und nicht auf Dauerfeuer gestanden hätte, muß man hinzufügen.

Der Staatsanwalt spricht auch davon, »daß an diesem Tag bei der Wache nicht alles so gelaufen ist, wie es der Vorschrift entsprach«. Das sei etwas, was »bundeswehrintern« sicher ein »Versäumnis« darstelle. Ist die Bundeswehr eine geschlossene Gesellschaft, die nur die etwas angeht, die Mitglied dieser Gesellschaft sind? Der Hauptmann der Kompanie, der der Angeklagte und der Getötete angehörten, tritt in der Sitzung als Zeuge nur auf, um die Uzi vorzuführen und zu erläutern (eine Waffe, die als gefährlich im Umgang gilt, aber das ist kein Thema der Verhandlung). Fragen über die Uzi hinaus werden dem Hauptmann nicht gestellt.

Das Gericht entspricht dem Strafantrag des Staatsanwalts. Der Richter deutet in der mündlichen Begründung die Betroffenheit des Gerichts darüber an, wieviel Fehlverhalten hier zusammenkam. Er erwähnt den Reifegrad des Angeklagten und der Zeugen, von dem man, fast ein Jahr nach dem Unglück, einen noch immer erschreckenden Eindruck bekommen hat. Und das Gericht ist bestürzt darüber, wie leichtfertig man diese jungen, unreifen Männer mit jeweils 20 Schuß scharfer Munition unterwegs sein ließ.

Die Verhandlung begann um neun Uhr. Sie endet gegen 11.30 Uhr mit dem Urteil. Von ihrer Dauer sind eine Pause und die Beratung des Gerichts abzuziehen. Davon war schon die Rede, es mußte noch einmal daran erinnert werden. Aber es ist ja nur um Fahrlässigkeit gegangen, und über die ist nur an die zehnmal so oft im Jahr zu entscheiden wie über jene Taten, die eine »destruktive« und »antisoziale« Tendenz haben, wie Mord und Totschlag also.

Für die Legion derer, die nur der Fahrlässigkeit zum Opfer fallen, steht der Tod von Frank P., und nur er kann hier für sie stehen, weil es die Blätter und Bücher sprengen würde, berichtete man von jedem Toten auf dem Schlachtfeld des Alltags. Hier ist das Strafrecht nicht opferfeindlich, hier gibt es gar kein Opfer. Hier ist allein die Ordnung, die der Staat von seinen Bürgern zu verlangen hat, mißachtet worden, und deswegen ist er und kein anderer hier der Betroffene, der Verletzte.

Auf einen Menschen, der Mord oder Totschlag zum Opfer fällt, kommen in der Bundesrepublik in jedem Jahr mindestens zehn Menschen, die von der Fahrlässigkeit, der Gedanken- und Rücksichtslosigkeit getötet werden. Wo über Fahrlässigkeit verhandelt wird, ist das Strafrecht nicht einmal mehr opferfeindlich. Hier wird das Opfer buchstäblich ignoriert. Hier wird die Hilf- und Ratlosigkeit gegenüber seiner Familie, seinen Verwandten und seinen Freunden zu groß. Es gibt keine Zuflucht, in der man verdrängen könnte, daß man der Familie, den Verwandten und den Freunden des Opfers nichts, gar nichts geben kann. Es gibt keine Strafe, die zugleich dem Opfer und dem fahrlässigen Täter gerecht wird – und wie soll man das Menschen erklären, denen man vorgemacht, die man dazu abgerichtet hat, im Strafmaß den Grad der Mißbilligung, einen Ausgleich für das, was ihnen zugefügt wurde, zu sehen. Hier werden nur die Leichen, die Trümmer weggeräumt, damit es weitergeht.

Der Vater von Frank P. steht hier für viele, für allzu viele, die nicht Rache, die nicht Vergeltung wollen, die nur auf einen Appell, auf ein Zeichen hoffen, die dem Tod eines ihnen nahen Menschen ein wenig einen Sinn geben, der ihnen das Unbegreifliche nicht erträglich, aber doch erträglicher macht. Dieser Vater steht hier für jene, die nach einer vorüberhuschenden Verhandlung, die nur alles, was sie getroffen hat, noch schlimmer, noch sinnloser machte, stumm im Saal sitzen; die so reglos sitzen für einen Augenblick, wie der Vater von Frank P. nach dem Urteil in Tostedt, allein mit seinem toten Sohn.

Von den Opfern ist neuerdings viel die Rede. Es finden Veranstaltungen statt, ein »Opferforum« etwa. Schätzenswerte Organisationen bemühen sich um die Opfer, einige allerdings in massiver Opferfeindlichkeit. Sie sind auf dem falschen Weg, sie halten im Haß, im Leiden fest; sie versuchen nicht, aus ihm herauszuführen. Die Hoffnung, eine Versöhnung zwischen Opfer und Täter stiften zu können, mag eine Chance haben, wo es um junge Täter geht und wo dem Opfer etwas angetan wurde, was ein Gespräch zuläßt. Wenn ein Mensch getötet worden ist, wird es nur sehr selten ein Gespräch mit der Familie geben können. Wenn ein Mensch eine Tat überlebt hat, aber schwer an ihr wird tragen müssen bis zu seinem Tod – wie soll man ihn für ein Gespräch gewinnen.

Adolf Arndt hat es in seinem berühmten Vortrag über das »Strafrecht in einer offenen Gesellschaft« 1968 gesagt: »Die Frage des Strafens entsteht dort, wo die Welt nicht mehr heil ist, weil von Menschenhand ein Unheil geschah, das sich von Menschenhand nicht wieder heilmachen läßt. Die Frage des Strafens erhebt sich vor uns dort, wo uns Gerechtigkeit unerreichbar wurde.« Damit müssen wir leben. Wir können den Opfern nur tragen helfen, ihnen beistehen, sie nicht alleine lassen in ihrem Leiden. Wir dürfen uns nicht abwenden, scheu vor ihnen zurückweichen; ihnen aus dem Weg gehen, weil das, woran ihr Schicksal uns erinnert, uns unerträglich ist und uns vor Augen führt, wie gefährdet auch wir in jedem Augenblick leben.

»Gesellschaft – das ist eine Abstraktion, die zu einer Versöhnung gar nicht handlungsfähig ist«, hat Arndt 1968 auch gesagt. Ein düsteres, ein bedrückendes Wort, aber auch ihm darf man wohl nicht ausweichen. Man muß die Familien der Opfer und die schwerversehrt überlebenden Opfer darum bitten und ihnen dabei helfen, weiterzuleben. Und den Tätern muß beigestanden werden, damit sie mit einer Last weitergehen können, die nie von ihnen genommen werden wird, solange sie leben. Wenn wir ihnen ein endloses Übel zufügen, zwingen wir sie in einen Widerstand, der es ihnen unmöglich macht, ihre Tat zu erkennen und sie auf sich zu nehmen. □

VI

»Eine eigene, eingehende Untersuchung der Kranken«

Aus einem psychiatrischen Gutachten über eine junge Frau, der die Anklage vorwirft, ihrem Ehemann Messerstiche beigebracht und ein »versuchtes Tötungsdelikt« begangen zu haben: »Vorherrschend ist der Eindruck einer nur mäßigen intellektuellen Ausstattung. Hinzu kommt, daß Frau Y für ihre 24 Jahre noch recht unreif wirkt. Man könnte von einer dümmlichen Naivität sprechen. Die leichte intellektuelle Minderbegabung, auf die aus einem zweimaligen Sitzenbleiben geschlossen werden kann, läßt sich allerdings durch das Gespräch ohne Anwendung von Testverfahren nicht belegen. Frau Y hat einen recht beschränkten Gesichtskreis; man merkt, daß sie aus der Unterschichtbevölkerung kommt, doch scheint sie sich in ihrem einfachen Lebenskreis zurechtzufinden.«

Der Sachverständige ist nach der Schuldfähigkeit der Beschuldigten gefragt worden, »insbesondere danach, ob sie die Tat im Zustand verminderter Schuldfähigkeit begangen habe«. Der Sachverständige hält für möglich, »daß er aufgrund der Ergebnisse der Hauptverhandlung dem Gericht die Annahme erheblich verminderter Schuldfähigkeit empfehlen wird«. Es ist nämlich ein »Blutalkoholgehalt von 1,8‰« festgestellt worden, und es »müssen im Falle der Beschuldigten die intellektuelle Beschränktheit und die seelische Undifferenziertheit mitberücksichtigt werden, die eine Enthemmung und ungesteuertes Verhalten schon bei einem Alkoholspiegel begünstigen, bei dem von einem kritisch denkenden Menschen mit einem ausgebildeten Wertgefüge noch volle Beherrschung zu erwarten wäre«.

Der Sachverständige stand den früheren, bei der Polizei gemachten Angaben der Beschuldigten über ihr Tatmotiv von vornherein skeptisch gegenüber, da sie ihm »in keiner Weise plausibel« schienen. Er hatte »allen Anlaß zu der Vermutung«, daß bei

Frau Y mit pseudologistischen Behauptungen zu rechnen ist«. Es ist dem Sachverständigen unangenehm, daß er sich mit der Plausibilität befassen muß, und er hat das Bedürfnis, sich zu erklären: »Der Sachverständige hatte lediglich darauf hinzuweisen, daß die Beschuldigte ihm gegenüber ganz neue und im übrigen wesentlich plausibler erscheinende Angaben zur Vorgeschichte gemacht hat, als bei ihrer polizeilichen Vernehmung. Von den dadurch notwendig gewordenen Abschweifungen abgesehen, hat er die Prüfung des Tatmotivs dem Gericht überlassen.« Was zu tun ist, sagt der Sachverständige auch an anderer Stelle: »Vor der Hauptverhandlung wird die Identität jenes ›Manfred‹ zu ermitteln sein«, der gegenüber der Beschuldigten am Nachmittag vor der Tat etwas »fälschlich behauptet« haben soll.

»Alkoholexzesse« des Ehemanns verschweigt der Sachverständige nicht, allerdings stellt er diesen entgegen, daß die Beschuldigte »bei ihrer intellektuellen Unterbegabung und ihrer Hilflosigkeit wohl kaum in der Lage war, eine anziehende Häuslichkeit zu gestalten«. Die »leicht intellektuelle Minderbegabung«, die sich »ohne die Anwendung von Testverfahren nicht belegen« läßt, ist inzwischen eine Tatsache geworden.

»Frau Y«, teilt der Sachverständige der Staatsanwaltschaft mit, auf deren »Ersuchen« (so seine Formulierung) er sich betätigt, »trägt ein ungewöhnlich kurzes Röckchen, wie die Bluse aus billigem Stoff. Man merkt ihrer ganzen Erscheinung an, daß sie aus sehr einfachen Verhältnissen kommt«. Doch der Sachverständige ist durchaus um Objektivität im Umgang mit der jungen Frau aus der »Unterschichtbevölkerung« bemüht: »Auf der anderen Seite ist festzuhalten, daß die Kleidung sauber ist, daß Frau Y körperlich nicht ungepflegt ist, in der Erscheinung sehr einfach, im Auftreten etwas steif und unbeholfen, aber nicht ordinär.«

Dieses schriftlich vorgelegte Gutachten (das mündlich vorzutragen und damit in die Hauptverhandlung einzubringen der Sachverständige keine Gelegenheit bekam), ist 1985 von einem (inzwischen emeritierten) ordentlichen Professor für Psychiatrie, einem Lehrstuhlinhaber und Direktor einer Universitätsklinik also, verfaßt worden, von einem Mann, der sich nicht zum ersten Mal als Sachverständiger äußerte.

Die Frage, wer eigentlich die Sachverständigen begutachtet, ist nachgerade ein Kalauer. Leider nur drängt sie sich immer wieder auf. Und sie wird dort nur selten gestellt, wo sie dringend zu stellen wäre. Im Strafverfahren kann sich der als Sachverständiger hinzugezogene Psychiater oder Psychologe immerhin, wenn aufmerksam und wachsam verhandelt wird, den Fragen und Einwänden des Gerichts, der Anklage und der Verteidigung ausgesetzt sehen. Doch Psychiater und Psychologen treten nicht nur vor Strafgerichten auf. Sie werden von Zivil- und Sozialgerichten gehört, sie werden in Verkehrs- und Familiensachen aufgeboten. Ob eine oder einer den Führerschein zurückbekommt, bei wem die Kinder einer gescheiterten Ehe bleiben, ob eine »Rentenneurose« vorliegt oder Erwerbsunfähigkeit – Psychiatrie und Psychologie sind dabei. Und hier, abseits des öffentlichen Interesses und der veröffentlichten Meinung, muß man als Sachverständiger nicht fürchten, daß die eigene seelische Verfassung die Verfahrensbeteiligten nachdenklich machen könnte. Hier ist die seelische Problematik des Seelenkundigen kein Thema und sein Sachverstand kein Anlaß zu aufsehenerregenden Kontroversen. Daß es eine oder einen hier ereilt, ist so selten wie ein Hauptgewinn im Mittwochs- oder Samstagslotto.

»Nicht als vollwertiges Mitglied akzeptiert«: Das Entmündigungs-, Vormundschafts- und Pflegschaftsrecht ist eine Kronkolonie der Psychowissenschaften. Im Jahr 1975 gibt es beispielsweise beim Amtsgericht Ansbach »964 laufende Entmündigungen«, und zu jeder von ihnen muß der Sachverstand bemüht werden. Eine dieser Entmündigungen findet am 12. September 1975 statt. Es wird wegen Geistesschwäche entmündigt. Und dabei stützt sich das Amtsgericht auf das Gutachten, das eine Fachärztin für Psychiatrie und Neurologie erstellt hat. Eine von 964 laufenden Entmündigungen: Das ist eine Nadel in einer Scheune voll Heu. Doch diese Nadel geht nicht verloren. Und sie sticht.

Die Ärztin wird hier die Beklagte genannt. Denn am 2. März 1988 verkündet der 9. Zivilsenat des Oberlandesgerichts (OLG) Nürnberg in letzter Instanz, daß der Entmündigungsbeschluß vom 12. September 1975 (und Beschlüsse vom 10. März 1976 und vom 14. März 1978) »jeweils auf einer grob fahrlässigen Falschbegutachtung durch die Beklagte« beruhen. Der Klägerin, entscheidet der Senat, steht »gegen die Beklagte ein Schmerzensgeldanspruch von 30 000 Mark zu«.

Die Frau, die grob fahrlässig entmündigt wurde, hier die Klägerin, hat ein schweres Schicksal. Als drittes von vier unehelichen Kindern wird sie 1946 geboren. Sie leidet an einer spastischen

Lähmung. Man hält sie für »geistig zurückgeblieben«. Sie soll »leicht aufgeregt« und sogar »bösartig« gewesen sein, »außerordentlich trotzig« und »erzieherisch kaum beeinflußbar mit Neigung zum Zerstören und zur Selbstbeschädigung«. 1955 wird die Klägerin in ein Heilerziehungsheim aufgenommen, in dem sie auch die Sonderschule besucht. Sie lernt »das Lesen, weniger gut das Rechnen«. Und nachdem man einmal damit begonnen hat, dem Kind Negatives zuzuschreiben und es als unbeeinflußbar einzuordnen, wird in der Akte immer wieder erwähnt, »daß die Patientin Unfrieden stiftete, daß sie Charakterdefekte habe, unehrlich, unaufrichtig und hinterhältig sei«. 1961, gerade 15 Jahre alt, wird das Mädchen, dem zusätzlich zu seinem schweren Körperschaden (dessen Bedeutung für seine Entwicklung offenkundig nie fürsorglich bedacht worden ist und den zu ertragen man dem Kind nicht geholfen hat) wuchtige Beurteilungen aufgebürdet wurden, die man als Verurteilungen empfinden muß, in eine Pflegeanstalt verlegt.

In der werden die Schwierigkeiten »zunächst deutlich geringer«. Doch »1970 fangen erneut Verhaltensstörungen an mit schrecklichen Zornausbrüchen, mit Beißen und Kratzen, mit Verdrossenheit und Trotz«. Seit neun Jahren befindet sich die Klägerin zu diesem Zeitpunkt in der Pflegeanstalt. Diese neun Jahre haben ihre Möglichkeiten, sich klaglos ein- und unterzuordnen, erschöpft. Es ist kein Wunder, daß sie aufbegehrt, doch darauf wird das Etikett »Verhaltensstörungen« geklebt. Und aus dem Jahr 1972 wird mit kaum verhohlener Empörung berichtet, es sei »zu einer hysterischen Gangstörung verbunden mit einer hysterischen Armlähmung gekommen«, und die sei so weit gegangen, daß die Klägerin »nicht einmal selbst zu essen vermochte, weil sie angeblich den Arm nicht abbiegen konnte«. In offenem Ärger heißt es sogar: »Zugleich war sie aber imstande, die Flöte zu spielen (!).« Es wird auch mitgeteilt, wie man damit fertig wurde: »Durch Nichtbeachtung konnte die hysterische Verhaltensweise wieder abgebaut werden.«

Wegen »anhaltender Verhaltensschwierigkeiten« wird die Klägerin 1972 in die geschlossene Abteilung eines Heims bei Ansbach verlegt. Dort lebt »sie sich vergleichsweise gut« ein, aber eben nur »vergleichsweise«, denn die Route, die von früh an mit massiven, negativen Zuschreibungen eingeschlagen wurde, darf nicht verlassen werden. Und so kann man denn befriedigt berichten: »Aber schon nach einem halben Jahr gingen die Schwie-

142

rigkeiten wieder los…«. Die Klägerin »dünkte sich besser als die anderen Patientinnen, reagierte schadenfroh, wenn jemand etwas passierte, lachte hämisch und hatte infolgedessen auch keine Freundinnen«. 1973 soll die Patientin den Plan »verfolgt« haben, in ein Spastikerzentrum nach Nürnberg verlegt zu werden, sie hat also, in diesem Ton wird das vorgetragen, sozusagen Fluchtpläne geschmiedet. Bei so einer Person versteht es sich, »daß sie ein Tablett mit Geschirr in die Gegend feuerte oder behauptete, ihr werde Geld von den Betreuerinnen vorenthalten«. 1974 gar hat die Klägerin »eine alte, als friedlich bekannte Mitpatientin ins Bein« gebissen. Der biographische Teil des Gutachtens der Beklagten vom 5. September 1975, aus dem hier zitiert wurde, endet mit der Mitteilung, daß sich die Klägerin, seit sie in der Textilwerkstatt beschäftigt wird, »angepaßter als früher« verhält: »Sie nörgelt zwar noch etwas herum, schimpft jedoch nicht so unflätig, wie das von früher her bekannt ist und wird vor allem nicht tätlich.«

Nörgeln, Schimpfen, unflätiges Schimpfen gar? Im Gutachten der Beklagten folgt der Vorgeschichte, der Biographie, der Befund. Und der beginnt mit Feststellungen zur körperlichen Not der Klägerin, die den herabsetzenden, verständnislosen Ton des vorangegangenen Textes noch unbegreiflicher machen: »135 cm große, 36 kg schwere Patientin mit einer spastischen Lähmung beider Beine.« Die Klägerin geht »mit in den Knien abgewinkelten Beinen, die sie mühsam aneinander vorbeischiebt«. Mehr nicht zu einer körperlichen Verfassung, die schwere seelische Probleme (Probleme, denen in der Vorgeschichte kein Wort gilt) selbstverständlich macht. Und nach zwei Zeilen zum körperlichen Zustand – knappe Ausführungen zur Intelligenz. Die Klägerin »schreibt die Briefe an ihre Familie vollkommen selbständig, schreibt auch Briefe für andere Patientinnen. Sie liest in ihrer Freizeit Bücher und Zeitschriften«. Doch ihr »Rechenvermögen ist weit unter diesem Niveau, es werden einfache Additionen und allereinfachste Multiplikationen bewältigt und nur im Rahmen bis 100«. Die Patientin weiß, was ein Fluß ist, aber sie nennt nicht nur den »Rhein« und die »Donau«, sondern auch den »Ozean«. »Erstaunlicherweise« kann die Patientin einen Zentimeter und ungefähr auch die Länge eines Meters zeigen, doch bei der Frage nach einem Kilometer zeigt sie ungefähr 120 Zentimeter an. Ganz einfache »Unterschiedsdefinitionen« gelingen, doch bei »Treppe–Leiter« wird sie »schon unsicher und kommt nicht von sich aus auf die Beweglichkeit der Leiter, sie benötigt hier eine ganze Reihe von Hilfsfragen«. So ergibt sich denn insgesamt »ein Schwachsinn vom Ausmaß einer Debilität, daneben besteht eine organische Wesensveränderung, die immer wieder zu heftigsten Verhaltensstörungen führt«.

Keine Belege für die »organischen Wesensveränderungen«, kein Versuch, diese zu beschreiben; zu erläutern, warum es immer wieder zu heftigsten Verhaltensstörungen kommt (die werden einfach als unstreitige Tatsache behandelt). Und obwohl ein Schwachsinn vom Ausmaß einer Debilität behauptet wird, trägt das »nervenärztliche Gutachten« nichts zur Begründung in der üblichen Weise vor. Es ist kein Test gemacht worden, doch die Beurteilung endet damit, daß die Klägerin »trotz ihrer 29 Jahre niemals über das Intelligenzalter eines 7- bis 8jährigen Kindes hinausgekommen ist«. Es soll »klar ersichtlich« sein, daß die Patientin »nicht imstande ist, ihre Angelegenheit selbst zu besorgen«. Und so ist denn der Schlußsatz eine Selbstverständlichkeit angesichts dieser Frau, die »lebenslänglich anstaltsversorgungsbedürftig bleiben« wird: »Eine Entmündigung wegen Geistesschwäche im juristischen Sinne ist daher angezeigt.«

In einem nicht unterzeichneten Schreiben vom 26. Juni 1975 hatte die Heimleitung der Anstalt, in der sich die Klägerin befand, beim Amtsgericht Ansbach die Entmündigung beantragt. Dem Schreiben lag ein von der Beklagten ausgefülltes und unterzeichnetes Formblatt bei, in dem diese die Einleitung der Entmündigung wegen Geistesschwäche beantragte. Am 5. September 1975 folgte dann das Gutachten, aus dem zitiert wurde. Und am 12. September 1975 wurde antragsgemäß die Entmündigung beschlossen. Die »lebenslänglich anstaltsversorgungsbedürftige« Klägerin hatte ihr Lebenslang. Es folgten 1976 und 1978 weitere Beschlüsse zur Vormundschaft und zum weiteren Verbleib der Klägerin, die sich auf die Begutachtung durch die Beklagte stützten. Doch im April 1978 wurde die Klägerin in ein offenes Körperbehindertenheim verlegt. Vom April 1980 an lebte sie in einem offenen Behindertenheim – und am 23. Juni 1981 wurde ihre Entmündigung durch das Amtsgericht Reutlingen aufgehoben.

Das Schicksal der Klägerin wendet sich durch einen Zufall. Mit ihr wird eine Frau bekannt, deren Mann Krankenpfleger ist. Er heißt Hermann Lang. Als er im Frühjahr 1977 hört, daß die auf seine Frau und ihn »schlapp« wirkende Klägerin ein dämpfendes Medikament nehmen muß (ein ihm bekanntes Medikament, denn er arbeitet in der Neurologie in Tübingen), versucht er herauszufinden, ob sich nicht die Kommunikationsfähigkeit der Frau durch Absetzen des Medikaments bessern läßt. Und tatsächlich lebt die Klägerin auf, ist ein ganz anderer Mensch, interessiert und zugänglich. Sie erzählt aus ihrem Leben, spricht davon, wie sehr sie darunter gelitten hat, mit sieben psychisch Schwerkranken drei Jahre lang ein Zimmer teilen zu müssen. Sie berichtet, daß sie oft an Selbstmord gedacht hat. Sie sagt auch, daß ihr mitunter nichts anderes geblieben sei, als aggressiv zu werden (worauf sie jedes Mal mit wuchtigen Medikamenten »beruhigt« wurde).

Der Pfleger Lang wendet das trostlose Leben der Klägerin zum Besseren, ein Leben, dem das Glück von Geburt an versagt ist. Er sorgt für ihre Verlegung in offene Heime, er wird ihr Vormund, er bemüht sich erfolgreich um die Aufhebung der Entmündigung. Er unterstützt die Klage auf ein Schmerzensgeld, in der vorgetragen wird, daß die Klägerin unter der diskriminierenden Entmündigung und unter der Freiheitsentziehung gelitten hat. Lang findet dafür in dem Tübinger Rechtsanwalt Andreas Niester einen Juristen, der in der Betroffenheit über das Schicksal, an das er da geraten ist, die Zähigkeit aufbringt, die diese Durchquerung eines Dschungels von Widerständen verlangt.

Wie beweist man eine Falschbegutachtung, noch dazu eine grob fahrlässige? Am 16. Januar 1985 weist das Landgericht Ansbach die Klage ab. Es stützt sich dabei vor allem auf ein Gutachten des Münchner Psychiaters Werner Mende, der die Entmündigung der Klägerin ihrer »extremen Verhaltensstörungen« wegen für gerechtfertigt hält. Mende ist ein Mann, dessen Verdienste um die forensische, die gerichtliche Psychiatrie also, unbestritten sind. Wäre da nicht das Schicksal der Klägerin – man könnte sagen, daß Mende die tragische Figur in dieser juristischen Auseinandersetzung ist. Kann man Mende »überstrapazierte Standessolidarität« vorwerfen?

Eine Solidarität des *Standes* wegen wohl nicht. Eine Solidarität mit der Not, in die jeder gerät, der sich als Sachverständiger äußert, vielleicht schon. Kann man *sachverständig* (denn wo ist da »Sache«) etwas über einen Menschen sagen, obwohl man auch nur ein Mensch ist? Der Zweifel, die Möglichkeit des Irrtums sind einem vertraut. Wie oft mag man sich schon geirrt haben, ohne daß das auffiel. Was nicht böser Absicht zuzuschreiben ist, darf kein Irrtum sein, muß sich als eine zumindest mögliche, nicht völlig auszuschließende Feststellung verteidigen lassen. Man identifiziert sich mit der Gewissenslast, die dem wegen eines

Gutachtens angegriffenen Kollegen mit dem Auftrag zur Begutachtung zugemutet wurde, mit einer Last, die man nur zu gut kennt. Dabei setzt man freilich voraus, daß auch der Kollege als Sachverständiger bei jeder Begutachtung von seinem Gewissen geplagt wird; daß er nicht hinter den Mauern der Routine seinen Frieden mit einer Rolle gemacht hat, die jeden überfordert. Mendes Gutachten trägt die Abweisung der Klage durch das Landgericht Ansbach. Und Mendes Gutachten ist auch lange Zeit ein scheinbar unüberwindliches Hindernis für den Versuch, in der Berufung vor dem OLG Nürnberg doch noch Erfolg zu haben. Die Ausdauer und der Mut des Pflegers Lang und des Rechtsanwalts Niester werden belohnt. Die Entscheidung des OLG Nürnberg vom 2. März 1988 ist ein Dokument, ein Klassiker unter den richterlichen Entscheidungen. Sie führt vor, daß Richter den Psychiatern (und Psychologen) keineswegs hilflos ausgeliefert sind.

»Die Entscheidung«, heißt es im Urteil des 9. Zivilsenats, »ob eine Entmündigung berechtigt ist, muß auf den Umfang der Angelegenheit bezogen sein, die der Betreffende zu besorgen hat.« Nicht die Tatsache einer geistigen Anomalie *an sich* sei ein Entmündigungsgrund, »sondern nur die durch den Mangel begründete Unfähigkeit, die eigenen Angelegenheiten zu besorgen«. Der Schutz durch die Entmündigung könne »bei einem Landarbeiter, der eine ihm von Jugend an vertraute Tätigkeit ausübt und in einer ihm gleichfalls vertrauten Umgebung lebt, entbehrlich, aber für einen Großkaufmann bereits erforderlich sein«.

»Der Kreis der von der Klägerin zu besorgenden Angelegenheiten war und ist außerordentlich eng gezogen. Vermögen hatte die Klägerin während ihres Aufenthalts in den ... Heimen nicht zu verwalten; denn sie besaß und besitzt keines. Die Unterbringungskosten trug die Sozialhilfeverwaltung des Bezirks Mittelfranken, der der Klägerin ein monatliches Taschengeld von 80,00 DM gewährte ... Zur Selbstbestimmung ihres Aufenthaltes und damit zur Sorge für die eigene Person wie auch zur Verwaltung eines monatlichen Taschengeldes von nur 80,00 DM war die Klägerin trotz des Intelligenztiefstandes und weiterer Behinderungen aber durchaus in der Lage, weshalb *kein* Entmündigungsgrund bestand.«

Ausführlich setzt sich der Senat mit den »Verhaltensstörungen« auseinander. Selbst wenn die Klägerin während ihrer Heimaufenthalte »größere Verhaltensstörungen gezeigt oder psychoseähnliche Zustände gehabt hätte, wäre das kein Entmündigungsgrund gewesen. Personen mit Intelligenztiefstand reagieren in verschiedenen Situationen ganz anders als normal Intelligente, oft sogar psychoseähnlich. Das liegt daran, daß ihnen nicht so viele Reaktionsmöglichkeiten wie normal Intelligenten zur Verfügung stehen«. Und der Senat geht auch auf das ein, worin die Verhaltensstörungen gesehen worden sind.

> »Es liegt auf der Hand, daß bloßes Schimpfen über andere, Dünkel, schadenfrohe Reaktionen, hämisches Lachen, der Gebrauch ordinärer Ausdrücke, ständige Unzufriedenheit und Verdächtigungen noch keine wirklichen Verhaltensstörungen darstellen. Diese Verhaltensweisen (einzeln oder zusammen) finden sich auch bei normal intelligenten Personen, ohne daß jemand auf die Idee käme, sie deswegen entmündigen zu lassen.«

Der Senat macht Ausführungen zur »Pflicht zur Dokumentation der Befunde« (die Beklagte hatte vorgebracht, es seien nicht sämtliche Auffälligkeiten der Klägerin während ihres Heimaufenthaltes jeweils in das Krankenblatt eingetragen worden). Und er sagt, daß nicht nur kein Entmündigungsgrund bestand, sondern daß auch »erst recht die Unterbringung in einer geschlossenen Anstalt nicht erforderlich« war.

Die Klägerin, so hatte die Beklagte vorgebracht, habe »in einem ungeregelten gesetzlichen Zustand« im Heim gelebt. Das Vormundschaftsgericht habe damals *gewünscht*, »daß alle Heiminsassen entmündigt werden«. Der Senat stellt fest, daß dem von der Beklagten als Beleg hierfür zitierten Schreiben des Amtsgerichts Ansbach vom 13. Mai 1965 ein solcher Wunsch nicht zu entnehmen ist. Und der Schuldvorwurf wiegt für die drei Richter des Senats »um so schwerer«, als es der Beklagten »nach dem Ergebnis der Anhörung nur darum ging, für den Aufenthalt eine Rechtsgrundlage gleichsam nachzuliefern«. In drei abschließenden Sätzen zu diesem Rechtfertigungsversuch der Beklagten spricht der Senat etwas aus, was Grundlage jeder psychiatrischen beziehungsweise psychologischen Begutachtung sein sollte (und was schon längst von den gerichtlich tätigen Psychiatern und Psychologen als Leitsatz Nummer eins genauso hätte formuliert werden müssen und woran ständig zu erinnern gewesen wäre):

> »Davon abgesehen hat ein Sachverständiger den Inhalt seines Gutachtens nicht nach den Wünschen eines Gerichts auszurichten. Er muß das Gutachten aus medizinischer Sicht vor sich selbst verantworten können. Das Befolgen irgendwelcher Wünsche mildert den Schuldvorwurf nicht.«

Dieses Urteil ist wirklich ein Klassiker unter den richterlichen Entscheidungen. Es hat festgestellt, daß das Unterbleiben einer eigenen, die Durchführung eines Intelligenztests einschließenden Untersuchung »grob fahrlässig« war. Nun nimmt es auch zu dem »noch schwerer« wiegenden Umstand Stellung, daß die Beklagte in ihrem Gutachten vorgab, die Klägerin eingehend untersucht zu haben:

> »Dieses beginnt nämlich mit den Worten: ›Das Gutachten stützt sich ... auf eine eigene, eingehende Untersuchung der Kranken.‹ Die Beklagte erklärte hierzu anläßlich ihrer Anhörung am 10. Juni 1987: ›Wenn in meinem Gutachten vom 5. September 1975 auf Seite eins von einer eingehenden Untersuchung die Rede ist, so muß ich sagen, daß es sich hier um eine Floskel handelt, die immer bei solchen Gutachten verwendet wird. Ich habe also die Klägerin nicht an einem ganz bestimmten Tag kurz vor der Erstellung des Gutachtens untersucht.‹«

Eine Floskel – eine von den vielen leeren Formeln, die in psychiatrischen und psychologischen Gutachten den Ablauf vereinfachen und erleichtern, die Voraussetzungen für erfüllt ausgeben, die zur Verringerung des Aufwands nicht erfüllt wurden; die als abgestützt und gesichert hinstellen, was der Abstützung und Sicherung gar nicht mehr bedarf, weil die Formel, die Floskel, längst ohne Prüfung hingenommen wird, denn sonst würde ja die sachverständige Bemühung, darüber ist man sich längst einig, ohne daß man das jemals aussprach, ein unerträgliches Ausmaß annehmen. Ständig werden Gutachten benötigt, ein jedes handelt von einem Schicksal, aber die Schicksale sind Legion, jeder Mensch ist schließlich eins, die Schicksale müssen sich aufs Fließband schikken, es muß weitergehen.

Die Beklagte habe mit der Floskel fälschlich bei dem entmündigenden Gericht den Eindruck erweckt, »auf ihr Gutachten sei auch wegen der eigenen, eingehenden Untersuchung Verlaß«. Das belege auch ein Satz aus dem Entmündigungsbeschluß des Amtsgerichts Ansbach vom 12. September 1975: »Die Frau Sachverständige ist dem Gericht als gründlich und mit den modernsten wissenschaftlichen Methoden und Mitteln arbeitend... bekannt.« Nur an dieser Stelle ist eine Anmerkung zum Urteil des Nürnberger Zivilsenats zu machen: Auch dieser Satz ist eine Floskel; er ist nicht auf einen fälschlich erweckten Eindruck zurückzuführen. Er ist das Resultat einer stillschweigenden Übereinkunft.

Zu Beginn der Entscheidungsgründe hat der Senat gesagt, die »Staatshaftung« habe die Beklagte nicht ausgelöst: »Der gerichtliche Sachverständige übt nämlich keine hoheitliche Gewalt für das Gericht aus. Er ist vielmehr nur Gehilfe des Gerichts, das seinerseits erst die hoheitliche Gewalt ausübt. Der Zusammenhang zwischen der Tätigkeit des gerichtlichen Sachverständigen und der gerichtlichen Spruchtätigkeit ist insgesamt nicht so eng, daß die Gutachtertätigkeit bereits dem Staat wie eigene hoheitliche Betätigung zugerechnet werden kann. Ausschließlich die Privathaftung des Sachverständigen selbst ist somit betroffen...«.

Das entspricht der Rechtsprechung und der Literatur. Doch ein Gericht, das sich des sachverständigen Gehilfen bedient, darf sich nicht mit der Formel begnügen, die oder der Sachverständige sei dem Gericht bestens bekannt. Es *muß* prüfen, ob die ihm wohlbekannte Qualität der oder des Sachverständigen auch im anstehenden Fall am Werk war. Ein Sachverständiger kann wie immer auf dem rechten Weg sein, doch gerade in diesem einen Fall nicht die rechte Frau oder der rechte Mann für den Weg. Es hat dem Gericht um seine Überzeugung von der Leistung des Sachverständigen in dem Fall zu gehen, den es gerade entscheidet – es hat zu bedenken, daß seine guten Erfahrungen mit dem Sachverständigen möglicherweise dieses eine Mal nicht gelten.

Ein Arzt, der 999 Menschen geholfen hat, kann für seinen tausendsten Patienten ein schlechter, der falsche Arzt sein. Kaum ein Urteil, das nicht die Formel, die Floskel vom »dem Gericht wohlbekannten« Sachverständigen enthält, das sich nicht auf die guten Erfahrungen mit dem Sachverständigen beruft. Auch die Gerichte vereinfachen und erleichtern den Ablauf, geben Voraussetzungen für erfüllt aus, die zur Verringerung des Aufwands nicht erfüllt wurden. Auch und gerade für die Gerichte muß es zügig weitergehen. Hier verbrüdert oder verschwistert sich die »hoheitliche Gewalt« mit dem Gehilfen. Hier schafft man in bösem Verein weg, was stört, was aufhält, was im Weg ist, was noch mehr Zeit kosten würde, wenn man einander nicht Floskeln gewährt.

Bei der Bemessung des Schmerzensgeldes wurde vom Senat berücksichtigt, daß die Klägerin unter der Freiheitsentziehung und der Entmündigung gelitten hat und daß sie auch die diskriminierende Wirkung der Entmündigung stark empfand. Die Klägerin habe sich zu einem Menschen gestempelt gesehen, »den die Gemeinschaft ihrer Meinung nach nicht als vollwertiges Mitglied akzeptiert und deshalb rechtlos stellt«. Im Verfahren war auch behauptet worden, die Klägerin selbst habe ihre Entmündigung gewünscht und betrieben. Der Senat überzeugte sich davon, »daß die Klägerin ihr Entmündigungsverfahren nicht selbst betrieb«. Er begnügte sich nicht mit dieser Feststellung. Und so enthält das Urteil auch diesen Satz: »Selbst wenn die Klägerin dem Vortrag der Beklagten zufolge ihr Entmündigungsverfahren selbst betrieben und beantragt haben sollte ... würde das die Pflichtverletzung schon deshalb nicht in einem milderen Licht erscheinen lassen, weil *jedem* Psychiater klar sein muß, daß der Wunsch eines Geisteskranken oder Geistesschwachen, entmündigt zu werden, gerade angesichts der festgestellten geistigen Anomalie in keiner Weise relevant ist«. Ein Satz, von dem noch einmal zu sagen ist, was für dieses Urteil im ganzen gilt: Warum muß das der Psychiatrie (und der Psychologie) gelegentlich eines einzelnen, eines alltäglichen (eines zufällig ans Licht gekommenen) Falles von Richtern, von Juristen gesagt werden?

Dem 9. Zivilsenat des OLG Nürnberg lag ein Gutachten des Psychiaters Uwe Henrik Peters vor, das nichts beschönigte, das sich ohne billige Aggressivität gegenüber der Beklagten und über die Besonderheiten des Einzelfalls hinaus zu Grundsätzen bekannte, die selbstverständlich sein müßten für Psychiatrie und Psychologie, die aber unseligerweise keine Selbstverständlichkeit sind.

Und auch andere Gutachten, etwa das des Psychiaters Mihail Kivi (es lag bereits dem Landgericht Ansbach vor), oder das Gutachten des Psychiaters Wolfgang Stahl, waren für den Senat eine wichtige Hilfe. Sie öffneten den Zugang dazu, daß das als störend empfundene Verhalten der Klägerin nicht einem Charakterdefekt entsprang, sondern auf die Lebensumstände zurückzuführen war, denen die Klägerin von früh an ausgesetzt gewesen ist; auf Lebensumstände, zu denen auch die »wesensverändernden Wirkungen sedierender Medikamente, wie sie der Klägerin verabreicht worden sind«, gehören.

Der Psychiater Wilfried Rasch hat einmal das Bild, das der Psychiater von seinem Patienten hat, voll Grimm beschrieben: »Patienten sind unmündig und hilfsbedürftig, sie wissen nicht, was wichtig und gut für sie ist. Der Psychiater als Ordnungshüter weiß es. Sein Besserwissen begründet möglicherweise die lebenslange Karriere eines ›psychiatrischen Falls‹.« In diesem einen Fall (doch eben nur in einem von unzähligen Fällen) wurde das ärztliche Urteil Lebenslang nicht vollstreckt. Die Klägerin lebt heute in einem offenen Heim in einem Einzelzimmer, sie besorgt ihre Angelegenheiten, sie nimmt am Leben teil, macht Handarbeiten, gehörte zeitweise dem Beirat des Heimes an. Mag sein, daß sie ab und an auch mal schimpft oder unzufrieden ist, doch, wie der OLG-Senat es formuliert: »Diese Verhaltensweisen finden sich auch bei normal intelligenten Personen, ohne daß jemand auf die Idee käme, sie deswegen entmündigen zu lassen.«

Ein Mensch wird behindert geboren. 30 Jahre lang wird ihm nicht geholfen, unter Nichtbehinderten zu leben. Neun Jahre lang eine Mutter, die mit vier Kindern von vier verschiedenen Vätern gar nicht fähig ist, zu spüren, was dieses Kind braucht; die zu sehr an sich selbst leidet, um dem von ihr geborenen Leid an ihrer Seite anders als trinkend, böse und dreinschlagend begegnen zu können. Neun Jahre alt, wird dieser behinderte Mensch durch das Jugendamt in ein Heim eingewiesen, wird er unter Menschen gesperrt, die leiden wie er und die abgestempelt worden sind wie er, unter Menschen auch, die tatsächlich ihr Leben lang betreut werden müssen. 30 Jahre wird dieser Mensch als »lebenslänglich anstaltsversorgungsbedürftig« verwaltet (ohne es zu sein); wird alles, was sich in seinem Verhalten an Schmerz und Verzweiflung auszudrücken versucht (und nichts als ein Notsignal ist), als ein nicht zu behebender Charakterdefekt gedeutet; gilt als »Verdrossenheit« und »Trotz« und »Bosheit« (die nur durch Abrichten, durch Dressur in Grenzen gehalten werden können), was Hilferufe sind. Wieviel Schaden ist da dem Schaden hinzugefügt worden.

Das OLG Nürnberg ist auch gescholten worden. Die beklagte, zu Schmerzensgeld verurteilte Ärztin, »nur die besten Erfahrungen« hat das Vormundschaftsgericht in Ansbach mit ihr gemacht. Für einen Heimleiter ist die verurteilte Beklagte »eine der besten

Ärztinnen«, die er kennt. Über das Nürnberger Urteil kann er nur lachen. Es hoffen einige darauf, daß die Klägerin mit der Freiheit, die sie erlangt hat, nicht zurechtkommen wird auf die Dauer. Doch was wäre das angesichts der 30 Jahre, die versäumt wurden. ☐

Die Entmündigung wird es ab 1992 nicht mehr geben. Die Vormundschaft und die Gebrechlichkeitspflegschaft werden durch die »Betreuung« ersetzt (nach redlichem Ringen darum, ob nicht gar besser von »Beistandschaft« zu sprechen wäre, um noch deutlicher mit der bisherigen Auffassung von einem Über- und Unterordnungsverhältnis zu brechen). Begriffe wie »Geisteskrankheit«, »Geistesschwäche«, »Verschwendung«, »Trunksucht«, »Rauschgiftsucht« oder »Gebrechen« fehlen fortan in der Beschreibung der Voraussetzungen, unter denen eine Betreuung erfolgt, wie es in einem Bericht an den Bundestag heißt. Dort ist aber auch zu lesen: »Der Kreis der betroffenen Personen wird sich dadurch allerdings nicht verändern.« Die einschneidenden, schneidenden Begriffe sind beseitigt worden, doch die Psychowissenschaften behalten ihre Kronkolonie, und der Allgegenwart der Sachverständigen aus ihren Reihen wird auch in diesem Bereich kein Abbruch getan. Das Betreuungsgesetz ist ein Fortschritt, denn es ist *ein* Schritt gegen das Abschieben, gegen das Ausgrenzen von Menschen. Doch weiterhin können Anordnungen gegen den Willen des Betroffenen erfolgen, und wenn das auch häufig unumgänglich sein und bleiben wird – diese Anordnungen stützen sich auf Gutachten, auf psychiatrische und/oder psychologische Befunde.

Rasch hat nicht nur das Bild, das der Psychiater vom Patienten hat, grimmig beschrieben (*der* Psychiater ist nicht jeder Psychiater, aber viele sind es, allzu viele, und jeder kann es irgendwann einmal sein: die *besten Erfahrungen* eines Gerichts mit einem Sachverständigen in vielen Fällen sind keine Garantie für diesen Sachverständigen in jedem Fall). Er hat 1990 auch, dazu angestiftet durch den Besuch forensisch-psychiatrischer Einrichtungen in der Sowjetunion, die »eminent *politische Funktion*« der Psychiatrie formuliert; eine Funktion, die sie nicht nur in der Sowjetunion hat, sondern auch in den anderen Ländern der Welt. (»Nein«, heißt es beispielsweise bei Rasch, »die forensische Psychiatrie der Bundesrepublik hat sicher keinen Grund, sich über andere Länder selbstgerecht zu erheben.«):

»Der forensisch tätige Psychiater wurde von der Rechtsprechung explizit als Gehilfe des Richters definiert, und man kann in der Bundesrepublik tagtäglich beobachten, wie sich im Gericht tätige Psychiater eilfertig den Gehilfenkittel überstreifen, um ihre Fachkenntnisse anzudienen. Die forensische Psychiatrie ist als Wissenschaft weniger darum bemüht, die in Frage stehenden Begriffe des juristisch-psychiatrischen Grenzbereichs in gemeinsamer Anstrengung zu füllen, zu präzisieren und gegebenenfalls zu hinterfragen, denn sich angepaßt zu verhalten. Der Psychiater agiert konform mit den aktuellen Bedürfnissen der Gesellschaft.

Die Dimension der klinisch-forensischen Psychiatrie, mit denen sie die Behandlungsbedürftigkeit ihrer Klientel mißt, orientieren sich nicht an selbstgesetzten Definitionen von Krankheit und Leiden, sondern an der gesamtgesellschaftlichen Entwicklung und den sich wandelnden gesellschaftlichen Wertvorstellungen, vornehmlich in ihren Ausformulierungen in Gesetz und Rechtsprechung.«

Und schon 1977 sagte Rasch zur Rolle des Sachverständigen vor den Strafgerichten:

»Von der kriminalpolitischen Großwetterlage wird auch das Rollenverständnis des Gutachters mitbestimmt. Merkwürdigerweise wurde in der wissenschaftlichen Literatur hierüber wenig reflektiert, der Sachverständige schlüpfte offenbar ohne allzuviel Nachdenken in die ihm zugedachte Rolle des Richtergehilfen. Man könnte formulieren, daß der Psychiater sich mit geradezu peinlicher Gefügigkeit in diese Rolle fand. Musil sprach im ›Mann ohne Eigenschaften‹ von der Wandlung des Engels der Medizin, der – seine eigene Sendung vergessend – zum Reserveengel der Jurisprudenz wird; zeitgenössische Erfahrungen im Hinterkopf, benutzte Moser sogar den Begriff des Selektionsgehilfen.«

Nur in wenigen Fällen *muß* beziehungsweise *soll* nach der StPO ein Psychiater und/oder Psychologe hinzugezogen werden. Im übrigen kann ein Gericht davon absehen, einen Sachverständigen zu hören, »wenn es selbst die erforderliche Sachkenntnis besitzt«. Die Rechtsprechung prüft allerdings streng, ob diese »eigene Sachkenntnis« bestand. Was medizinische, psychiatrische und psychologische Fragen angeht, so ist davon auszugehen, daß der BGH in der Revision auf eine ungenügende Wahrnehmung der Aufklärungspflicht erkennen wird, wenn ein Gericht über eine zweifelhafte Schuldfähigkeit entschieden hat, ohne einen Psychiater oder Psychologen gehört zu haben. Und der Katalog der Gesichtspunkte, die nach der Rechtsprechung zur Prüfung der Schuldfähigkeit eines Beschuldigten oder Angeklagten zwingen, ist groß.

Jeder Psychiater und Psychologe kann als Sachverständiger auftreten. Zur Tätigkeit als forensischer Psychiater oder Psychologe entschließen sich nur wenige von vornherein oder während ihres Studiums (und nehmen darum in ihrer Ausbildung alles wahr, was ihnen für ihre zukünftige Tätigkeit angeboten wird). Die meisten geraten in die Sachverständigenrolle hinein. Für den einen ist sie ein Ausweg, weil er einsehen muß, daß er eine Berufung auf einen Lehrstuhl seines Fachs nicht mehr bekommen wird. Für einen anderen bietet sie Ablenkung vom blöden Alltag des Dienstes an einer Klinik oder einem Institut, in den er geraten ist, nachdem sich kein Platz in der Nähe von Forschung und Lehre für ihn fand. Für viele, sehr viele, ist die Sachverständigentätigkeit eine immer wichtiger werdende Nebeneinnahme, die Ausmaße annehmen kann, von denen das Gehalt aus der Haupttätigkeit zu einem Zubrot degradiert wird (auch wenn sie von den Nebeneinnahmen an ihren eigentlichen Arbeitgeber abführen müssen). Der Sachverständige nimmt eine Rolle des von ihm erlernten Faches Psychiatrie oder Psychologie wahr, doch ob er über diese Rolle nachdenkt, ob er sich aneignet, worüber er in dieser Rolle verfügen muß, ob sich in diese Rolle hinein aus- und weiterbildet, ist seine Sache.

Die Gefahr, daß er sich im Gerichtssaal nicht behauptet, weil er sich als ungeeignet erweist, ist gering. Bis er an das erste Gutachten in einer kapitalen Sache gerät, vergeht schon einige Zeit. Psychiater und Psychologen werden ja, es war schon davon die Rede, beileibe nicht nur von den Strafgerichten benötigt. Er hat schon Gelegenheit, sich einen Namen zu machen, und einen Namen bekommt man nicht nur dadurch, daß man schwierige Fragen überzeugend beantwortet: Man bekommt ihn nicht zuletzt dadurch, daß man sich als ein Sachverständiger erweist, »mit dem sich gut zusammenarbeiten läßt«; als eine Frau oder ein Mann, mit der oder dem es »keine Schwierigkeiten gibt«. Man muß nur demonstrieren, daß man die Rolle, die einem zugewiesen wird, die des Gehilfen, im Sinne der Gerichte begreift; daß man vom Gericht nichts erwartet, was das Gericht mit der Rechtsprechung in Konflikt bringen kann. Es ist nicht schwer, eine Sachverständige oder ein Sachverständiger zu werden (aus der Zusammenarbeit heraus, aus der sich schnell bewährenden), von dem es im Beschluß oder im Urteil heißt, daß sie oder er dem Gericht »als gründlich und mit den modernsten wissenschaftlichen Methoden und Mitteln arbeitend« bekannt ist.

Man ist kein Star der forensischen Psychiatrie oder Psychologie, die sitzen in den Metropolen, die sind mit Terminen überlastet, die Haftprüfung droht, es darf nicht endlos dauern mit dem Gutachten. Und eines Tages ist man sozusagen der Hausgutachter eines Landgerichts, das zwar nicht in einer Großstadt liegt, aber an dem man denn doch ein Ansehen genießt, das befriedigt und einen auch von der eigenen Qualität überzeugt.

Weiterbildung, wieso? Peinliche Gefügigkeit? Na hören Sie mal. Das steht sogar bei Ihrem Rasch, sein Lehrbuch »Forensische Psychiatrie« haben wir selbstverständlich für unsere Bibliothek gekauft: »Die Übernahme der in der Jurisprudenz geltenden Kategorien durch den Gutachter bildet sozusagen die Geschäftsgrundlage.« In der Tat. Rasch fährt sogar fort: »Es wäre unredlich, wollte der Sachverständige diese Übernahme nur vorgeben, tatsächlich aber versuchen, das System trickreich zu unterlaufen.« Doch danach heißt es: »Das hindert ihn (den Sachverständigen) allerdings nicht, die einzelnen Begriffe, die durch gemeinsame Anstrengungen von Juristen, Psychologen und Psychiatern zu füllen sind, auch im Einzelfall neu auszulegen. Die Interpretation von Rechtsbegriffen durch die Rechtsprechung mit dem Ziel, Innovationen anzustoßen, sind eher notwendig als Reformen durch den Gesetzgeber, weil sie den täglichen Erfordernissen mehr Rechnung tragen. Wenn der Sachverständige in seiner Gehilfen- oder Beraterrolle ernstgenommen wird, kommt ihm bei der Entwicklung derartiger Innovationen eine wichtige Rolle zu. Das bedeutet aber auch, daß er den Einzelfall nicht nach einem Schema behandelt, das ihm ein Lehrbuch vorschreibt. Ferner aber kann der Sachverständige, der im Gerichtssaal sein Gutachten systemgerecht vorträgt, außerhalb dieser Tätigkeit natürlich sich kritisch Gedanken machen, ob die Grundlagen unseres Rechtsdenkens nicht hier und da Korrekturen vertragen würden.« Antwort des Hausgutachters, erleichtert und empört zugleich: Aber das alles tue ich ja. Deshalb erkennt man mich »als gründlich und mit den modernsten wissenschaftlichen Methoden und Mitteln arbeitend« an. *Ich* werde ernstgenommen!

Ein forensisches Spezialistentum wird nicht gewünscht. Es würde, so fürchtet man, eine Spaltung der Fächer Psychiatrie und Psychologie einleiten. Auch meint man, daß der forensisch spezialisierte Psychiater oder Psychologe sozusagen den Boden unter den Füßen, den Maßstab verlieren würde, der sich für ihn aus der ständigen Überprüfung seiner Kriterien an der täglichen Erfahrung mit Patienten ergibt, die ihm in der Klinik oder der Praxis aus »normalem«, nicht aus strafrechtlichem Anlaß begegnen.

Sicher ist es wichtig, daß der forensisch tätige Psychiater und Psychologe nicht die Bindung an die Klinik und die therapeutische Praxis verlieren; daß das Fundament ihrer Tätigkeit eine Ausbildung in Psychiatrie und Psychologie ist, die sie erwarben, ohne sich zu früh ihrem besonderen Interesse innerhalb der Psychiatrie und Psychologie zuzuwenden. Doch der Alltag der Gerichte schreit nach Sachverständigen, die sich das, was dafür erforderlich ist, nicht zufällig (mit mehr oder weniger sicherem Gespür für die Erfordernisse) angeeignet haben, sondern soweit wie nur möglich eingeführt und ausgebildet worden sind; die dieses höchst spezielle Fach innerhalb der Psychiatrie und Psychologie nicht dadurch zu begreifen und zu lernen versuchen, daß sie es ausüben.

Der psychiatrische und psychologische Sachverständige sieht sich in der Arbeit für die Gerichte vor einer Flut von Problemen, auf die ihn eine besondere Ausbildung vorbereitet haben muß. Weiter- und Fortbildung sind dringend nötig, doch auch diese Notwendigkeit begreift nur, wer in seiner Ausbildung gelernt hat, wie wichtig Weiter- und Fortbildung gerade hier sind.

Daß der Schrei nach dem forensischen Spezialisten nicht lauter zu hören ist, hat einen schlimmen Grund: Auch der schlechteste psychiatrische oder psychologische Sachverständige hat unter den an einem gerichtlichen Verfahren Beteiligten (und das ist ja keineswegs immer ein Strafverfahren) einen, für den er von Nutzen ist.

Das Elend der forensischen Sachverständigen beginnt damit, daß jeder etwas von ihnen erwartet. Das Gericht, der Rechtsanwalt, in Strafverfahren der Staatsanwalt und der Verteidiger – jeder wünscht sich etwas von Herrn oder Frau Weihnachtsmann. Auch das Gericht ist nicht nur an der besonderen Sachkunde des Sachverständigen interessiert. Zunächst einmal soll er sein Gutachten zwar nicht schon gestern, aber wenn es heute nicht möglich ist, doch bitte morgen abliefern. Man muß schließlich planen können. Denn die Parteien oder die Angeklagten haben einen Anspruch auf schnellstmögliche Erledigung. Der Sachverständige soll also dazu beitragen, daß die Überlastung der Gerichte nicht noch größer wird. Und der psychiatrische oder psychologische Befund soll für die Juristen nach ihren Regeln zu handhaben sein. Schwierig mag man sich bei Hofmannsthal gebärden, aber bitte nicht im Umgang mit Richtern, die es als Niederlage empfinden, wenn ein Rechtsmittel gegen ihre Entscheidung Erfolg hat. Daß Rechtsanwälte beziehungsweise Verteidiger im Sachverständigen häufig ihre einzige, letzte Hoffnung sehen (wenn nicht gar sehen müssen), bedarf der Erläuterung nicht. Und davon, daß die Staatsanwaltschaft den psychiatrischen oder psychologischen Gutachten leidenschaftslos gegenübersteht, kann schon gar keine Rede sein.

Auch die Staatsanwaltschaft kann einen Psychiater oder Psychologen als Sachverständigen bestellen. Das soll der Straffung und Beschleunigung des Ermittlungsverfahrens dienen. Die Auswahl der Sachverständigen wird längst nicht mehr allein vom Richter vorgenommen. Und so erlangt die Strafverfolgungsbehörde immer häufiger einen Vorsprung, den die Verteidigung trotz aller Anstrengungen nicht mehr aufholen kann. Auch wenn die Staatsanwaltschaft die Verteidigung wenigstens anhört, bevor sie ein Gutachten in Auftrag gibt: Es ist leider nicht die Regel, daß sie sich mit der Verteidigung auf einen Namen verständigt. Und wenn es zu einer Verständigung kommt, dann sieht sie bestenfalls so aus, wie von Hans-Ludwig Schreiber exemplarisch geschildert:

»In einer Besprechung mit einem Staatsanwalt bin ich einmal als Verteidiger eine Liste von verschiedenen psychiatrischen Sachverständigen durchgegangen. Der Staatsanwalt hat dabei jeweils erklärt, der eine sei für ihn akzeptabel, ein anderer grundsätzlich nicht. Geeinigt haben wir uns dann auf einen ›mittleren‹ Psychiater, nicht als zu konservativ, nicht als zu progressiv bekannt.«

Bereits bei der Auswahl des Sachverständigen fallen Vorentscheidungen, und so wie sich die forensische Psychiatrie und Psychologie darbieten (als Tätigkeit, die ohne den Nachweis einer speziellen Befähigung von jedem Psychiater oder Psychologen wahrgenommen werden kann), hat jeder Verfahrensbeteiligte im Kopf oder im Schreibtisch eine Liste der Sachverständigen, die seiner jeweiligen Erwartung mit der größten Wahrscheinlichkeit (ja sogar mit absoluter Sicherheit) entsprechen werden. Es geht dabei nicht nur um die wissenschaftliche Schule, aus der einer kommt, und danach, welchen Krankheitsbegriff einer hat und zuverlässig vertreten wird. Es geht genaugenommen darum, wie groß die Willfährigkeit des Sachverständigen ist, seine Auffassung selbst dann zur Verfügung zu stellen, wenn er offenkundig nur dieser Auffassung wegen als Sachverständiger bestellt worden ist; wenn gar nicht seine Meinung in der anstehenden Strafsache, sondern seine Position im Dissonanzenkonzert der miteinander um die Marktherrschaft kämpfenden psychiatrischen und psychologischen Schulen gefragt ist.

Gerichte und Staatsanwaltschaften bestellen forensische Sachverständige wie Waffen beim Versandhandel, sie haben ja einen Waffenschein (denn sie dürfen nach der StPO Sachverständige bestellen). Doch forensisches Spezialistentum wird nicht gewünscht, obwohl ein forensischer Sachverständiger, der seine Zulassung zu dieser Tätigkeit durch ein spezielles Studium erwerben mußte, auch darin unterrichtet und darin geprüft worden wäre, wie er mit den Erwartungen umgeht, die auf ihn lauern. Gäbe es eine zu erlernende und durch Prüfung zu erwerbende Qualifikation als forensischer Psychiater oder Psychologe – man hätte sich über den praktischen Umgang mit den klammheimlich korrumpierenden Erwartungen der Beteiligten auf eine verbindliche Lehre einigen müssen. Und auf dem Weg zu ihr wäre man nicht daran vorbeigekommen, sich grundsätzliche, einen Grund ins Bodenlose legende Gedanken über die Ethik der Sachverständigenrolle zu machen.

Es gibt für die forensischen Sachverständigen keine Übereinstimmung darüber, was man tun darf und wofür man sich unter keinen Umständen gewinnen läßt. Man steht zur Verfügung. *Einem* wird man schon von Nutzen sein. *Einer* wird sich gewiß darauf berufen, daß ihm der Sachverständige als gründlich und mit den modernsten wissenschaftlichen Methoden und Mitteln arbeitend bestens bekannt ist. Und wenn dieser eine dann noch das Gericht ist – sollen die anderen doch kreischen.

Die Wissenschaft vom Recht klagt nicht selten und nachgerade fast inbrünstig darüber, daß man den forensischen Sachverständigen ausgeliefert sei, daß man ihnen blind folgen müsse, da man ja ein Gutachten fachlich nicht prüfen und würdigen könne; daß also die»Richter in Weiß«entscheiden und nicht das Gericht. Von einer »vielfach beherrschenden Stellung« des Sachverständigen ist die Rede. Zwar gibt es auch Gerichte, die tatsächlich Hilfe bei der Beurteilung eines Angeklagten suchen, die also nicht davor zurückschrecken, einen Sachverständigen zu laden, von dem zu erwarten ist, daß er ihnen ein vielschichtiges, juristisch nicht einfach zu bewältigendes Bild vom Angeklagten vorführen wird (oder gar zusätzlich zu einem bereits von der Staatsanwaltschaft eingebrachten Sachverständigen zu bestellen – ohne Scheu vor den Kosten und dem daraus sicher entstehenden Ärger, man wird gewiß eine Weile in der gemeinsamen Kantine geschnitten werden, zu schweigen vom gereizten Klima in der Sitzung).

Doch das ist nicht die Regel. Auch gibt es Sachverständige, von denen hinreichend bekannt ist, daß man nicht erst darüber streiten muß, ob sie konservativ oder progressiv sind: Sachverständige, denen man zutrauen darf, daß sie (spätestens in der Hauptverhandlung, für die sie sich ihre abschließenden Feststellungen im schriftlichen Gutachten aufgespart haben)»spüren«werden, welcher Befund angemessen ist. Für derartige Sachverständige spricht ja auch, daß man nicht vorhersehen kann, was sie vortragen werden, nicht wahr?! Das ist kein einseitiger Mann, keine festgelegte Frau. Der beziehungsweise sie sind schon zu völlig unterschiedlichen Befunden in verschiedenen Verfahren gekommen. Ja, es gibt eben auch Sachverständige, die spüren während der Hauptverhandlung, welches Gutachten diesmal am Platz ist.

Und schließlich gibt es auch Gerichte, die vom Sachverständigen Hilfe dabei erwarten, zwischen den Klippen des Gesetzes und den Stromschnellen der Rechtsprechung hindurch zu einem Urteil zu gelangen, das dem Angeklagten die lebenslange Freiheitsstrafe erspart. Und dabei hat dann ein spürsamer Sachverständiger immerhin auch einmal mitgewirkt und sich damit den Ruf erworben, nicht festgelegt, sondern offen zu sein. Manches schriftliche Gutachten ist ein komplettes Angebot von möglichen Befunden und so offen, daß wirklich jeder Möglichkeit der Zuschlag erteilt werden kann. Im übrigen haben die Gerichte natürlich auch längst Techniken entwickelt, sich einem Gutachten zu entwinden, mit dem sie, wie sie betroffen entdecken mußten, doch nicht den richtigen Sachverständigen für das von ihnen gewünschte Ergebnis beauftragt hatten.

Noch einmal Schreiber:»Es ist nicht übertrieben, zu sagen, daß in vielen Fällen bereits die Auswahl des psychiatrisch-psychologischen Sachverständigen in Fragen der Schuldfähigkeit den Prozeß entscheidet.« Das ist nicht übertrieben. Das ist eine Untertreibung. Urteile, in denen sich die Gerichte widerwillig einem psychiatrischen oder psychologischen Sachverständigen unterwerfen und sozusagen ein Stück ihrer Entscheidungsbefugnis an ihn abtreten, sind eine Rarität (und sie werden dann auch mitunter schriftlich so begründet, daß sie der Revision zum Opfer fallen müssen).

Es ist dieser Zustand indessen nicht in erster Linie den Richtern und Staatsanwälten vorzuwerfen, denen also, denen die StPO die Auswahl der Sachverständigen überläßt. Dieser Zustand geht vielmehr zu Lasten der Psychiatrie und der Psychologie, die ein forensisches Spezialistentum fürchten; die sich der Tatsache nicht stellen, daß die Rolle des psychiatrischen oder psychologischen Sachverständigen längst nicht mehr ohne eine am Ende geprüfte Ausbildung wahrgenommen werden kann. An einigen Universitäten gibt es schon Lehrstühle für forensische Psychiatrie. Gäbe es sie erst einmal überall, wäre das ein erster Schritt; wäre es möglich, zunächst all das zu erfassen und zusammenzutragen, was denen vermittelt werden muß, die nach abgeschlossener Ausbildung vor den Gerichten tätig werden wollen. Man kann den derzeitigen Zustand der Forensik durchaus als einen Schandfleck der Fächer Psychiatrie und Psychologie empfinden. Die Weigerung, einem forensischen Spezialistentum Raum zu gewähren, ist gefährlicher für das Ansehen von Psychiatrie und Psychologie als die Anerkennung eines höchst besonderen Spezialbereichs der Psychiatrie und der Psychologie. Eine besondere Ausbildung, die den Bezug zu Klinik und therapeutischer Praxis nicht verliert und nicht aus diesem Bezug herausführt, muß möglich sein.

Zusätzlich zu dem dringend erforderlichen Unterricht im Umgang mit den heimlich korrumpierenden Erwartungen der jeweiligen Verfahrensbeteiligten, läßt sich schon jetzt ein Katalog von Themen nennen, denen der Sachverständige nicht erst in der Praxis begegnen darf, auf die ihn ein besonderes Studium vorbereitet haben muß. Wie steht der Sachverständige zu der Person, die er begutachten soll, man nennt sie den »Probanden«? Der Sachverständige ist Arzt oder als Psychologe therapeutisch, also gleichfalls ärztlich tätig. Der Arzt soll helfen, heilen. Doch nun sitzt er da, ist Sachverständiger und wird gefragt, ob die Schuldfähigkeit des Beschuldigten oder Angeklagten durch einen Befund aufgehoben oder vermindert war, der einen »Krankheitswert« hatte oder hat.

Daß die Sachverständigentätigkeit nicht zu völliger Preisgabe der ärztlichen, therapeutischen Verpflichtung führen darf, darüber herrscht – in der Fachliteratur – Einigkeit. Nur: Wie macht man's? Wie bleibt man beispielsweise als Sachverständiger Arzt und Therapeut, ohne unverzüglich von der Staatsanwaltschaft wegen Besorgnis der Befangenheit abgelehnt zu werden, weil man, so lautet immer öfter in Strafprozessen der Vorwurf, in eine zu enge, zu persönliche, eben allzu ärztlich-therapeutische Beziehung zum Probanden getreten sei? Wie verhält man sich unparteilich, wie bleibt man unabhängig, ohne den Arzt und Therapeuten zu verleugnen (wie ein prominenter Strafverteidiger, der als Nebenklägervertreter den Angeklagten ein »Tier in Menschengestalt« nennt)? Es gibt Sachverständige, die geraten auf der Flucht vor ihrem ärztlichen Auftrag in eine Überidentifikation mit der Justiz. Andere agieren, um ihren ärztlichen Auftrag nicht zu verraten, trickreich und vergehen sich dadurch in einer nicht hinzunehmenden Weise an ihrem Gutachtenauftrag.

Nicht zuletzt hätte eine Ausbildung in forensischer Psychiatrie und Psychologie zu klären, wie der Sachverständige mit sich selbst umzugehen hat, wenn er Gutachten erarbeitet. Die Kalauer-Frage, wer eigentlich die Sachverständigen begutachtet, hat schon einen Sinn, und hier ist der Fleck besonders schändlich. *Jeder* bringt seine persönliche Beschaffenheit in ihrem jeweils aktuellen Zustand in seine Berufstätigkeit mit ein (auch der Richter, auch der Journalist). Doch die seelische Situation des Sachverständigen, der ein Gutachten verfaßt beziehungsweise vorträgt, greift tiefer und vor allem mit weitreichenderen Folgen in seinen Befund ein. Die Abhängigkeit des Sachverständigen von sich selbst ist größer und schwerwiegender als die, in die er hinsichtlich eines Verfahrensbeteiligten geraten kann (und gerade in die Abhängigkeit von einem Verfahrensbeteiligten gerät er aus seiner persönlichen Disposition heraus).

Wer einigen Einblick in die Biographien von Sachverständigen und ihre derzeitige Lebenssituation hat, weiß einiges über die Lebenslinie vieler Sachverständiger, und er weiß auch viel darüber, warum diese Linie mitunter (nur für den Uneingeweihten überraschend) verlassen wird. Ein Sachverständiger, im allgemeinen bemüht, den Probanden zugänglich zu machen, empört sich über das, was ein Kollege zur Triebstruktur eines Angeklagten sagt. »Triebe, Triebe«, ruft er dazwischen. Im Saal sitzt die Ehefrau des Sachverständigen. Sie begleitet ihren Mann neuerdings zu auswärtigen Terminen. Der Sachverständige, der gerade ein Haus baut, hat etwas mit einer Kollegin angefangen, die erwartet ein Kind von ihm und will, daß er sich scheiden läßt. Es ist nur zu verständlich, daß der Sachverständige dieser Tage ein problematisches Verhältnis zum Triebleben hat und es für unangemessen hält, der Triebstruktur in der Geschichte einer Tat Bedeutung zuzumessen.

Wer über die seelische Beschaffenheit eines anderen gutachtet, muß ein leidlich geklärtes und immer wieder überprüftes Verhältnis zu seiner eigenen seelischen Verfassung und ihrem jeweiligen Zustand haben. Die Psychoanalyse besteht auf einer »Supervision«, der sich der Analytiker regelmäßig zu unterziehen hat. Da alles, was aus der Schule Freuds kommt, noch immer Widerstände auszulösen in der Lage ist, muß es ja nicht das Wort Supervision sein. Doch eine selbständige forensische Psychiatrie innerhalb der Psychiatrie hätte auch zu entwickeln und zu lehren, warum im einzelnen, in welcher Weise und wie oft sich der Sachverständige einer Selbstkontrolle zu unterziehen hat und wer ihm dabei helfen kann.

Wolfgang Schmidbauer hat wichtige Bücher »Über die seelische Problematik der helfenden Berufe« geschrieben, »Die hilflosen Helfer« und »Helfen als Beruf«. Es ist bekannt, es wird nicht mehr darüber ernsthaft gestritten, daß es, wie von Schmidbauer formuliert, ein »Helfer-Syndrom« gibt: »Wichtigster Inhalt des Helfer-Syndroms ist das Helfen als Abwehr anderer Beziehungsformen und Gefühle.« Was alles die Rolle des forensischen Sachverständigen (als Helfer und Gehilfe) verführerisch an Möglichkeiten zur Abwehr bietet, bedarf keiner Erläuterung. Daß der Sachverständige die ärztliche beziehungsweise therapeutische Verpflichtung zum Heilen und Helfen um der von den Juristen geforderten Unparteilichkeit willen modifizieren muß, potenziert die Gefährlichkeit der Verführung.

Im forensischen Sachverständigen muß in seiner Ausbildung als selbstverständliche, berufliche Notwendigkeit begründet werden, daß er seine Beziehung zu sich selbst in jeder Beziehung, die er um eines Gutachtens willen eingeht, vor Augen zu haben hat (und daß das nur durch etwas möglich ist, wofür sich ein anderer Name als Supervision finden lassen sollte). In vielen Berufen ist eine derartige Selbstkontrolle mit Hilfe von sachkundigen Personen heute schon keine Seltenheit mehr, in der Sozialarbeit etwa; in einem Beruf also, in dem man ebenfalls über Menschen befinden muß, weil man ihnen helfen will – in dem man zu begreifen hat, daß man einen Befund immer aus der eigenen Befindlichkeit heraus erhebt. Vielleicht entspringt der Widerstand gegen ein forensisches Spezialistentum ein wenig dem Wunsch, weiter verdrängen zu können, daß auch der Umgang mit »normalen« Patienten eine ständig aufgefrischte, kontrollierte Selbstkontrolle verlangt.

Ein forensisches Gutachten kann dem Angeklagten die Einweisung in ein psychiatrisches Krankenhaus, die Schuldunfähigkeit wegen seelischer Störungen oder verminderte Schuldfähigkeit (und damit die Möglichkeit einer Strafmilderung) bringen. Die Psychowissenschaften haben sich auf den ihnen zugewiesenen Platz innerhalb eines Systems eingelassen, das Handlungen gegen die Verabredungen, die ein leidliches Zusammenleben ermöglichen sollen (man nennt sie hochtrabend »Gesetze«, als wären sie gerade eben, noch dazu in Stein gehauen, vom Berg herabgebracht worden), nach einem Schuldstrafrecht behandelt und aburteilt. Das Schuldstrafrecht versucht derzeit in einer wahren Zerreißprobe zu koordinieren. »Die Schuld des Täters ist die Grundlage für die Zumessung der Strafe« heißt es einerseits. Andererseits heißt es auch: »Die Wirkungen, die von der Strafe für das zukünftige Leben des Täters in der Gesellschaft zu erwarten sind, sind zu berücksichtigen.« Rasch, wirklich der hervorragendste Kopf und das gequälteste Temperament in dem Versuch, eine Arbeitsbasis zwischen der Justiz und den Psychowissenschaften zu finden (gequält, denn daß allenfalls eine Annäherung möglich, doch eine »solide Basis« auch durch den gewaltigsten Spagat nicht zu erreichen ist, dürfe ihm bewußt sein; es nützt schon, was er in immer neuen Anläufen versucht, aber es bessert nur an den Rändern, es ist ein notwendiges, aber »nutzloses Dienen«):

»Das Schuldstrafrecht setzt die Annahme voraus, daß ein Täter die Möglichkeit zur Entscheidung hatte. Der psychologische oder psychiatrische Sachverständige kann hierfür keinen Beweis liefern. In seinen Post-hoc-Analysen kann er vielmehr nur aufweisen, wie eine Persönlichkeit in eine bestimmte Determinationsstruktur eingespannt war und wie aus der Summation von Erfahrungen und Erlebnissen eine bestimmte Handlungsbereitschaft resultierte. Die forensische Psychiatrie war bemüht, ihre Kenntnisse der Rechtslehre anzupassen; der psychiatrische Sachverständige hat brav die ihm angetragene Gehilfentätigkeit übernommen, die Tatsachen wurden dem ›— juristischen —‹ Dogma untergeordnet.«

Die Schuld begründet das Strafmaß. Doch die Strafe soll auch so wirken, daß sie das zukünftige Leben des Täters in der Gesellschaft berücksichtigt und fördert. Und von den forensischen Sachverständigen wird erwartet, daß sie das eine und das andere zugleich möglich machen. Das führt zu Verwirrungen, zu Katastrophen sogar (und so selten, wie mancher behauptet, sind die Katastrophen nicht).

»UND DAS NIMMT IHM DAS GERICHT NICHT AB ...«: Er hat dreimal getötet in seinem Leben. 1971 tötete er einen Mann, und nach dieser ersten Tat war bekannt, wie gefährdet und wie gefährlich er ist. Doch man entließ ihn vorzeitig aus der Haft. Man setzte ihm fast fünf von 14 Jahren Freiheitsstrafe zur Bewährung aus. Und so konnte er 1982 einen zweiten, und nachdem man ihm diese Tat nicht nachwies, 1985 einen dritten Mann töten.

1988 steht er zum dritten Mal vor Gericht, 49 Jahre alt, und es muß von ihm gesprochen werden, so schrecklich seine Taten, so unerträglich die Einzelheiten dieser Taten sind. Denn sein Fall zeigt, daß auch das Verständnis, das man den Menschen entgegenbringt, die man Straftäter nennt, ein oberflächliches, bequemes Verständnis sein kann. Sein Fall zeigt, welche Verwirrung zwischen den Juristen, den Psychiatern und den Psychologen herrscht und welche Folgen diese Verwirrung haben kann.

Gegen Roland Steigerwald wird im Mai 1988 vor der 5. Großen Strafkammer des Landgerichts Nürnberg verhandelt. Er wird nie mehr das erlangen, was man die Freiheit nennt. Sein Name hat einen festen Platz in der Geschichte der Strafverfahren in der Bundesrepublik. Von ihm ist auch zu berichten wider den Abscheu und den Ekel, die ihm gelten.

Verhandelt wird im Saal 600 des Nürnberger Justizgebäudes. Die Inschrift eines runden Schildes vor dem Saal erinnert: »Vom 20. November 1945–1. Oktober 1946 fanden in diesem Sitzungssaal die Verhandlungen des Internationalen Militärgerichtshofes statt.«

Schrecklich ist, was Roland Steigerwald getan hat. Doch angesichts dieses erinnernden runden Schildes fällt einem ein, was Albert Camus 1957 in seinen »Betrachtungen zur Todesstrafe« geschrieben hat: »Seit dreißig Jahren sind die Verbrechen des Staates unendlich viel zahlreicher als die Verbrechen der Einzelmenschen.«

Und es fallen einem angesichts dieses Schildes, denn der Angeklagte Roland Steigerwald gilt als Homosexueller, auch die Sätze ein, mit denen der SS-Führer Heinrich Himmler 1936 den Massenmord an den Homosexuellen ankündigte:

»Wie wir heute in der Frage der Mischehen zwischen artfremden Rassen zu der altgermanischen Auffassung zurückgefunden haben, so müssen wir auch in der Beurteilung der rassenvernichtenden Entartungserscheinungen der Homosexualität zurückkehren zu den moralischen Leitgedanken der Ausmerzung der Entarteten.«

Am 20. März 1971 erkundigt sich der Vater des 24 Jahre alten Heinz G. in Stuttgart bei Roland Steigerwald, der damals 32 Jahre alt ist, nach seinem Sohn. Der soll zuletzt mit Roland Steigerwald gesehen worden sein. Roland Steigerwald räumt ein, daß er am Abend zuvor mit dem Sohn zusammengewesen ist, doch er behauptet, er wisse nicht, wo sich dieser jetzt aufhalte. Roland Steigerwald beteiligt sich an der Suche nach dem Vermißten. Er geht sogar mit dem Vater zur Polizei und unterstützt ihn in seinem Drängen nach einer intensiven Fahndung. Die Mutter tröstet er: »Verzweifeln Sie nicht, Ihr Sohn kommt bald wieder.«

Doch bei einer zweiten Durchsuchung der Wohnung von Roland Steigerwald, die erste wurde nur oberflächlich vorgenommen, weil der Strom ausfiel, wird die Leiche von Heinz G. gefunden. Eine Große Strafkammer des Landgerichts Stuttgart verurteilt Roland Steigerwald wegen Mordes zu 14 Jahren Freiheitsstrafe. Dem Urteil zufolge hat Roland Steigerwald während oder nach einer homosexuellen Szene mit den Fäusten und mit einem mit Sand gefüllten Socken auf Heinz G. eingeschlagen, bis dieser regungslos auf dem Boden liegenblieb:

»Um sich ungestört an ihm vergehen zu können, schnürte er mit einem Kabel die Hände des sich noch schwach Wehrenden auf dem Rücken zusammen. Dann fesselte er die Beine des G., zog die Leine über dem Rücken straff an, schlang sie zweimal um den Hals des Opfers und verknotete sie. Er zog die Hose des G. herunter und versuchte, bei ihm zu onanieren, was ihm nicht gelang, da G. inzwischen (an Erbrochenem) erstickt war. Danach beschloß er, seinem Opfer den Penis abzutrennen. Er versuchte dies zunächst mit einem Tafelmesser, nahm dann eine Schere.«

Das Gericht schließt eine erhebliche, alkoholbedingte Verminderung der Steuerungsfähigkeit bei Roland Steigerwald nicht aus und mildert ihretwegen die Strafe von lebenslang auf 14 Jahre. Bei der Begutachtung ist für Roland Steigerwald ein Intelligenzquotient von 107 festgestellt worden. Seine »homosexuellen Neigungen« werden auf die Probleme zurückgeführt, die er mit seiner Mutter hatte. Und es ist auch die Rede von einer besonderen Anfälligkeit für aggressive Reaktionen. Getötet hat Roland Steigerwald, so das Gericht, »zur Befriedigung des Geschlechtstriebs«.

Die »Befriedigung des Geschlechtstriebs« ist eine juristische Formel, eine von denen, mit denen man eine erträgliche Ordnung in der Bewertung von Taten zu schaffen sucht. Man darf derartige Formeln nicht leichtfertig abtun. Es geht nicht ohne sie, wenn eine leidliche Einheitlichkeit der Rechtsprechung erreicht werden soll, die der Willkür Grenzen setzt. Daß solche Formeln platt sind angesichts der Vielfalt der Vorgänge, auf die sie anzuwenden sind, angesichts der Tatsache, daß zwischen den Taten, die man in die jeweilige Formelrubrik bringt, subtile und heikle Unterschiede bestehen, ist bedauerlich, doch nicht zu ändern. Man muß allerdings ständig um die Nachbesserung derartiger Formeln bemüht sein, und da der Gesetzgeber nicht ständig seine Texte korrigieren kann, ohne das Vertrauen zu den Gesetzen zu ruinieren, hat die Rechtsprechung, vor allem die der Revisionsinstanz, auf den Punkt hinzusteuern, an dem dann eines Tages auch eine Korrektur des Gesetzes unbestreitbar nötig und möglich wird.

Die »Befriedigung des Geschlechtstriebs« ist ein Mordmerkmal mit einem zähen Leben, mit dem umzugehen der Strafjustiz kaum Bedenken bereitet. Was – etwa von Eberhard Schorsch und Nikolaus Becker – zur »Psychodynamik sexueller Tötungen« vorgebracht worden ist, sickert nur langsam in die Rechtsprechung der Tat- und der Revisionsgerichte ein. Auch darf man nicht verschweigen, daß hinsichtlich des Umgangs mit Tätern, die man als vornehmlich sexuell motiviert ansieht, von der Wissenschaft noch nicht viel vorgelegt und durch ermutigende Behandlungserfolge belegt worden ist – nicht vorgelegt und belegt werden konnte, weil der Wissenschaft hierfür fast nichts von dem zur Verfügung steht, was an Einrichtungen, an Personal und Mitteln erforderlich wäre. Was ist »Befriedigung«, was ist »Geschlechtstrieb«? Was unterscheidet eine Tötung aus sexuellen Gründen von Tötungen aus anderen Gründen? Die forensischen Sachverständigen haben sich der Formel von der »Befriedigung des Geschlechtstriebs« unterworfen, man muß sich ja in der Sprache, in den Begriffen derer ausdrücken, die einen mit der Begutachtung beauftragt haben.

Ein forensischer Sachverständiger hat 1972 in Stuttgart auch gesagt, eine Therapie Roland Steigerwalds während der Strafhaft sei »unabdingbar«. Doch wie eine solche Therapie aussehen und wie sie im Strafvollzug stattfinden soll, davon hat kaum einer der Beteiligten eine Vorstellung. Eine Einweisung Roland Steigerwalds in eine psychiatrische Klinik (vor, nach oder nach einem Teil der Strafhaft) wird nicht beschlossen. Eine derartige Einweisung kann ein Lebenslang bis zum Tode sein. Genaugenommen hält man sich noch immer an die Faustregel, die über Jahrzehnte zwischen Justiz und Psychowissenschaften unausgesprochen galt: Daß das geordnete Leben und die geregelte Arbeit im Strafvollzug den Verurteilten lehren werde, die Beherrschung seines überschießenden Trieblebens zu lernen.

Die Formel »Befriedigung des Geschlechtstriebs« ist auf fatale Weise geeignet, den Irrtum am Leben zu halten und zu fördern, daß Triebe beherrschbar sind, daß nur der Unbeherrschtheit abzuhelfen ist, und daß diese Abhilfe nicht mehr sein muß als eine Art verspätete Erziehung zum Verzicht, und daß diese Erziehung, ihrer Verspätung wegen, am erfolgreichsten in Form einer Dressur stattfindet. In der Strafhaft, die Roland Steigerwald in Freiburg verbüßt, kommt es, was die »unabdingbare« Therapie angeht, zu einer Parodie auf eine Therapie.

Der gelernte Bauschlosser Roland Steigerwald arbeitet »in der hauseigenen Schlosserei zur vollsten Zufriedenheit«. Er gilt fachlich als »äußerst zuverlässig und qualifiziert«. Er nutzt jede Möglichkeit zur Weiterbildung. Er schafft den Hauptschul- und den Realschulabschluß, er nimmt an Kursen für Französisch und Englisch teil und besucht auch erfolgreich einen Kurs in Buchhaltung. Und dann beginnt er in der Freizeit Oldtimermodelle zu bauen.

»Dabei kam ihm seine akribische und bis ins einzelne planende Wesensart zugute«, hieß es später, »verbunden mit seiner präzisen und ausdauernden Fingerfertigkeit. Die Modelle waren so perfekt, daß sie großes Aufsehen erregten und zum Teil vom Angeklagten zur Tilgung seiner Schulden an Liebhaber verkauft werden konnten.«

Für die Auseinandersetzung mit seiner Tat findet Roland Steigerwald auf dem »Dienstweg« keine Hilfe. Dem Pfarrer und der

Frau des Pfarrers gegenüber kann er sich ein wenig öffnen und immerhin davon sprechen, daß er nicht begreift, wie es zu seiner Tat kommen konnte. Schließlich bittet er den Pfarrer, ihm einen Therapeuten zu vermitteln. Der entspricht seiner Bitte, und so finden vom April 1977 an einmal wöchentlich Gespräche mit einem Diplompsychologen statt, den der Häftling Roland Steigerwald selbst bezahlt, seine Einnahmen aus dem Verkauf der Automodelle machen ihm das möglich.

Leider nur ist der Diplompsychologe der Meinung, seine therapeutische Bemühung um Roland Steigerwald schließe diagnostische Aktivität aus. Er beschränkt sich auf die Konfliktbewältigung, auf die Probleme, die der Alltag des Vollzugs Roland Steigerwald bereitet. Gelegentlich kommen Kindheitserlebnisse zur Sprache, doch die werden für diagnostische Überlegungen nicht genutzt. Die Tat und die Homosexualität sind keine Themen, die eine Rolle spielen.

Warum Roland Steigerwald am 10. Dezember 1980 bedingt entlassen wird, läßt sich insgesamt später nicht klären. Nur eine Fülle von erschreckenden Einzelheiten drängt sich auf. Vergünstigungen sind ihm während der Strafhaft nicht gewährt worden, er hat keinen Ausgang gehabt, er ist nicht einmal ausgeführt worden. Erst ein paar Tage vor seiner Entlassung wird er einmal nach draußen begleitet. Der Sachverständige, der ihn in Stuttgart begutachtet hat, soll ihn erneut begutachten. Doch das Gutachten wird nicht fertiggestellt, da die Kostenfrage bis zum Datum der Entlassung nicht geklärt werden kann.

Der Diplompsychologe hat die Entlassung seines Privatpatienten befürwortet. Und auch die Geistlichen, die sich mit ihm befaßt haben, setzen sich für ihn ein. Wobei sie freilich davon ausgehen, daß die Tat und die Homosexualität von dem Diplompsychologen mit Roland Steigerwald aufgearbeitet worden sind. Sie gehen davon aus, »daß eine Wiederholungstat aufgrund des Verlaufs der ersten Strafe völlig ausgeschlossen ist«. Roland Steigerwald hat sich schuldbewußt gezeigt. »Ich habe viel gutzumachen«, hat er gesagt. Er hat gearbeitet in der Haft, er hat sich weitergebildet. Er hat im Vollzug geleistet, was nur zu leisten ist. Er wird draußen weiter leistungsfähig sein und darum gefeit. Er hat geordnet gelebt und geregelt gearbeitet im Strafvollzug. Und das bedeutet, so sieht man es (wenigstens unbewußt), daß er auch gelernt hat, seinen Geschlechtstrieb zu beherrschen.

Roland Steigerwald findet Arbeit in Freiburg. Sein Bewährungshelfer ist sehr zufrieden mit ihm. Der Bewährungshelfer erörtert nur praktische Dinge mit Roland Steigerwald. Die Stuttgarter Tat und die Homosexualität sind keine Themen, weil das, so später der Bewährungshelfer, »den persönlichen Bereich« von Roland Steigerwald betrifft.

Im Juni 1982 wird in Freiburg Cyrius S., 17, vermißt. Zwei Tage nach seinem Ausbleiben erstattet die Mutter Vermißtenanzeige. Zunächst findet keine Überprüfung von Roland Steigerwald statt, obwohl Cyrius S. zuletzt mit ihm gesehen worden ist. Der Computer hat über das Strafregister von Roland Steigerwald eine »Nullauskunft« gegeben. Als dann im August 1982 ein Pilzsammler eine stark verweste und größtenteils skelettierte Leiche finden, nimmt die Gerichtsmedizin erst einmal an, man habe es mit einer weiblichen Leiche zu tun. Als dieser Irrtum behoben ist, wird Roland Steigerwald in Haft genommen. Er bestreitet die Tat entschieden, ja erbittert.

Am 7. März 1984 beginnt in Freiburg der Prozeß gegen Roland Steigerwald, der inzwischen 45 Jahre alt ist, und die Beweislage gegen ihn ist für die Anklage verheerend. Die Spuren sind in den Monaten, in denen ermittelt, in denen der Vermißte gesucht wurde, beschädigt, wenn nicht gar vernichtet worden. So steht gegen den Angeklagten vor allem seine erste, in Stuttgart abgeurteilte Tat. Das Gericht hört darum auch alle in Betracht kommenden Zeugen und Sachverständigen, die Roland Steigerwald aus dem Stuttgarter Prozeß und aus der Zeit seiner Strafhaft in Freiburg kennen. Die Berichte, die Monika Kaiser damals für die *Badische Zeitung* schrieb, sind eine beklemmende Lektüre. So berichtete sie über die Vernehmung des Diplompsychologen, der Roland Steigerwald vier Jahre lang einmal in der Woche aufgesucht hatte:

> »Wiederholt wurde dem Psychologen entgegengehalten, daß er hätte wissen müssen, daß nach Jahren eines ›keimfreien Lebens‹ im Vollzug die Freiheit eine Fülle neuer Konflikte für seinen Klienten bergen könne... Offen blieb die Frage, warum derart gravierende Konflikte in der Persönlichkeit des Angeklagten nicht aufgegriffen wurden, wie die Aussage hinsichtlich der Entlassung in solcher Form zustande kommen konnte und warum der Psychologe nicht auf einer psychotherapeutischen Begleitung des Steigerwald auch in der ersten Zeit der Freiheit bestand.«

Die forensischen Sachverständigen, die in Freiburg neu gehört werden, können nur »Hilfskonstruktionen« bieten, da sich der Angeklagte geweigert hat, mit ihnen zusammenzuarbeiten, und da er ja auch die Tat bestreitet. Die Begutachtung eines bestreitenden Beschuldigten oder Angeklagten ist eine Zumutung, es ist unverantwortlich, etwas über einen bestreitenden Angeklagten für den Fall zu sagen, daß er vielleicht doch der Täter ist, oder gar dazu Stellung zu nehmen, ob er der Täter ist oder nicht. Gelegentlich der Hilfskonstruktionen in Freiburg fallen zwei Dinge auf: Ein Sachverständiger spricht von einer wahrscheinlich eher überdurchschnittlichen Intelligenz Roland Steigerwalds. Und er spricht auch davon, daß Roland Steigerwald seine Homosexualität nicht akzeptiert habe; daß er offenbar noch immer gegen sie aufbegehre und darunter leide, anders zu sein.

Die Anklage beantragt die lebenslange Freiheitsstrafe, obwohl man auf »klassische Indizien« habe verzichten müssen, nachdem die frühzeitigen Hinweise der Familie des Opfers nicht einmal zur routinemäßigen Überprüfung des Angeklagten (die Nullauskunft) geführt hatten. Das Gericht verurteilt zu zehn Jahren Freiheitsstrafe wegen Totschlags. Es berücksichtigt, daß möglicherweise eine Affekthandlung stattfand. Und es findet keinen Hinweis darauf, daß Roland Steigerwald »zur Befriedigung des Geschlechtstriebs« getötet hat. Auch schließt das Gericht nicht aus, daß Roland Steigerwalds Steuerungsfähigkeit durch einen hochgradigen Affekt beeinträchtigt war, und es berücksichtigt das strafmildernd.

Das Urteil ist offensichtlich das Ergebnis einer Ratlosigkeit, die im uneingestandenen Zweifel an der Täterschaft Roland Steigerwalds wurzelt. Wäre man sicher gewesen, hätte man schon sagen müssen (und sich nicht mit der Möglichkeit einer Affekthandlung begnügen dürfen und einem hochgradigen Affekt), was diese Tat denn war, wenn sie nicht zur »Befriedigung des Geschlechtstriebs« geschehen sein soll. Man hätte sich mit der Formel auseinandersetzen und beispielsweise mit der Frage plagen müssen (unabhängig vom anstehenden Fall), wozu es führen kann, daß ein Mann seine Homosexualität nicht akzeptiert. Über das Freiburger Urteil kommt denn auch die Revisionsinstanz, der BGH. Im November 1984 hebt der 1. Strafsenat in Karlsruhe das Urteil einstimmig und ohne mündliche Verhandlung auf.

Am 1. Juli 1985 wird Roland Steigerwald von einem anderen Gericht in Freiburg vom Vorwurf des Mordes freigesprochen und lediglich wegen – von ihm eingeräumter – homosexueller Handlungen zu einer Freiheitsstrafe von einem Jahr und drei Monaten verurteilt. Noch am gleichen Tag wird er in eine Freiheit entlassen, die für ihn nichts anderes als das Gefängnis seiner schweren Störung ist; in eine Unfreiheit, die nun auch noch für einen dritten Menschen den Tod bedeutet. Roland Steigerwald zieht nach Würzburg, findet dort Arbeit. Am 8. Januar 1986 wird in Fürth der Versandarbeiter Marek F., 28, von seiner Pflegemutter als vermißt gemeldet. Sie ist eine unvergeßliche Zeugin. Auf die Frage, ob ihr Pflegesohn »sensibel« gewesen sei, hat sie die Gelassenheit zu fragen: »Was ist das?« In der Welt der Bilder wird die Verständigung immer schwerer, doch wann wagt schon einer, zu sagen, daß er nicht versteht.

Ende Januar 1986 wird der Kopf von Marek F. in der Nähe eines Parkplatzes gefunden. Und im April entdeckt man seine abgesägten Beine in einem Waldgebiet. Am 13. April 1986 wird Roland Steigerwald festgenommen. Die Freiburger Kollegen haben der Nürnberger Kripo einen Hinweis gegeben, den diese überaus sorgfältig und behutsam für ihre Ermittlungen benutzt hat. Roland Steigerwald gerät an einen Sachbearbeiter, der es versteht, ihn so anzusprechen, daß er antworten kann. Er gesteht, Marek F. am 31. Dezember 1985 getötet zu haben. Und er gesteht auch, daß er 1982 Cyrius S. getötet hat.

So geht es in Nürnberg nicht nur um den Tod von Marek F., sondern auch, in Wiederaufnahme, um den Tod von Cyrius S. Der Staatsanwalt Robert Heusinger hat als Sachverständige den Psychiater Eberhard Schorsch und den Psychologen Herbert Maisch bestellt, und das ist anzuerkennen, belegt es doch, daß es der Anklage nicht nur um das von ihr gewünschte Urteil, sondern auch um Antwort auf die Fragen geht, die den Fall Roland Steigerwald so quälend machen. Beide Sachverständige genießen den Ruf, die Wahrheitsfindung unbequem zu machen. Was sie im Mai 1988 in Nürnberg vortrugen, kann nur verkürzt und vereinfacht dargestellt werden.

Vorweg: Roland Steigerwald verfügt, so Maisch, über einen Intelligenzquotienten von 145, über eine »extrem hohe Intelligenz«, die weit in den Bereich der Hochbegabung hineinragt. Daß man 1972 zu einem viel geringeren Ergebnis kam, ist nicht unbedingt vorwerfbar: Roland Steigerwald ist in extremem Ausmaß störbar. Und Maisch spricht von der Hochbegabtenproblematik, die in Betracht zu ziehen ist:

171

»Es ist heute gesicherte Erkenntnis, daß Hochbegabte als Kinder besonders sensibel, leicht kränkbar und sensitiv sind, leicht unzufrieden mit ihrer Umwelt, sich leicht zurückziehen und zum Einzelgänger neigen... und in der Bewältigung aller Probleme leicht unter einen inneren Konfliktdruck geraten können: zwischen Anpassung oder ›Rebellion‹. Fehlentwicklungen der Persönlichkeit sind gerade dort keine seltene Erscheinung, wo die Hochbegabung nicht entdeckt und gefördert wird...«.

Roland Steigerwald, so Schorsch, stammt aus denkbar ungünstigen Verhältnissen. Er wurde unehelich geboren und wuchs in einer ländlichen Umgebung auf, in der die uneheliche Geburt eine starke Stigmatisierung bedeutete. Da die Mutter ebenfalls unter diesem Stigma litt, hat sie ihre Wut an ihm ausgelassen. Roland Steigerwald stand in der Kindheit immer unter dem Eindruck, ungewollt zu sein und abgelehnt zu werden. Ihm ist früh vermittelt worden, er sei nichts wert. Von der Mutter ist ihm auch früh bedeutet worden, Sexualität sei etwas Verbotenes, Schmutziges. Ein Zugang zu der Welt von Mädchen und Frauen hat sich ihm nie eröffnet. Im Alter von neun bis zehn Jahren wird er von einem Onkel anal mißbraucht. Die zweite sexuelle Katastrophe widerfährt ihm mit etwa 15 Jahren in einem Jugendarrest: Er wird von Mitgefangenen gefesselt, die dann an seinen Genitalien manipulieren.

Eine homosexuelle Orientierung oder Identität hat er für sich nie entwickeln oder akzeptieren können. Er hat überhaupt keine sexuelle Orientierung oder Identität entwickelt. Soweit er sich sexuelle Wünsche überhaupt gestattete, bezogen sich diese auf Männer, die ihm ähnlich waren. Er suchte eine Art positives Spiegelbild seiner selbst. Maisch:

»Die wechselnden und kurzfristigen homosexuellen Kontakte von Herrn Steigerwald sind in der Regel unverbindliche sexuelle Erlebnisse in Form mutueller Masturbation... Dabei ist wesentlich, daß Herr Steigerwald eigentlich etwas tut, was er ablehnt und verurteilt: Seine eigene homosexuelle Ausrichtung, aber auch das ›Objekt‹ seiner sexuellen Bedürfnisse, den homosexuellen Partner. Andererseits sind seine relativ wahllosen homosexuellen Kontakte auch ein Durchbrechen seiner inneren Isolation, eine Kompensation seiner

Einsamkeit in Form einer zwischenmenschlichen Annäherung...«.

Die Taten von Roland Steigerwald sind ein »aggressiver, destruktiver Impulsumbruch«, ein Umkippen seiner selbstbestrafenden Impulse nach außen und gegen den jeweiligen homosexuellen Partner. Maisch: »Das Abtrennen der Partnergenitale – lebend oder bereits tot – ist exakt die Kopie seines an einen homosexuellen Partner delegierten Selbstbestrafungsverlangens mit umgekehrtem Vorzeichen.« Roland Steigerwald hat allen seinen Opfern das Glied abgeschnitten.

Die Sachverständigen stellen eine außergewöhnlich intensive Persönlichkeitsstörung fest, eine »schwere andere seelische Abartigkeit« im Sinne des Gesetzes. Sie halten nicht für möglich, daß Roland Steigerwald geheilt werden kann. Sie meinen, daß seine Steuerungsfähigkeit erheblich vermindert ist. Sie empfehlen seine Unterbringung in einer psychiatrischen Einrichtung, in einer »Nische«, in der sein Schicksal nicht geheilt, aber doch gemildert, für ihn erträglich gemacht werden kann.

In Nürnberg ist unter dem Vorsitzenden Richter Johann Manger verhandelt worden. Unter seinem Vorsitz wurde im November 1981 der KOMM-Prozeß in Nürnberg ausgesetzt, nachdem schwere Mängel der Ermittlung und der Anklage offenkundig waren. Beim Richter Manger weiß man immer, woran man mit ihm ist. Das Urteil, das er Roland Steigerwald verkündet, ist fair: Lebenslang wegen Mordes an Cyrius S. und Marek F., doch auch Einweisung in eine psychiatrische Einrichtung *vor* der Strafverbüßung.

Die Menschen müssen vor Roland Steigerwald geschützt werden, er vor sich selbst. Das Urteil sorgt für das eine und für das andere. Trotzdem ist etwas zu ihm zu sagen. Der Richter Manger hat in der mündlichen Urteilsbegründung viel Energie darauf verwendet, dem Angeklagten vorzuhalten, er habe nicht die Wahrheit gesagt. Er habe nur das gesagt, wovon er sich zu seinen Gunsten etwas versprach. Er habe nur so getan, als erinnere er sich nicht an die entscheidenden Szenen seiner Taten. »Und das nimmt ihm das Gericht nicht ab«, rief der Richter Manger.

Die Einsichtsfähigkeit des Angeklagten sei, wie von den Sachverständigen festgestellt, nicht tangiert gewesen. Richtig – doch die Sachverständigen haben nicht behauptet, Roland Steigerwald sei zwischen seinen Taten fähig gewesen, sich bei einem Arzt oder wem auch immer zu melden und mitzuteilen, es braue sich wieder etwas in ihm zusammen und man möge ihm in den Arm fallen.

Der Staatsanwalt Heusinger, der sich um das Abfangen einer gerade in diesem Saal unerträglichen Szene verdient gemacht hatte (der Vorsitzende brach über einen verstörten, sich vor seinem Milieu fürchtenden Zeugen herein, schrie ihn als »Stricher« an und versuchte mit der Androhung von Haft eine Aussage zu erzwingen) – der Staatsanwalt Heusinger ging in der Richtung der Urteilsbegründung des Vorsitzenden in seinem Strafantrag noch weiter. Roland Steigerwald habe gewußt nach seiner ersten Tat, daß es Probleme geben würde, wenn er »sich wieder in dieses Milieu« begibt. Und gerade bei seiner hohen Intelligenz hätte er in der Lage sein müssen, sich anders zu verhalten. In der Tat, es wäre schön, wenn das Feuer, das schließlich seine Gefährlichkeit kennt, den Feuermelder betätigen würde, bevor es ausbricht.

Es wäre zu all dem nichts zu sagen angesichts eines Urteils, das nicht nur vor Roland Steigerwald schützt, sondern ihm auch einen letzten Schutz gewährt, wäre da nicht dieses gefährliche Bild von einem Triebtäter, der dank seiner hohen Intelligenz wissen muß, worauf er sich einläßt; von einem Täter, der bewußt verdrängt und verschweigt, um seine Chancen zu verbessern. Wo Roland Steigerwald geschwiegen, wo er verdrängt hat, hat er Erinnerungen abgespalten, die er nicht akzeptieren, die er nicht ertragen konnte. Gerade Roland Steigerwald hat nicht, wie es nun wieder, wie 1972 in Stuttgart, hieß, »zur Befriedigung des Geschlechtstriebs« getötet, im Gegenteil. Die Sachverständigen haben in Nürnberg nur zu deutlich gemacht, daß ihn der Ekel töten ließ, der Ekel, den er sich selbst gegenüber empfand.

Das Nürnberger Gericht hat für Roland Steigerwald getan, was für ihn noch getan werden konnte. Daß es das nicht mit Feststellungen tat, die über den Fall hinausführten, ist zu beklagen. Man muß dem Strafgesetz Formeln zugestehen, doch auch die Tatgerichte sollten sich (zumal wenn eine erfolgreiche Revision gegen ihr Urteil nicht zu fürchten ist wie in diesem Fall) um die Nachbesserung der Formeln, um Schritte auf dem Weg zu einer Korrektur und Besserung der Gesetze bemühen. Wir ruinieren Möglichkeiten zu Einsichten, die der Vorbeugung und der Therapie dienen könnten, wenn wir hartnäckig daran festhalten, ein grob vereinfachtes, banales Bild vom Sexualtäter zu malen. □

In Urteilsbegründungen wie dieser wird überdeutlich, wieviel die Tatsachen der forensischen Psychiatrie und Psychologie und die vom Gesetz in Formeln gebrachten, von ihm inthronisierten Definitionen zur Schuldfähigkeit trennt. Zuviel trennt sie. Es trennt sie gefährlich viel. Die Formeln und die Definitionen im Gesetz sind unumgänglich. Sie müssen auch, solange die Notwendigkeit einer Korrektur sich nicht entwickelt hat, sich nicht aufdrängt, verteidigt werden. Doch der Abstand zwischen den Gesetzen und Definitionen und den Tatsachen der Psychowissenschaften darf nicht so groß werden, daß das Gericht nach seinen Kriterien gegen einen ganz anderen Angeklagten verhandelt als den, von dem der forensische Sachverständige nach seinem Stand der wissenschaftlichen Erkenntnis spricht (oder sprechen müßte).

Es gibt einen Punkt, von dem an der Sachverständige, wenn er sich dem juristischen Dogma anpaßt und unterwirft, nur noch gedungener Helfershelfer und nicht mehr Gehilfe des Gerichts ist. Das Fundament der forensischen Sachverständigentätigkeit sind noch vor den wissenschaftlichen Problemen ethische Fragen. Deren Beantwortung wird man sich erst nähern können, wenn die Forensik als ein spezieller, besonderer Bereich der Psychiatrie und der Psychologie anerkannt, eingerichtet und ausgestattet worden ist. Eine der ethischen Fragen, um deren Beantwortung man sich würde bemühen müssen (und endlich bemühen können), wäre die, wie der Streit der psychiatrischen und psychologischen Schulen ausgetragen werden kann und darf, ohne daß er das Straf- und auch die anderen von Gerichten zu entscheidenden Verfahren verwirrend, verzerrend und irreführend belastet. Die Befunde, die der forensische Sachverständige erheben kann, haben nur in Ausnahmefällen die Anschaulichkeit, die etwa ein Blinddarmdurchbruch hat. Bereits der gemeinsame Abstand von wenigstens einigermaßen gesicherten Erkenntnissen macht den Greuel des Schulstreits unerträglich.

Die Angst der Justiz vor einer Begutachtung, die dem Beschuldigten oder Angeklagten allzu verständnisvoll und entlastend entgegenkommt (vor einer Begutachtung also, die dem Sicherheitsbedürfnis, den Ängsten und den Vorurteilen der Öffentlichkeit viel abverlangt und die von der Öffentlichkeit den Gerichten als Pflichtversäumnis, als Versagen im Dienst an der Rechtssicherheit vorgeworfen werden könnte), hat die wunderliche Folge, daß die Justiz gegenüber den forensischen Sachverständigen Gretchen spielt. Sie fragt zwar nicht, wie man es mit der Religion hält, aber die Frage, die sie stellt, läuft schon auf diese Frage hinaus: »Ist jeder Straftäter krank, oder gibt es auch Straftäter, die gesund sind?«

Doch von »gesund« *oder* »krank« kann die Forensik, kann die gesamte Medizin nur noch hinsichtlich von Störungen sprechen, die ein kapitales Ausmaß erreicht haben. Schon Lichtenberg, der größte Hypochonder der deutschen Geistesgeschichte, notierte in seinen »Sudelbüchern«: »Wenn ich mich doch endlich einmal entschließen könnte, gesund zu sein.« Körperliche und seelische Vorgänge müssen zusammen betrachtet werden. Nur in Ausnahmefällen ist ein Beschuldigter beziehungsweise Angeklagter krank *oder* gesund. Und die Frage, ob jeder Straftäter behandlungsbedürftig ist oder nicht – ist eine Frage, die nicht Psychiatrie oder Psychologie zu beantworten haben, sondern die Gesellschaft.

1982 wurde in Washington John W. Hinckley jr., ein junger Mann, der auf Präsident Ronald Reagan geschossen, ihn erheblich verletzt und einen seiner Mitarbeiter so getroffen hatte, daß er nur schwerstbehindert überlebte, als Kranker freigesprochen und in eine psychiatrische Anstalt eingewiesen. In Funk und Fernsehen erlebte man die Frau und den Mann auf der Straße. »Die ganze Nation sah ihn schießen«, hieß es, das Urteil sei »eine Farce«. »In jedem Land der Welt wäre Hinckley schon längst hingerichtet und verbrannt«, lautete eine Antwort. Und immer wieder antworteten Befragte mit einer Gegenfrage: »Wie kann man auf den Präsidenten der Vereinigten Staaten schießen – und nicht schuldig sein!«

In Zeitungskommentaren war von einem »Triumph des Wahnsinns« die Rede und von einem »Flirt mit der Anarchie«. Senatoren und Abgeordnete erklärten sich erbittert: Die Möglichkeit des Freispruchs wegen Schuldunfähigkeit gehöre abgeschafft. Ein Rechtssystem, das sie gewähre, ruiniere sich. Donald Regan, der Finanzminister, sagte vor der Kamera, die Entscheidung der Jury sei falsch und absolut unannehmbar. Die Mitglieder der Jury mußten sich vor Ausschüssen rechtfertigen. Die Politik, von der Explosion der öffentlichen (und Wähler-)Meinung angefeuert, setzte sich an die Spitze der Proteste. Heute kann in den Vereinigten Staaten auch der unstreitig kranke Straftäter verurteilt, er kann sogar hingerichtet werden (und sogar wenn er zur Tatzeit Jugendlicher war, bewahrt ihn das nicht vor der Hinrichtung). Die Frage, ob es auch gesunde Straftäter gibt, wird von der öffentlichen Meinung, den Vorurteilen, den Ängsten und den Aggressionen der Gesellschaft beantwortet – und von der kaltblütigen Entschlossenheit der Politiker, von dieser öffentlichen Panik an der Macht gehalten oder zur Macht gebracht zu werden.

Man kann sagen, daß jeder, der mit den Gesetze genannten Verabredungen, die ein leidliches Zusammenleben ermöglichen sollen, kollidiert, der Behandlung bedarf (und diese Behandlung könnte auch die Zufügung eines Übels sein, was bestimmte Täter betrifft). Man kann aber auch sagen, daß auf jede Kollision mit dem Gesetz die strafende Zufügung eines Übels die einzige angemessene, zur Selbstverantwortung zurückzuführende oder zurückzuzwingende Reaktion ist (und daß als krank allenfalls gelten darf und in ein psychiatrisches Krankenhaus einzuweisen ist, wer nach einem körperlichen, belegbaren Befund krank ist).

In gewisser Weise hat der forensische Sachverständige immer zu fragen, was es denn diesmal sein darf, wie derzeit die kriminalpolitische Großwetterlage aussieht. Wie er auf die Antwort reagiert, wie er mit ihr umgeht – entscheidet über ihn, über seine fachliche, seine menschliche Qualität. Man muß dem Recht schon lassen, was es ausmacht, was dieses »Mittel zur Erhaltung eines verworrenen Gefüges« benötigt. Nie wird eine Gesellschaft darauf verzichten wollen und können, auf Verstöße gegen ihre Gesetze, gegen ihre Verabredungen zu reagieren. Doch man kann versuchen, die Justiz zu überzeugen, zu gewinnen, sie zu einem Fortschritt zu ermutigen, der nicht der Preisgabe der von ihr zu wahrenden Ordnung gleichkommt, sondern diese stärkt. Man muß sich als Sachverständiger der Justiz nicht unterwerfen. Man soll, wie es die Rechtsprechung definiert hat, Gehilfe des Richters sein. Einen Erfüllungsgehilfen verlangt die Rechtsprechung nicht. In ihren Texten zumindest besteht sie auf der Unparteilichkeit des Sachverständigen.

Die Welt steht notgedrungen und nicht fröhlich im Begriff, sich auf ein Zusammenleben mit Irritationen und ein Hinnehmen von Störungen einzurichten, mit denen zusammenzuleben und die hinzunehmen man sich bislang nicht bereitfinden mußte. Die Spielräume für den einzelnen sind enger geworden. Um der Gesellschaft und der Gemeinschaft aller Menschen einen Spielraum zu verschaffen und zu erhalten, muß individueller Spielraum aufgegeben, abgetreten werden. Der forensische Sachverständige hat es mit Menschen zu tun, die irritieren und stören und sogar gefährlich sind, vom Schwarzfahrer und Ladendieb über den Betrüger bis zum Gewalttäter. Der Sachverständige kann so tun, und die Justiz, die bewahren und verteidigen soll, ermutigt ihn dazu und besteht darauf, als seien die alten Rezepte gegen Irritationen, Störungen und Gefahr noch anwendbar. Er kann allerdings auch versuchen, darauf aufmerksam zu machen, daß das verworrene Gefüge, das vom Recht erhalten werden soll, noch verworrener geworden ist und werden wird; daß neuerdings mit einigen Irritationen zusammenzuleben ist und nicht jede Störung durch Strafe und Behandlung abgewehrt und sichernd ausgegrenzt werden kann; daß man sich dem, was wirklich gefährlich ist, der Gewalt, unabgelenkt und konzentriert zu widmen hat. Der Raum, den das Recht zu sichern versuchen kann, wird kleiner. Es müssen darum nicht völlig rechtsfreie Räume entstehen, doch es wird Räume geben, in denen ein angespanntes, angestrengtes, hochempfindliches Recht nichts mehr bewirken kann. Die Rechtsordnung steht nicht überall auf dem Spiel, nur die alltägliche Ordnung. Die kann nur ein gelassenes Recht zu wahren suchen, eine Justiz, die sich nicht in jedem Fall alarmiert fühlt.

Alexander Kluge hat eine Geschichte geschrieben, die unübertrefflich vor Augen führt, wie es zwischen der Strafjustiz und den gutachtenden Psychowissenschaften zugeht – wieviel über den Einzelfall hinaus und weit in die Gesellschaft hinein in ihrem Umgang miteinander auf dem Spiel steht. Da, wo seine Sachverständige Frau Dr. Brille »Gar nicht entscheiden« sagt, wird sichtbar, wer der Vernunft Raum geben, wer die Richter und die Sachverständigen aus einer heillosen und unheilstiftenden Situation entlassen, wer ihnen erlauben muß, auf Tatsachen als Tatsachen zu reagieren: Jene, in deren Namen die Urteile der Gerichte ergehen. Ihre Vorurteile und Ängste oder ihre Gelassenheit bestimmen die Rechtspolitik. Alexander Kluges Geschichte erzählt, was kein Rechtswissenschaftler erfassen und kein Journalist berichten kann.

ALEXANDER KLUGE: EINE, DEREN UNTERSCHRIFT UNTER DEM GESELLSCHAFTSVERTRAG GEFÄLSCHT IST: Sie tröstete den Sack, den Feger, die Oberschenkel, Brust, Achseln usf. usf. dieses müden Kaufmanns und entwendete, als dieser beruhigt einschlief, dessen Brieftasche, verließ das Hotel. Sie arbeitet als Hausgehilfin bei verschiedenen Dienstherren immer nur kurze Zeit, stiehlt ganze Warenlager; verschenkt einen großen Teil, verbraucht wenig für sich.

In West-Berlin, Stellung als Hausgehilfin in Arzthaushalt, stiehlt große Summen Bargeld, kauft sich zwei Pelzmäntel und ein Armband, das sie für ihre Schwester bestimmt, die es aber nie erhält. Diesmal hat sie so viel Geld erbeutet, daß sie eine Rundreise durch verschiedene süddeutsche Bäder unternehmen kann.

Im Kurhaus einer Stadt in Rheinland-Pfalz begegnet sie dem Sohn des Hauses, der sie zur Frau wünscht. Sie stiehlt, was sie findet, verläßt den Ort. Das Verhältnis zu diesem Mann hat Folgen. Als sie eine Gefängnisstrafe von 2 Jahren und 6 Monaten verbüßt, bringt sie Zwillinge zur Welt. Sie holt, nach Verbüßung der Haft, die Kinder aus dem Heim. Jetzt hält sie es an keinem festen Ort mehr. Sie läßt die Kinder in einem Waldgasthof zurück und flieht mit zwei Oberbetten, Kopfkissen, 140 DM aus dem Koffer eines Gastes. Reist, betrügt, stiehlt, sitzt ihre Strafen ab. Einweisung in eine Heil- und Pflegeanstalt. Die Anstaltsleitung gewährt der Anstelligen Urlaub. Sie tritt eine Putzstelle an, nimmt Schmuck im Wert von 10 000 DM, Pelzmantel, zwei Fotoapparate und ein Brokatkleid mit, das ihr nach Einlieferung in die Anstalt eine Anstaltsinsassin für 15 DM abkauft und sofort zerschneidet.

»Ist denn ihr Denkvermögen gestört?« fragt Richter Rehgut. Dr. med. Brille: »Nee, nee. Auch die Einsichtsfähigkeit ihrer Taten nicht. Ich könnte jetzt sagen: der Angeklagten hat die mütterliche Partnerschaft gefehlt, oder: man muß von einem Mangelerlebnis sprechen. Aber das wäre alles nicht richtig.« »Was wäre denn nach Ihrer Ansicht richtig?« fragt der Richter. »Wie beurteilen Sie denn die junge Frau?« Dr. Brille: »An sich eine ganz patente und schlaue Person. Ihr fehlt nichts. Sie ist gerade an der Nahtstelle angesiedelt. Eine interessante Naturbildung.« Richter Rehgut: »Na, na! Das verwischen wir mal nicht.« Dr. Brille: »Doch. Es handelt sich um eine 1-Mann-Minderheit, die nun einmal so lebt. Wir stehen hier vor einem eigenartigen Naturphänomen. Sie lebt von der Eigentumsverletzung, so wie andere von der Eigentumsbildung.« Richter Rehgut: »Das kann ich nicht glauben. Das wäre ja gegen jede Rechtsordnung.« Dr. Brille: »Nicht gegen jede. Wenn Sie z. B. an die Indianer am Orinoko denken.« Richter Rehgut: »Na, sie ist aber keine Indianerin.« Dr. Brille: »Ich könnte Ihnen jetzt einen Bericht geben, daß ihr Vater gestorben ist, als sie 7 Jahre alt war, als sie 4 Jahre in der Schule ist, stirbt die Mutter. Feindselige Umgebung usf. usf. Aber das würde die Sachen nicht klären.« Richter Rehgut: »Sie meinen, das ist einfach ihre Art der Kontaktsuche?« Dr. Brille: »Ja. Entweder lebt sie überhaupt nicht oder so.« Richter Rehgut: »Na, na. Die muß sich mal beherrschen lernen.« Dr. Brille: »Die ist ja völlig beherrscht. Was meinen Sie, was für eine Beherrschung dazu gehört, diese Taten durchzuführen, sich nirgends bestechen oder festhalten zu lassen. Immer so abhauen ist Beherrschung. Wenn Sie sie nicht so lassen können, wie sie ist, dann können Sie sie auch zum Tod verurteilen.« Richter: »Ist mir ein Rätsel. Sie meinen also, daß das so eine Art fremder 1-Mann-Stamm ist. So wie Zigeuner? Die wären wenigstens mehrere.« Dr. Brille: »Sicher noch etwas fremder. Die gehört gar nicht dazu.« Richter Rehgut: »Und quer zu den Bestimmungen. Tut mir leid. Dann kann ich nicht darauf eingehen, selbst wenn Sie Dr. Grzimek als Gutachter heranholen. Ich sehe doch, daß das kein Tier, sondern ein Mensch ist.«

Das Gericht entwirft einen Behandlungsplan: zwei Jahre Gefängnis und danach Unterbringung in einer festen Heil- und Pflegeanstalt. Dr. Brille: »Und was erwarten Sie sich davon?« Richter: »Besserung.« Dr. Brille: »Und wenn ich Ihnen sage, daß Sie dann lange warten können?« Richter Rehgut: »Helfen Sie mir doch und machen *Sie* mir nicht auch noch Schwierigkeiten. Was soll ich denn in so einem Fall entscheiden?« Dr. Brille: »Gar nicht entscheiden. Diese Person kann gar nicht anders leben. Das sind keine Diebstähle, sondern ihre Lebensäußerungen. So wie unsereins Luft holt.« Richter: »Das wäre nicht verboten.«

Der Richter läßt sich nicht zu pflichtwidrigen Handlungen bewegen, auch nicht durch eine gewitzte Ärztin. □

VII

»Die tödlichen Verunglückungen
in Preußen«

Im Mai 1965 stellte Johann Georg Reißmüller, damals noch nicht einer der Herausgeber der *Frankfurter Allgemeinen* (und darum der Straße näher), »Auf der Limburger Brücke mit 50« Betrachtungen über die Situation des Bürgers an, der vom Staat »nicht vor den schlimmen Folgen seiner Gesetze« geschützt wird. Die Limburger Autobahnbrücke war damals eine Baustelle hoch über der Lahn, wie sie gefährlicher nicht sein kann, und so beschließt Reißmüllers Autofahrer, »ein gewisser N.«, der von Köln nach Stuttgart unterwegs ist, sich diesmal »peinlich genau an die Geschwindigkeitsbegrenzung« zu halten, »die auf der Brücke und schon ein Stück davor und ein Stück danach gilt«. N. weiß, »daß sein Tachometer die Geschwindigkeit stets um etwa zehn Prozent zu hoch angibt«, und so nimmt er das Gas weg, »bis die Nadel im Armaturenbrett auf 55« zeigt. Dabei läßt er es dann.

»Es ist ihm nicht gut bekommen. Sein Hintermann, der vor Limburg eine ganze Weile vielleicht 200 Meter nach ihm hergefahren ist, holt den Abstand im Nu auf und näherte sich N. bis auf wenige Schritte. Des Hintermanns Hintermänner suchten gleichfalls Tuchfühlung, aus dem Fahren wurde ein allgemeines Drängeln. N. beobachtete mit Sorge im Rückspiegel das kleine und immer noch schrumpfende Stückchen, das zwischen seinem Wagen und dem seines Nachfahrers lag. Er war indessen fest, blieb es auch, als der Hintermann ihn mit Hup- und Lichtsignalen zudeckte und, wie der Rückspiegel zeigte, mit der Faust drohte. Nach rechts ausweichen? Das ist unmöglich, denn inzwischen wird N. von Dutzenden Autos rechts überholt, die nicht genug Zwischenraum lassen. Er steht es dennoch durch, läßt es über sich ergehen, daß der Hintermann ihn, nachdem die Brücke passiert ist, unter sichtbaren Drohungen schneidet, ehe er davonbraust.

Aber N. hat sich geschworen, nie wieder auf der Limburger Brücke die Geschwindigkeitsbegrenzung zu beachten, wenn er damit in solche Kalamitäten gerät; er will dann nur noch darauf sehen, daß er möglichst unbelästigt hinüberkommt. Das bedeutet, daß er fortan, wenn nötig, das Gesetz verletzen wird. Denn die Schilder an den beiden Enden der Lahntalbrücke mit der Inschrift ›50‹ repräsentieren eine Rechtsverordnung, eine Rechtsnorm also, die für jedermann gilt.«

Der wackere N. prüft seinen Schwur. Gilt die Rechtsverordnung, die Rechtsnorm wirklich? Die Verordnung ist korrekt erlassen worden, sie verstößt nicht gegen ein Gesetz, »sie ist in ihrem Inhalt klar und eindeutig«. Man wird auch nicht behaupten können, daß sie »völlig und für jedermann erkennbar unsinnig, unpraktikabel wäre«. Und sogar auf die Frage, ob es nicht auch eine Begrenzung auf 60 oder 70 Kilometer täte, gibt es eine Antwort, nämlich die ungewöhnliche Gefahr auf der Limburger Brücke: »Die Fahrspuren sind besonders schmal; schon eine kleine Unaufmerksamkeit eines Fahrers, besonders wenn er einen Lastzug oder sonst ein breites Fahrzeug fährt, kann zu einer Kollision mit einem entgegenkommenden Wagen führen und damit zu einer Massenkarambolage.« Die Vorschrift »Tempo 50«, so N., »läßt sich also jedenfalls sachlich rechtfertigen«.

N. kann indessen im Zuge der Überprüfung seines Schwurs nicht darüber hinwegsehen, daß »Tempo 50« auf der Limburger Brücke »ständig von fast allen Fahrern übertreten wird« – und daß die Polizei, der das selbstverständlich nicht unbekannt ist, »sich nicht darum kümmert«. Und so stürzt sich N., von dem wir mutmaßen, daß er ein rechtswissenschaftliches Studium absolviert, sich besonders mit dem Verfassungsrecht befaßt und vielleicht sogar über die Schranken des allgemeinen Freiheitsrechts im Grundgesetz promoviert hat, in grundsätzliche Erwägungen:

»Gilt eine staatliche Norm, die von niemandem, offenbar auch nicht vom Staat selbst, ernst genommen wird? Schon die mittelalterliche Scholastik verlangte von Gesetzen, daß sie bei den Rechtsunterworfenen ›ankommen‹; andernfalls könnten sie keine Geltung beanspruchen. Viele Stimmen aus der heutigen Rechtslehre äußern sich präzise zu dieser Frage. Im ›Deutschen Recht‹ von Georg Dahm etwa steht zu lesen: ›Maßgebend ist letztlich, was sich in der Wirklichkeit des Lebens als Gemeinwille, als Ordnungsmacht durchgesetzt hat... Wo das Recht *nur auf dem Papier steht,* wo es keine Beziehung zur Wirklichkeit hat, kann es seine Ordnungs- und Friedensfunktion nicht erfüllen und ist es nicht oder nicht mehr geltendes Recht. Das Recht ist nur dann ein verbindliches Sollen, wenn es zugleich eine Lebensmacht ist, wenn es sich als ein sozialpsychisches Motiv des Handelns erweist. Geltungsgrund des positiven Rechts ist der Wille der verfassungsmäßig berufenen Organe nur dann, wenn er sich durchsetzt. Die juristische setzt die soziale Geltung voraus.‹ Wie steht es damit auf der Limburger Autobahnbrücke? Erfüllt dort die Anordnung, man dürfe höchstens 50 Stundenkilometer fahren, ihre Ordnungsfunktion? Hat sie sich durchgesetzt, besitzt sie soziale Geltung?«

Armer N., das Nein auf diese Frage »liegt nahe«. Nur – die Konsequenzen? »Das Straßenverkehrsrecht, das sicher und zuverlässig sein muß, könnte es am wenigsten vertragen, daß sich seine Normen an Ort und Stelle in Nichts auflösen.« Und wie steht es (nicht nur beiläufig) mit dem, der sich gesetzestreu verhält? Er »setzt sich Belästigungen aus, die rasch in Gefahren umschlagen können«. Er gerät in »eine paradoxe Situation, die nicht so leicht ihresgleichen findet.«

»Wo sonst staatliche Normen am laufenden Band übertreten werden, wird doch der einzelne jedenfalls nicht genötigt, sich anzuschließen. Wenn alle Bewohner eines Grenzdorfs schmuggeln, kann ein weißer Rabe unter ihnen es dennoch lassen. Wenn alle Müll abladen, wo das verboten ist, wird niemand dem pingeligen Mann etwas anhaben wollen, der seinen Müll an die vorgeschriebene Stelle fährt. Wenn aber auf der Limburger Brücke ein Fahrer sich an die Geschwindigkeitsbegrenzung hält, riskiert er Zornausbrüche seiner Hinterleute und manchmal Schlimmeres.«

Hält sich Herr N. jedoch nicht an »Tempo 50«, wird er von einem, der an der Seite der Anordnung noch Widerstand leistet, angezeigt, gerät er in eine der Stichproben, mit denen die Verkehrspolizei gelegentlich daran erinnert, daß es sie noch gibt, oder kommt es gar (nicht einmal durch ihn, sondern irgendeinen anderen) zu einem Unfall, so kann er »nur in Ausnahmefällen damit rechnen, daß der Richter ihm wegen Drängens der anderen Fahrer einen Notstand zubilligt, der ihn von der Strafbarkeit befreit.«

»Aus diesem Teufelskreis ist schwer herauszukommen«, endete 1965 die Betrachtung »Auf der Limburger Brücke mit 50«: »Wie man ihn durchbrechen könnte, ist gleichwohl der Überlegung wert.« Doch an die 25 Jahre später bemerkt Johannes Gross in der hundertsten Folge seines Notizbuchs in der *Frankfurter Allgemeinen* (was für eine Fortsetzung zu Reißmüller), in ihrem *Magazin*, dieser einmal in der Woche beigefügten Demonstration journalistischer Kultur: »Das richtige Gesetz für den Straßenverkehr. Sich getreulich mit dem Lindwurm bewegen, nicht schneller sein wollen und nicht langsamer. Die Straßenverkehrsplaner haben unrecht, die allenthalben Geschwindigkeiten vorschreiben.«

»Der Wille der verfassungsmäßig berufenen Organe« hat sich nicht durchgesetzt. Die Anordnungen für den Verkehr besitzen keine soziale Geltung. Das Tempo des Lindwurms ist auch von denen einzuhalten, die sich an die Rechtsnormen halten möchten. Denn bestehen sie auf ihrem Gehorsam, so werden sie zur Gefahr für die absolute Mehrheit, sogar dann, wenn sie sich nicht nur defensiv, sondern demütig oder gar unterwürfig am Verkehr beteiligen.

Wer sich außerhalb geschlossener Ortschaften an das Tempo 100 der »allgemeinen Verkehrsregeln« der Straßenverkehrsordnung (StVO) hält, provoziert Überholaktionen, die mit einem Frontalzusammenstoß enden können (und neuerdings immer häufiger zu ihm führen, seit die Zahl schwächerer Fahrzeuge und ungeübter Fahrer zugenommen hat). Wer sich in einer Baustelle auf der Autobahn einmal auf der rechten von zwei auf Fahrzeugbreite eingeengten Spuren an die verlangten 80 oder 60 Stundenkilometer hielt und auf der linken Spur von einem hinter ihm ausscherenden, ungeduldigen und ärgerlichen Lastzug überholt wurde, dessen Manöver die Gefahr einer Kollision mit dem dahinjagenden Gegenverkehr auf seinen zwei eingeengten Fahrbahnen heraufbeschwor, der unterwirft sich fortan dem Lindwurm; der nimmt lieber in Kauf, von einer Zufallskontrolle ertappt zu werden. Und zum Lindwurmgehorsam gehört auch, daß man jene Dauerüberholer als Realität anerkennt und hinnimmt, die wenigstens einen Platz am Kopf des Lindwurms beanspruchen. Längst setzt sich nicht mehr nur Belästigungen aus, wer nicht mithält, die leicht in Gefahren umschlagen können, wer auf der sozialen Geltung, der Ordnungsfunktion der Anordnung besteht. Er gefährdet nicht nur sich, er gefährdet auch die anderen.

»Jede Verkehrsvorschrift ist erfahrungsgemäß nur so viel wert, wie sie überwacht wird. Das Entdeckungsrisiko hat mehr pädagogische Kraft als jedes Bemühen über die Aufklärung«, sagte der ehemalige Bundesrichter Richard Spiegel 1989 in Goslar zur Eröffnung des 27. Deutschen Verkehrsgerichtstags. Doch schon während des 23. Verkehrsgerichtstags in Goslar hatte 1985 der Polizeirat Jürgen Karl die »Möglichkeit zur Durchsetzung verkehrsrechtlicher Normen« erörtert und die »Grenzen von Aufklärung und Überwachung« schonungslos beschrieben. »Auf Einsicht und Vernunft der Kraftfahrer allein darf man nicht mehr bauen«, hatte er gesagt.

»Der Normverstoß ist heute eher die Regel als die Ausnahme, und die durch ›Salamitaktik‹ erschlichenen rechtlichen Freiräume innerhalb der unterschiedlichen Verkehrsarten werden bereits als Gewohnheitsrecht betrachtet und verteidigt. Und wenn dann der Verkehrsteilnehmer die Notwendigkeit der Verkehrsüberwachung bejaht, dann allerdings nur, wenn sich die Maßnahme zu seinem Vorteil auswirkt und sie nicht gegen ihn, sondern gegen andere gerichtet ist (St.-Florians-Prinzip).«

Das zentrale Problem der Verkehrsüberwachung sah der Polizeirat in der Häufigkeit der Normverstöße: »Bei den Massendelikten wird nur ein Bruchteil der Verstöße erfaßt.« Und er sprach auch die heikle Situation der Polizei gegenüber dem Verkehrsteilnehmer an, den sie stellt (»Wir müssen zwar Regeltreue fordern, können sie aber nur punktuell durchsetzen, da wir nicht überall zu gleicher Zeit präsent sein können«): »Der Betroffene rückt mit dem Gleichheitsgrundsatz an und beklagt sich, warum gerade er zahlen muß, die anderen jedoch alle ohne Ahndung davonkommen. Für den ›Davongekommenen‹ ist das Nichtentdecktwerden aber eine positive Verstärkung.« Die Hoffnung des Redners: »Vielleicht erreicht die Umweltschutzwelle in Sachen Geschwindigkeit mehr, als die Verkehrssicherheitsexperten in jahrelangen vergeblichen Gefechten durchsetzen konnten. Die Argumente aus Natur- und Umweltschutz sind heute offenbar durchschlagender als die erschreckenden Zahlen der Verkehrstoten und Verletzten und die damit verbundenen menschlichen Leiden.«

Von dieser Hoffnung muß man 1990 sagen, daß sie getrogen hat. Die Sorge um die Lebensbedingungen des Menschen brachte den bleifreien Treibstoff und den Katalysator, sie wird noch vieles bringen. Es gibt bereits einen Sarg, der rascher und umweltfreundlicher in der Erde zerfällt als ein Holzsarg. Und auch jenen Plomben im Gebiß, die mit Leichen im Krematorium verbrannt werden und dabei umweltgefährdende Gifte freisetzen könnten, gilt schon die Aufmerksamkeit. Der Frage, in welchem körperlichen Zustand sich der Mensch ab spätestens seinem sechzigsten Geburtstag zu halten hat bei Androhung von Strafe (etwa: kein Übergewicht, nur Genuß genau bestimmter Nahrung), um im Fall einer Erdbestattung mit geringerem Schaden für die Umwelt zu verwesen, wird man sich gewiß bald widmen.

Der weltweite Kampf gegen das Rauchen beweist, wie Aufklärung erfolgreich durchgesetzt werden kann. Der Gefahr schleichender, lebensbedrohender Krankheiten für den zum Mitrauchen gezwungenen Nichtraucher weiß man zu begegnen. Der Verkehrsteilnehmer hingegen sieht sich lediglich Umständen ausgeliefert, die seinen sofortigen Tod, seinen Tod nach schwerem Leiden und ein Überleben als Schwerversehrter oder Behinderter bedeuten können (in jedem Augenblick, in dem er am Verkehr teilnimmt). Darum versteht es sich, daß auch die Argumente aus Natur- und Umweltschutz und aus der Gesundheitsvorsorge keinen durchschlagenderen Erfolg gegen die Zahlen der Toten und Verletzten im Verkehr erringen konnten.

Die unmittelbare Bedrohung, der im Verkehr jederzeit mögliche direkte Angriff auf sein Leben beeindruckt den Menschen nicht. Mit ihm ist es dahin gekommen, daß er sich selbst darin empfindet (und daraus definiert), wogegen er ist. Auch sein Engagement *für* die Lebensbedingungen und die Umwelt ist ein Engagement *gegen* etwas: Gegen die Umweltkriminalität, die er entlarven und anklagen (und gegen die er nach strengeren Strafen rufen) muß.

Doch ein Bild bedarf, damit es sich Feinde machen kann, einer besonderen Qualität. Es muß so beschaffen sein, daß sich Gegner sammeln und miteinander gegen es antreten können. Es muß eine gemeinsame Front, einen »Schulterschluß«, eine Vereinigung im Protest, im Widerstand und im Angriff zulassen. Und vor allem darf es auf ein Bild, damit es den Rang eines Feindes erlangt, nur *eine*

Antwort, nur ein einziges, unmißverständliches Ziel für das Aufbegehren geben.

Natur-, Umweltschutz und Gesundheitsvorsorge sind deshalb Themen (da darf keiner sich entziehen, da geht es schließlich um die Zukunft von jedermann, da tritt man miteinander füreinander ein), die immer weiter um sich greifende Kampagnen und zuletzt unwiderstehliche, erfolgreiche Kreuzzüge ermöglichen. Der Verkehr schafft keine Gemeinschaft der von ihm Bedrohten. Im Verkehr ist jeder allein, eine Welt für sich gegen den Rest der Welt. Die Argumente der Natur-, Umweltschutz- und Gesundheitsvorsorge vermögen im Verkehr nichts über den Menschen, sie schlagen gegen die Zahl der Toten und Verletzten und die wirtschaftlichen Verluste nicht durch.

Es ist zum Verkehr alles gesagt und geschrieben worden, was nur zu sagen und zu schreiben ist. Nichts, was nicht wissenschaftlich untersucht, was nicht technisch, physiologisch und psychologisch analysiert und beschrieben wurde. Legionen von Theoretikern besetzen Tag und Nacht eine Intensivstation, die den Verkehrsteilnehmer (ob er unmittelbar am Verkehrsgeschehen teilnimmt oder passiv als Fahrgast) zu retten suchen. Und Legion sind erst recht die Praktiker, die beraten, beschwören und zu einer Wende aufrufen, die ändern und bessern möchten (durch Bitten und Drohen, man ist in jeder nur denkbaren pädagogischen Gangart gleichzeitig und überall unterwegs). Zwischen Theorie und Praxis finden Überredungs- und Überzeugungsversuche statt, Kunstwerke der Psychotherapie. So schrieb etwa – 1972, es ist schon eine Weile her – Siro Spörli ein Buch zur »Seele auf Rädern«, eine wirklich unwiderstehliche Psychologie der Straße. »Einer gegen alle, alle gegen einen« ist das II. Kapitel überschrieben, in dem es heißt, daß selbst die kämpferische Auseinandersetzung in dem Sinne Kommunikation ist, »daß die gegenseitigen Standpunkte und Absichten zur Kenntnis genommen werden, sei es auch nur mit dem Ziel, den Gegner noch wirksamer bekämpfen zu können«. Doch der Autor fährt fort:

>»Selbst diese Kenntnisnahme scheint im Straßenverkehr weitgehend zu fehlen, der Straßenverkehr scheint in prinzipiell höherem Maße als andere Lebensbereiche durch *egozentrische und subjektivistische Vereinzelung des Individuums* gekennzeichnet zu sein. Zwar ist auch der Straßenverkehr durchaus keine bloß additive Ansammlung von Einzelwesen, aber

die sozialen Prozesse gehorchen hier in besonderem Ausmaß dem ›Gesetz des Dschungels‹: Jeder gegen jeden! Ja der Straßenverkehr ist sogar schlimmer als der Dschungel: Während da nämlich, wie die Verhaltensforschung zeigt, immerhin Herden und Jagdverbände gemeinsame Ziele verfolgen, steht im Straßenverkehr buchstäblich der einzelne im Konflikt mit jedem anderen ...«

Dem ist inzwischen hinzuzufügen, daß der einzelne sogar im Konflikt mit sich selbst steht. Schüler, Eltern und Lehrer setzen nach langem Kampf eine 30-Kilometer-Zone rund um die Schule durch. Als die Polizei nach ein paar Wochen die Geschwindigkeit kontrolliert – sind unter den zu schnell Fahrenden mehr als 50 Prozent ältere Schüler, Eltern und Lehrer der Schule. Überhaupt ist der einzelne, was seine Teilnahme am Verkehr angeht, nicht nur einer. Als Autofahrer wütet er wider die Fußgänger, die ihren Überweg »genüßlich« (so empfindet er es), also langsam benutzen. Wenig später, er hat einen Parkplatz gefunden, begeht der Autofahrer als Fußgänger den Überweg höchst bedächtig (so jedenfalls empfinden es nun andere am Steuer). Der Radfahrer Weh, so erkundete die Wissenschaft, ist darin begründet, daß sie sich als die Schwächeren unterdrückt fühlen. Doch als rollender Schrecken auf dem Bürgersteig zeigen sie den Fußgängern ihre Macht. Sie jagen durch eine Fußgängergruppe, die Grün bekommen hat und sich anschickt, die Straße zu überqueren und nun wie Blätter im Herbstwind angstvoll aus- und durcheinander wirbelt. »Sie haben Rot!« schreit einer, bevor er bei seinem Fluchtversuch strauchelt und stürzt. »Na und!?« brüllt der schon davonjagende Radfahrer über die Schulter zurück. Der Fußgänger wiederum verwandelt sich auf wundersame Weise in dem Augenblick, in dem er auf dem Bahnsteig oder dem Flughafen einen Gepäckwagen gefunden und beladen hat: Er rollt nun wie ein Lastzug durch die auseinanderstiebenden Menschen, die mit einem Mal keine Brüder zu Fuß mehr sind.

Wolfang Böcher hat für die *Deutsche Verkehrswacht e. V.* eindrucksvolle Analysen geschrieben und pädagogische Programme entwickelt (man hat auch einmal gehofft, der Verkehr lasse sich von Grund auf dadurch ändern und bessern, daß man verkehrserzieherisch bereits auf Kinder und Jugendliche Einfluß nimmt, die dann später verantwortungsbewußt und besonnen am Verkehr teilnehmen werden). Böcher ist geradezu die Personifizierung des

188

werbenden, beschwörenden Appells: »Jeder einzelne sollte in dem Bewußtsein am Verkehr teilnehmen, daß er auf der Straße nicht potentiellen Gegnern oder anonymen Maschinen begegnet, sondern anderen Menschen mit gleichen Sorgen, gleichen Gefühlen, gleichen Gedanken und Zielen.« Doch zur »Aggression im Straßenverkehr« mußte auch Böcher 1982 feststellen: »Schuld ist eigentlich immer der andere, böse, rücksichtslos ist der andere, auch im Straßenverkehr. Man könnte sogar in scherzhafter Überspitzung sagen: Für jeden gibt es zwei Sorten Verkehrsteilnehmer: Auf der einen Seite steht er selbst, auf der anderen Seite die jeweils anderen.«

Im Verkehr ist wirklich jeder allein und eine Welt für sich gegen den Rest der Welt. In der Aggressivität im Straßenverkehr kulminiert nicht einfach die Fähigkeit zur Aggression, die ein Element in jedem Zusammenleben von Menschen ist. Nicht auch, sondern *nur* im Straßenverkehr gibt es die Aggression, die sich gegen alle und alles zu behaupten und durchzusetzen sucht. Hier schlägt die Panik über dem Menschen zusammen. Hier bemächtigt sich seiner das Gefühl der totalen Isolation – inmitten eines unentrinnbaren, immer unsäglicheren Gedränges. Man kann es 1990 nicht mehr scherzhaft und überspitzt sagen: Im Verkehr fühlt sich der Mensch so von allen und allem verlassen wie gegenüber dem Tod. Was sein Leben bedroht, hier versammelt es sich um ihn, hier dringt es von allen Seiten auf ihn ein.

»Die blanke Verzweiflung eines Bürgers:« Das von einem Richter, einer Schöffin und einem Schöffen gefällte Urteil lautet wegen vorsätzlicher Körperverletzung, Sachbeschädigung in zwei Fällen und Beleidigung – auf 40 Tagessätze in Höhe von je 180 Mark, auf 7200 Mark also.

Der im Spätsommer 1985 Verurteilte ist Richter an einem Amtsgericht. »Mir tut das Ganze natürlich furchtbar leid. Menschlich gesehen. Ich bin der ältere. Ich hätte versuchen müssen, mich nicht hinreißen zu lassen.« So begann der Richter als Angeklagter seine Einlassung zur Sache. Doch den Tatbestand, den die Anklage ihm vorwarf, sah er ganz anders – so anders, daß *er* das Opfer gewesen ist.

Der Richter ist ein hochqualifizierter Jurist. Ein hochqualifizierter Jurist hat es im Alltag nicht leicht, denn der Alltag führt gelegentlich durch Niederungen, in denen diese hohe Qualifikation ihn allzu fachkundig argumentieren läßt.

Am 14. November 1980 in der Frühe suchte der Richter in einer Straße der Stadt, in der er wohnt und richtet, einen Parkplatz. Doch in dieser Straße hatte an jenem Tag ein Schachtmeister Tiefbauarbeiten durchzuführen. Dafür hatte er sich einen Abstellplatz für seine Baufahrzeuge reserviert, indem er in eine Parklücke zwei rotweiß gestrichene Dreibeinböcke stellte.

Der Richter entfernte diese Böcke, indem er sie zur Seite warf. Als sich nun der Schachtmeister näherte, kam es zu einem Wortwechsel über die Zulässigkeit der Absperrung. Der Richter beendete ihn dadurch, daß er sich in seinen Wagen setzte und rückwärts in die durch ihn von den Böcken befreite Parklücke fuhr. Dabei wurde der Schachtmeister verletzt. Die Strafanzeige des Verletzten akzeptierte die Staatsanwaltschaft nicht. Die Angelegenheit wurde zivilrechtlich ausgetragen. Der Richter hatte zu zahlen. Doch schon damals haben drei Richter des zuständigen Landgerichts ihrem Kollegen in der Urteilsbegründung Hinweise gegeben, die ihn hätten belehren können und sollen. Da hieß es beispielsweise zu derartigen Straßenszenen:

»Solche Konflikte werden nicht ad hoc argumentativ beigelegt, sondern lösen aggressive Verhaltensmuster aus. Das ist den Verhaltensforschern seit langem und insbesondere nach den allgemein verständlichen und weitverbreiteten Veröffentlichungen der Arbeit von Konrad Lorenz zumindest einer intellektuellen Oberschicht geläufig.«

Und hinsichtlich des »verzeihlichen Rechtsirrtums«, so das Zivilurteil, in dem sich der Schachtmeister befand (die Absperrung von Parkmöglichkeiten war in der Anordnung des Ordnungsamtes »nicht ersichtlich vorgesehen« sondern nur die »Absperrung und Kennzeichnung der eigentlichen Arbeitsstellen«), hieß es damals an die Adresse des Richters:

»Die überlegene rechtliche Beurteilung des Beklagten beruhte darauf, daß er zutreffend aus dem Fehlen entsprechender Verkehrsschilder geschlossen hat, die förmlichen Voraussetzungen seien nicht gegeben, eine gewiß juristisch so scharfsinnige Deduktion, daß er selbst bei einem rechtstreuen Durchschnittsbürger weder voraussetzen noch erwarten konnte, seine Argumentation werde spontan überzeugen und akzeptiert.«

Am 17. Oktober 1981 wurde dieses Urteil verkündet. Doch in den Morgenstunden des 5. August 1982 kam es zu einem weiteren Zwischenfall. Der Richter ohrfeigte einen damals 15 Jahre alten Schüler, weil sich dieser nach seiner Meinung mit dem Fahrrad unkorrekt verhielt. Zu einem Strafverfahren kam es wieder nicht. Im Juni 1983 wurde es eingestellt, nachdem der Richter eine Geldbuße von 1800 Mark gezahlt hatte. Im Antrag der Staatsanwaltschaft auf Einstellung gegen eine Geldbuße war dem Richter auch »all der unterdrückte Groll über seine vergeblichen Versuche« gutgebracht worden, »die Polizei zu Aktionen gegen verkehrswidrig fahrende Radfahrer zu bewegen«.

Dem Richter ist nicht nur – im Zivilverfahren – kollegialer Rat zuteil geworden. Ihm ist auch einfühlendes, menschliches Verständnis widerfahren. Beides vermochte indessen nichts über den Richter. Im September 1984 war es wieder soweit, diesmal allerdings am frühen Nachmittag, so daß die Vermutung, der Richter sei halt einfach ein Morgenmuffel, als erledigt angesehen werden muß.

Nach der rechtskräftig gewordenen Erkenntnis des Strafgerichts, das im Spätsommer 1985 verhandelte und entschied, hat der Richter am 25. September 1984 unweit seines Hauses einen 15 Jahren alten Schüler mehrmals mit Worten darauf hingewiesen, daß er sich mit seinem Mofa verkehrswidrig verhalte.

Daß der Versuch, derartige Konflikte argumentativ mit Worten an Ort und Stelle beizulegen, aggressive Verhaltensmuster auslöst – wie treffend hatte es doch die Zivilkammer unter Anrufung von Konrad Lorenz vorgetragen. Der Richter ließ dennoch nichts von dem aus, womit das auslösende Muster angefüllt werden kann, beginnend damit, daß er immer wieder zu der Stelle auf dem Bürgersteig zurückkehrte, an der er sich zu seinem ersten, mahnenden Hinweis veranlaßt gesehen hatte.

Die Mundgranaten »Schnösel« und »Pisser« wirbelten durch die Luft. Das Mofa des Jungen und das Mofa eines gleichaltrigen Freundes, der ihm beizustehen suchte, nahmen Schaden. Der Junge fing zwei Ohrfeigen ein. Und zuletzt wurden auch die beiden Polizeibeamten, die gerufen worden waren, ins Gespräch gezogen. Einer der beiden Beamten erstattete danach Strafanzeige wegen Beleidigung, obwohl er mit »Sie dummer Wachtmeister« vergleichsweise gut davongekommen war.

Das Gericht hat dem angeklagten Richter und seinem Verteidiger, der Freispruch wegen Notwehr, zumindest wegen vermeintlicher Notwehr beantragt hatte, nicht folgen können. Der Richter sei nicht angegriffen worden, er habe eine Notwehrsituation nicht einmal annehmen dürfen. Er sei derjenige gewesen, der Streit angefangen und die Auseinandersetzung gesucht habe. Das Urteil blieb um 800 Mark unter dem Strafantrag, den die Anklage gestellt hatte. Sie gestand dem Richter noch immer zu, daß er über die ihn bedrängenden Probleme mehr nachgedacht habe als die meisten, doch auch sie trug vor, daß der Angeklagte dabei bis an die Grenze der Rechthaberei gehe.

Der Richter, der es dahin gebracht hatte, angeklagt zu werden, erschwerte den richtenden beziehungsweise anklagenden Kollegen die Abwicklung zusätzlich. Auf freiem Fuß befindliche Angeklagte haben nicht die Gewohnheit, den Sitzungssaal durch eine der Türen hinter dem Richtertisch zu betreten. Muß man als angeklagter Richter zur Anklagevertreterin sagen: »In unserem Villengebiet, wo wir gemeinsam wohnen...«? Darf man sich, während man als Angeklagter die Aussagen von Zeugen bestreitet, darauf berufen, daß man seit 20 Jahren als Richter Zeugen verhört? Ist es nötig, über den Jungen, den man geohrfeigt hat, zu berichten, daß er nach der Ohrfeige (oder den Ohrfeigen, der Richter, der Linkshänder ist, kann sich nur an eine erinnern) in Tränen ausbrach? Die Tränen des Jungen sind nur zu verständlich. Denn schon der nur mit Worten agierende Richter flößt Angst ein.

Noch einmal zu seinen wirtschaftlichen Verhältnissen befragt, bricht der Richter plötzlich aus wie ein Vulkan. Als er vor Jahren merkte, daß sich die Sitten auf den Straßen änderten, habe er versucht, etwas zu unternehmen. »Man soll ja als engagierter Bürger etwas tun«, sagte sich der Richter und sprach durch die Instanzen bis ganz oben vor. Der Leitende Oberstaatsanwalt soll zu ihm gesagt haben: »Lassen Sie die Finger davon, das ist ein hochpolitisches Thema.«

Über das geltende Recht sei das Gewohnheitsrecht gekommen, »Greenpeace, Hausbesetzer, Radfahrer«. Man lasse die Willkür herrschen. Man müsse sich als Staatsbürger irgendwie wehren, es dürfe nicht sein, daß ein »weltweites Vorgehen« wie das von Greenpeace »ungesühnt« bleibt. Der Richter wehrt sich dagegen, »als Spinner« angesehen zu werden. Man irre sich, wenn man damit weiterzukommen meine, daß man Menschen wie ihn anklage.

»Es ist die blanke Verzweiflung eines Bürgers«, was er vorträgt, und er beruft sich auf breite Zustimmung aus der Bevölkerung, auf

Briefe: »Es kostet Mut, das hier zu sagen, aber man kann nur noch gewinnen.« Der Richter beschreibt eine Welt, in der Recht und Ordnung untergegangen sind.

Ein Satz, der wohl beschwichtigen soll: »Ich habe vom lieben Gott ein Temperament mitbekommen, das manchmal nicht so ist, wie man es sich wünscht.« Aber hier ist es nicht ums Temperament gegangen. Hier ging es darum, daß einer den Stab über die Welt bricht und sich als Standgericht auf zwei Beinen auf den Weg macht, ein Jüngstes Gericht bereits zu Lebzeiten der Welt.

Der Richter klagte an als Angeklagter, und es gehörte für ihn zum Untergang von Recht und Ordnung, daß *er* angeklagt worden war und daß *er* verurteilt worden ist. Und er stand auch für manche Richter, die zwar über angeklagte Tatbestände befinden, denen es jedoch in Wahrheit nicht um die persönliche Schuld der Angeklagten, sondern weit über diese hinaus, um ihr, der Richter, Bild von dieser Welt geht. Der Richter führte das Bild einer Welt vor, die von der Gewalt nur noch durch die Gewalt geheilt werden kann. □

1918 eroberte in der Statistik »Die tödlichen Verunglückungen in Preußen« die Zahl der Verkehrstoten zum ersten Mal die Spitze. Bis dahin hatte das Ertrinken die Liste der Todesfälle im Alltag angeführt. Der Verkehr hat diese Spitzenposition nicht mehr abgegeben, er zog unaufhaltsam davon und ließ sogar die Zahlen von Mord und Totschlag weit hinter sich. Allein Kriege sind noch fähig, die »tödlichen Verunglückungen« zu überbieten. Das Recht hat sich bemüht mitzuhalten. Man versuchte es mit strengen Strafen. Doch die Zahl der »Verunglückungen« wuchs und wuchs. Hatte man es zunächst nur mit dem Kraftfahrzeug zu tun gehabt und sich auf seine strafrechtliche Bändigung konzentrieren können, so sah man sich bald einer immer länger und tiefer werdenden Front gegenüber, in die schließlich alle am Verkehr Beteiligten (also *alle*) eingebunden waren. Die Vielfalt der Verkehrsmittel nahm zu, Tatbestände schossen wie Pilze aus dem Boden. Der Wiederaufbau nach 1945 brauchte den Verkehr, das Wirtschaftswunder erst recht. Und die Erholung und die materielle Ausbreitung, die man geschafft hatte, mußte auch in immer freierer Bewegung genossen werden.

Das Straßenverkehrsrecht versuchte mit der stürmischen und schließlich wuchernden Entwicklung mitzuhalten. Paul Bockelmann hat von »der konstanten Reformbedürftigkeit des Verkehrsrechts« gesprochen, die sich aus »der unaufhörlichen Zunahme des Verkehrsaufkommens (wie man heute gerne sagt)« ergibt; von »den damit verbundenen Wandlungen der Verkehrssitten (und -unsitten)«. Er sprach aber auch davon, »daß es ausgeschlossen ist, dem allgemeinen Wunsch nach Einfachheit, Klarheit und schlichter Verständlichkeit der verkehrsrechtlichen Regeln jemals ganz gerecht zu werden«. Das Verkehrsrecht müsse »immer wieder dem Gestaltwandel der Verkehrswirklichkeit angepaßt werden«.

Die Wandlungen waren indessen zu heftig, als daß es möglich gewesen wäre, sie durch Anpassung im Griff des Rechts zu behalten. Auch nehmen am Verkehr einfach zu viele, nämlich alle teil. Man begann, das Verkehrsstrafrecht zu »entkriminalisieren«. 1968 wurden die meisten Übertretungstatbestände des Verkehrsrechts in Tatbestände von Ordnungswidrigkeiten umgewandelt. Sie sollten der Gefahr vorbeugen, so Bockelmann, »daß die Deutschen durch die Ahndung ihrer massenhaft begangenen Verkehrsbagatelldelikte zu einem Volk von Vorbestraften werden«. Daß die Strafdrohungen gegen schwere Verkehrsvergehen bestehenblieben, verstand sich, und so schien gesichert, noch einmal Bockelmann, daß das Straßenverkehrsrecht »der Verursachung von Unfällen durch die rechtlich sanktionierte Mißbilligung fehlsamen Verkehrsverhaltens entgegenzuwirken« fähig bleibt, auch wenn die »wenigstens annähernd vollständige Durchsetzung der Normen... eine polizeiliche Verkehrsüberwachung notwendig machen« würde, »deren Kosten kein Staatshaushalt aufbringen könnte – und gegen die sich die Bevölkerung empören würde«.

Die Normen des Verkehrsrechts haben sich dennoch weiter aufgelöst. Es ging ja nicht nur darum, zu entkriminalisieren. Es war auch darum gegangen, die Jusitz zu entlasten, deren Strafverfahren zu mehr als 50 Prozent mit Verkehrsdelikten zu tun hatten. Entkriminalisierung ist fast das wichtigste Stichwort für alle rechtsreformatorischen Überlegungen, aber nur in Teilbereichen gewagt, richtet sie eher Schaden an: Sie gehört in ein rechtspolitisches Gesamtkonzept des Strafrechts. Im Fall des Verkehrsrechts, in einen bereits abgespaltenen, der Normdurchsetzung fast schon völlig entrückten, isolierten Bereich isoliert eingebracht, ruinierte sie die Grenze zwischen den Zuwiderhandlungen und dem als kriminell anzusehenden Unrecht im Verkehr endgültig.

Daß sogar ein hochqualifizierter Jurist und Richter dazu, sich hinreißen läßt, Selbstjustiz auf der Straße zu üben, weil er sich von einer Gewalt bedrängt fühlt, gegen die er, ein Vertreter der Dritten, rechtsprechenden Gewalt, sich nur noch gewalttätig zur Wehr setzen kann (in der »blanken Verzweiflung eines Bürgers«), kennzeichnet eine Situation, die sich seit der Verurteilung dieses Richters 1985 nur verschärft hat, soweit das überhaupt noch möglich war. Das Verkehrsrecht steht nur auf dem Papier, und wo es zugreift, tut es das zufällig. Man darf sich nur nicht erwischen lassen, und die Gefahr, erwischt zu werden, ist gering. Man muß sich schon sehr ungeschickt anstellen (oder aber einfach Pech haben), um erwischt zu werden. Man darf dann der allseitigen Teilnahme gewiß sein und muß nicht fürchten, schief angesehen zu werden. Würde man bei einem Ladendiebstahl ertappt, so wäre das schon sehr unangenehm, so dürfte man nicht auf Verständnis hoffen. Mit Alkohol am Steuer gestellt, kann einem sogar unter Alkohol etwas passiert sein – das kann jedem passieren, Anteilnahme und Mitgefühl wenden sich einem zu. Eine »Radarfalle«, als »Wegelagerei« der Polizei, rechtzeitig zu erkennen (und sogar noch andere zu warnen), das ist schon etwas.

Der »Verkehrstote« ist auf ganz andere Weise ums Leben gekommen als andere Opfer von Gewalt. Er fällt im »Chaos auf den Straßen« an, im »Inferno« des Verkehrs, und ein Chaos und ein Inferno sind nun einmal zu vier Fünfteln auf höhere Gewalt zurückzuführen (wenn nicht sogar im Ganzen). Der »Zusammenbruch« des Verkehrs entlastet jedermann, es kann schließlich auch keiner für einen Hurrikan verantwortlich gemacht werden (und wie er sich im Hurrikan behauptet, wie er es schafft zu überleben, ist allein seine Sache). In einen Unfall mit tödlichem Ausgang für andere Verkehrsteilnehmer wird man »verwickelt«. Ist man selbst der Auslöser des Unfalls, so ist das Unglück einem »zugestoßen« oder eben »passiert«. Ein Unfall, auch wenn man selbst ihn ausgelöst hat, ist also etwas, was einem zugefügt wird, was einem widerfährt, was man genauso erleidet wie das Unfallopfer. Selbstverständlich hat man nicht gewollt, was geschehen ist.

In der Umgangssprache, in den Meldungen und Berichten, wird verwischt, wird abgewiegelt. Ein »riskantes«, nicht etwa ein kriminelles Überholmanöver kostet ein Menschenleben (man muß schon etwas riskieren im Verkehr, und das kann halt auch mal schiefgehen). Einer, der auffährt, »konnte nicht mehr rechtzeitig bremsen« (man hat ihm einfach keine Chance gelassen). Von einem »zu geringen Sicherheitsabstand« schreiben nur Böswillige. Man muß doch berücksichtigen, daß der Fahrer, der nicht mehr rechtzeitig bremsen konnte, sein Fahrzeug vielleicht nach Lektüre eines Tests im gleichen Blatt gekauft hat, und in diesem Test ist das »Überholprestige« des Wagens gepriesen worden, zu dem er sich entschloß.

Der Verkehr ist heute Bürgerkrieg, jeder gegen alle. Ein Oberlandesgericht mußte entscheiden, daß Anspucken noch keine Körperverletzung ist (ein Autofahrer hatte vor einer Waschstraße die Reihenfolge nicht eingehalten). Der Speichel tropfte nach einem Volltreffer im Gesicht von Brille und Wange auf die Oberbekleidung. Doch Ekelgefühl beim Getroffenen reicht für eine Gesundheitsschädigung nicht aus, es kann von einer körperlichen Mißhandlung noch nicht gesprochen werden. Es hätte schon ein pathologischer Zustand, etwa eine Übelkeit, bewirkt werden müssen. Vor 80 Jahren hatte das Reichsgericht in Leipzig noch entschieden, »daß Anspucken, wenn es geeignet ist, Ekel hervorzurufen, als Körperverletzung strafbar ist«. Nur eine Beleidigung ist also neuerdings der Spuckvolltreffer.

Der Vorsitzende des Stadtverbands Frankfurt des Bundes der Fußgänger muß mit einer Geldbuße belegt werden, weil er, »einer plötzlichen Eingebung« folgend, über die Motorhaube eines Fahrzeugs schritt, das parkend einen Fußgängerüberweg versperrte. Ein Kraftfahrer entschuldigt das Überschreiten der zulässigen Geschwindigkeit (vor dem Oberlandesgericht) um 59 Kilometer damit, daß ein Sittich im Koma gelegen und er versucht habe, so schnell wie möglich den Tierarzt zu erreichen. Ein Rentner wird angeklagt, weil er mit seinem Stock auf Autos eingeschlagen haben soll (und auch auf die Insassen, die das nicht defensiv aufnahmen). Ein Autofahrer drückt ein Motorrad fast an eine Leitplanke, stellt sich schließlich quer und zwingt dadurch das Zweirad zum Anhalten. Zwei Personen springen aus dem Auto und schlagen den Motorradfahrer zusammen. Ein 28 Jahre alter Mann beschwert sich bei den Insassen eines Wagens, der ihm die Vorfahrt genommen hat. Er wird niedergestochen und lebensgefährlich verletzt.

Daß auf automatische Radaranlagen (die man in der Presse »Radarfallen« nennt) geschossen wird, ist nicht neu. Es ist sogar schon auf Polizeibeamte geschossen worden, die an derartigen Anlagen arbeiteten. Nun wird auch auf Falschparker geschossen (Durchschuß im Oberarm) oder beim Überholen auf einen Kleinbus, von dem man sich behindert fühlt (Steckschuß im Oberschenkel). Übrigens ist, so eine Zeitungsmeldung, der Mann, der auf den Besitzer des falsch parkenden Autos schoß, ein Rentner gewesen, und der hat seine Pistole auf einen »Parksünder« abgefeuert (was doch sein Verhalten schon ein wenig zugänglicher macht).

Es sind alle dabei. Ein Radfahrer schlägt einen Fußgänger nieder, einen Touristen aus Saudi-Arabien. Das Opfer erleidet so schwere Verletzungen, daß möglicherweise ein Hirnschaden zurückbleiben wird. Und die Radfahrer, die an ihrer Unterdrückung leiden, an ihrer Rolle als »die Schwächsten« im Verkehr, treten bereits gegeneinander an. Ein Rennrad (Fahrer 62) und ein »normales« Tourenrad (Fahrer 39) prallen zusammen. Beide Männer erleiden schwere Kopfverletzungen. Der Ältere fällt obendrein ins Wasser des Sees, an dem es zu dem Zusammenstoß kommt und muß von einem Jogger gerettet werden, bevor der Notarzt ihn versorgen kann. Bei einem anderen Zusammenstoß von zwei Radfahrern wird ein 60 Jahre alter Mann lebensgefährlich verletzt. Der Kontrahent kümmert sich nicht um ihn, begeht Fahrerflucht.

Und die Prominenz hält natürlich auch beispielhaft mit, etwa der ehemalige Torwart der Fußballnationalmannschaft, der unter Alkohol mit dem Wagen eine Böschung hinabstürzt (und das ist ein Fortschritt: elf Jahre zuvor hat er unter Alkohol zwei Frauen schwer verletzt). Ein Graf, der auch dem Vorstand des Allgemeinen Deutschen Automobilclubs in seinem Bundesland angehört, muß verurteilt werden, weil er ein anderes Fahrzeug rechts überholt und danach durch Linkseinscheren zu einer Vollbremsung gezwungen hat.

Doch durch sein Fehlverhalten im Verkehr disqualifiziert sich niemand, keiner wird diskriminiert, weil er im Verkehr aufgefallen ist. Ein Mann, der nach 700 Kilometern Autobahnfahrt 34 Autofahrer anzeigt, ein Industriekaufmann, ist »der Autobahnpetzer« in *Bild*, das zu seinem Verhalten auch einen Kölner Oberstaatsanwalt zitiert: »Wir halten nichts davon, wenn jemand systematisch Privatsheriff spielt.« Dennoch werde man die Anzeigen prüfen und die Angezeigten hören. Das Fazit des Autobahnpetzers laut *Bild*, die Begründung seines anklagenden, zehnseitigen Protokolls: »Wer das Tempolimit einhält, muß sich mit kriminellen Autofahrern herumschlagen, fühlt sich von der Polizei alleingelassen. Ich habe Angst, überhaupt noch ein Auto zu benutzen.« In einer Baustelle (Tempo 60 soll es sein) ist beispielsweise nach seinen Tonbandnotizen ein gelber Tanklastzug bis auf einen Meter an ihn herangefahren. Wirklich, warum benutzt er noch sein Auto. Soll er es doch lassen, wenn er Angst hat. Und wie kann man andere Verkehrsteilnehmer Kriminelle nennen?! Der Mann muß krank sein.

Das Verkehrsrecht ist dem »Gestaltwandel der Verkehrswirklichkeit« nicht auf der Spur geblieben, es hat die Fühlung verloren. Im Sommer 1990 erscheint in vier Bänden der Bericht einer
»Unabhängigkeit Regierungskommission«, die durch Kabinetts-
beschluß der Bundesregierung vom 16. Dezember 1987 den Auftrag erhalten hatte, Analysen und Vorschläge zur Verhinderung
und Bekämpfung von Gewalt zu erarbeiten und vorzulegen. Man
muß das Werk der »Gewaltkommission« (so nennt sie abkürzend
sich selbst) gewaltig nennen. Es beschäftigt sich mit der politisch
motivierten Gewalt, der Gewalt auf Straßen und Plätzen, im Sta-
dion, in der Familie. Es ist sowohl dem »Hellfeld« als auch dem
»Dunkelfeld« der Gewaltkriminalität gewidmet. Es fehlt nichts,
was die »Entstehungszusammenhänge und Erklärungsansätze«
angeht, von der »sozialen Desintegration«, den »Negativen
Weltbildern« bis zu den »Sichselbsterfüllenden Prophezeihun-
gen«. Die »Erzeugung von Klischees und Feindbildern« durch die
Massenmedien wurde selbstverständlich nicht ausgelassen.

Ein so komplettes Bild der Gewalt und ihrer Zusammenhänge
ist noch nie erstellt worden. Und es werden natürlich auch Wege
gewiesen, wie etwa (nur ein Hinweis wird hier als Beispiel zitiert)
»Rechtssicherheit durch Rechtsklarheit und Rechtsgleichheit«, auf
denen man der Gewalt begegnen kann. In den vier Bänden finden sich überall die wegweisenden, Orientierung gewährenden
magischen Worte »Rechtsfrieden«, »Rechtsbewußtsein« (auch
»faktisches Rechtsbewußtsein«), »Rechtsgehorsam« (auch »se-
lektiver Rechtsgehorsam«), »Rechtsgleichheit«, »einheitliche
Rechtspraxis«, »Rechtsgeltung« – die Gewaltkommission hat ein
überwältigendes Werk vorgelegt. Unter der Überschrift »Grenzen der Belastung des allgemeinen Rechtsbewußtseins« ist zu lesen:

»Für die Aufrechterhaltung des inneren Friedens darf ein Fak-
tor nicht aus den Augen der hoheitlich Handelnden verloren
werden: das allgemeine Rechtsbewußtsein.
Hier liegt die Chance und zugleich die Pflicht für einen jeden,
dem ein Amt anvertraut ist, die Hintergründe seines Handelns
und seiner Entscheidung transparent zu machen, damit ein
Höchstmaß an Akzeptanz erreicht werden kann. Jeder Politiker, jeder Beamte und jeder Richter nimmt durch die Vielzahl
seiner Entscheidungen auf diesen Prozeß Einfluß.
Die Liste der Belastungen des allgemeinen Rechtsbewußtseins

ist lang. Traurige Höhepunkte wie die ›Barschel-Pfeiffer-Affäre‹ sind zwar selten, aber die Kette der Affären will nicht abreißen.«

Die »Ausbildung des allgemeinen Rechtsbewußtseins« wird beschrieben (die »Berichterstattung der Massenmedien« führt die »verschiedenen Ebenen« der Ausbildung an). Die goldenen Worte überschlagen sich: »Festzuhalten bleibt letztlich, daß die bereits angesprochene strikte Einhaltung der Rechtsbindung, -verwirklichung und -verfolgung ihrerseits zur Stärkung des allgemeinen Rechtsbewußtseins beitragen wird.« Krönender Abschluß zu den »Grenzen der Belastbarkeit«:

> »Insgesamt muß dies dazu führen, daß Gewalttäter und schutzbedürftige Dritte sowie die Öffentlichkeit sich der möglichen Folgen des Handelns bewußt sind sowie, daß bei der beobachtenden Öffentlichkeit einerseits die Rechtsgrundsatztreue erhalten bleibt, andererseits aber auch das Bewußtsein vorherrscht, daß im Einzelfall unter Abwägung aller Gesichtspunkte verhältnismäßig differenziert und gerecht gehandelt wird.«

Die Last, die auf der Gewaltkommission lag, macht dieses Ungeheuer von einem Satz spürbar. Dennoch ist ihr Bericht (bei aller Vorzüglichkeit im einzelnen) eine Groteske. Denn unter der Überschrift »Gewalt im Straßenverkehr« findet sich als »8. These« folgender Text:

> »Wie schon bei der Darstellung des Auftrags der Kommission und bei den Grundlagen des Berichts erwähnt... konnte die Kommission nicht alle Aspekte der Gewalt behandeln. Jedoch finden sich solche Aspekte in einzelnen Erstgutachten der Unterkommissionen.
> Dies gilt auch für den Bereich der Gewalt im Straßenverkehr. Auch hier besteht eine hohe Wahrscheinlichkeit des Gewalttransfers. Aggressives Fahren scheint zuzunehmen und auch Auswirkungen auf die allgemeine Gewaltbereitschaft zu haben. Insofern wäre Bekämpfung aggressiver Fahrstile, gefährdender Drängelei und Raserei durch Aufklärung und energische Verfolgung auch hilfreich zur allgemeinen Gewaltbekämpfung. Abschließende Aussagen und Vorschläge

konnten jedoch mangels Befassung der gesamten Kommission mit diesem Komplex nicht gemacht werden.«

Die Fahndung in den vier Bänden des Berichts erbringt außer der »8. These« nur noch einen Hinweis auf den Straßenverkehr. Er handelt vom »gefährlichen Eingriff in den Straßenverkehr« durch das Aufreißen von Straßen, durch die Errichtung von Barrikaden. Man kann also tatsächlich im Jahr 1990 einen vierbändigen Bericht über »Ursachen, Prävention und Kontrolle von Gewalt« vorlegen und den Bürgerkrieg auf den Straßen unter die Aspekte einreihen, die angesichts des Ausmaßes des Auftrags nicht auch noch abzuhandeln waren. Man kann sich in der Bemerkung, die man immerhin anfügt, darauf beschränken, von aggressiven Fahrstilen zu sprechen, von Drängelei und Raserei, als sei an der tagtäglichen Feldschlacht nur das Kraftfahrzeug beteiligt. Und man kann sogar erwähnen, daß Aufklärung und energische Verfolgung »hilfreich« wären.

»Rechtssicherheit durch Rechtsklarheit und Rechtsgleichheit«: Dieser Satz ist dem Verkehr längst zum Opfer gefallen. Und man hat sich bis heute nicht eingestanden, daß der Verkehrstod des Rechtsbewußtseins kein partieller Tod war, sondern das Hinscheiden des Gefühls für Recht und Unrecht im ganzen. Wenn der Normverstoß »eher die Regel als die Ausnahme« ist für jedermann, denn am Verkehr nehmen alle teil, dann ist Gesetzestreue schließlich nirgendwo mehr eine Bindung. Wenn Rechtstreue gar zur Folge hat, daß man sich selbst gefährdet (aber auch andere, die mit dem Recht schon Schluß gemacht haben, provoziert und zu gefährlichen Aktionen verleitet) – dann ist der Straßenverkehr, wie Spörli schreibt, tatsächlich »sogar schlimmer als der Dschungel«. Und dann bestimmt dieser Dschungel immer intensiver und zuletzt endgültig die Einstellung zu den Rechtsnormen, wo auch immer sie dem Menschen begegnen. Das Verkehrsverhalten ist nicht das Ergebnis einer zunehmenden Bereitschaft zur Gewalt und zur Verachtung der Gesetze. Der Verkehr ist die hohe Schule der »Rechtsgrundsatzuntreue«, um den von der Gewaltkommission so glorreich gebrauchten Begriff abzuwandeln. Er stiftet sie.

Die »verfassungsmäßig berufenen Organe« haben ihren Willen nicht durchgesetzt, genauer: sie haben nie gewußt, was sie wirklich wollen. Ihre Niederlage trifft die Strafjustiz voll. Der Gesetzgeber hat hartnäckig so getan, als ließen sich die Unachtsamkeiten, die Fehlhandlungen, der Rechtsungehorsam und die Aggression im Verkehr abseits bewältigen; als werde das Strafrecht in seiner Wucht und Macht nur in relativ seltenen Fällen beansprucht, die unstreitig krimineller Energie zuzuschreiben sind. 1976 hieß es in einer Revisionsentscheidung des BGH in einer »normalen« Strafsache:

> »Die Rechtsprechung verlangt aus Gründen der Rechtssicherheit, daß ein geistig gesunder Mensch seine Leidenschaft und Erregungszustände im Rahmen des Möglichen beherrscht, weil die strafrechtliche Verantwortlichkeit sonst in unerträglichem Umfange beseitigt würde... Wer hemmungslos einer Neigung zu heftigen Entladungen nachgibt, obwohl er sie durch vernünftige Selbstzügelung bekämpfen könnte, verschuldet dadurch eine seelische Fehlentwicklung. Ihm muß schon aus rechtspolitischen Gründen seine Pflicht und Fähigkeit zur Selbstzügelung entgegengehalten werden... Vorwerfbar kann schon die hemmungslose Hingabe an depressive Verstimmungen sein, die erkennbar in den Gefahrenbereich unkontrollierter Affektentladungen führen.«

Der Verkehrsteilnehmer, auf dem Heimweg nach einem unbefriedigenden, ärgerlichen, »frustrierenden« Arbeitstag: Er befindet sich erkennbar im Gefahrenbereich unkontrollierter Affektentladung. Auch auf dem Weg zum Arbeitsplatz, sich zu der Haltung aufbauend und aufpumpend, in der er heute einmal Klarschiff machen wird, in der er endlich sagen wird, was Sache ist (und daß man so nicht eine Minute länger mit ihm umspringen kann), versäumt die vernünftige Selbstzügelung. Eine Beherrschung seiner Leidenschaften und Erregungszustände, die ihn des Verkehrspädagogen Böcher gedenken läßt (»Jeder einzelne sollte in dem Bewußtsein am Verkehr teilnehmen, daß er auf der Straße nicht potentiellen Gegnern oder anonymen Maschinen begegnet...«), kann als »im Rahmen des Möglichen« liegend sehr wohl von ihm erwartet werden.

Die Verkehrsdelinquenz des »»normalen‹ Staatsbürgers«, so hat man früher (um sich des wachsenden Unbehagens noch für eine Weile zu erwehren) gemeint, habe nicht die »destruktive, antisoziale Tendenz«, die »soziale Gefährlichkeit« bedingt. Das »Risikoverhalten« im Straßenverkehr wurde als »soziale Fehlleistung« gedeutet.

In seinem Nürnberger Vortrag über das »Strafrecht in einer

offenen Gesellschaft«, hat Arndt 1968 auch gesagt, daß das, »was wir Verkehrsdisziplin nennen«, nicht von Natur da ist, sondern zu Bewußtsein gebracht werden muß: »Es muß erarbeitet werden, auch durch Verzichtleistungen; denn die Gesellschaft oder überhaupt Gemeinschaft kann sich nicht bilden, ohne mit Verzichten zu arbeiten...«:

> »Das Verkehrsstrafrecht als Beispiel ist ferner durch sein Bestreben lehrreich, die bloße Ordnungswidrigkeit, das sogenannte *Verwaltungsunrecht,* vom verbrecherischen und daher strafwürdigen Unrecht zu trennen. Die Notwendigkeit dieser Trennung wurde dadurch gefördert, daß die allgemeine und unvermeidliche Teilnahme am motorisierten Verkehr eine verschüttete Wahrheit aufdeckte: jedermann kann durch sein Versagen ein Verbrechen begehen; die Möglichkeit, Verbrecherisches zu tun, ist keineswegs ein *privilegium odiosum* der Armen oder der unterdrückten Klassen, denen man es zutraut, silberne Löffel zu stehlen. Und da es niemand gibt, der sich im Verkehr ausnahmslos fehlerfrei verhält, mußte und muß man nach Kriterien suchen, die aus der unermeßlichen Zahl der Fehler die Verbrechen aussondern.«

Die meisten Übertretungstatbestände des Verkehrsrechts wurden damals gerade in Tatbestände von Ordnungswidrigkeiten umgewandelt, man versuchte es mit der »Entkriminalisierung«, man wollte kein »Volk von Vorbestraften«. Doch der verschütteten Tatsache, daß jedermann ein Verbrechen begehen kann, wurde damit nicht Rechnung getragen. Es fanden sich keine Kriterien, nach denen die Verbrechen aus der Zahl der Fehler auszusondern waren, im Gegenteil: Das Vertrauen in eine leidliche Rechtssicherheit nahm immer ärgeren Schaden, die Rechtsklarheit trübte sich noch mehr ein und die Rechtsgleichheit, ohnehin damit beschwert, daß jeder Tatbestand anders gesehen werden kann und differenziert behandelt werden muß, wurde zu einem für allzu viele nicht mehr deutbaren, bösartigen Orakel.

Es werden Freiheitsstrafen verhängt und *nicht* zur Bewährung ausgesetzt wegen fahrlässiger Tötung und Körperverletzung im Verkehr, doch da muß schon einiges vorliegen, zum Beispiel Fahren ohne Führerschein, Unfallflucht, eine Wiederholungstat und vor allem Trunkenheit. Für einen 50 Jahre alten Busfahrer, der einen zehn Jahre alten Jungen auf seinem Fahrrad beim Abbiegen im »toten Winkel« übersah (und der nicht sofort bremste, trotz des Aufprallgeräusches, sondern erst auf mehrfache Aufforderung durch Fahrgäste; das Kind wäre nicht überrollt worden, wenn der Bus sofort gehalten hätte) – 3600 Mark Geldstrafe wegen fahrlässiger Tötung. Der Führerschein wurde nach fünf Monaten zurückgegeben. Der Busfahrer verlor seinen Arbeitsplatz wegen des Unfalls. Was dieses Urteil für die Eltern des getöteten Kindes bedeutet, wie die nicht direkt Betroffenen, die Freunde und Bekannten und alle, die von ihm hören, fortan über das Strafrecht denken, bedarf keiner Phantasie. Man hat sie gelehrt, daß das Strafmaß die Mißbilligung ausdrückt, daß also eine hohe Strafe eine entschiedene, unmißverständliche Mißbilligung ist. Dazu paßt dieses Urteil für sie nicht – und was, so fragen die Eltern, die Freunde und Bekannten und alle, die von dem Urteil hören, unterscheidet diese Tat von anderen Taten, die einen Menschen töten. Der Busfahrer hat nicht vorsätzlich gehandelt? Die Einlassung des Fahrers, wenn sich jemand im toten Winkel befinde, könne er nichts für einen Unfall, eine Auffassung, die immerhin vom Richter »erschreckend« genannt wurde, ist für den Bürger, der kein Jurist ist, Vorsatz oder mindestens bedingter Vorsatz. Für den Bürger ist ein Krimineller, wer mit einer solchen Auffassung fährt – für den Bürger, direkt betroffen oder nicht, begeht ein Verbrechen, wer einen Menschen tötet. Fahrlässig soll dieser Tod verursacht worden sein? Der Verlust des Arbeitsplatzes soll den Fahrer zusätzlich bestraft haben? Fünf Monate war er ohne Führerschein. Er hat ihn zurückbekommen. Er wird schon wieder einen Arbeitsplatz finden. Am Tod ihres Kindes werden die Eltern ihr Leben lang tragen.

18 Monate Freiheitsstrafe ohne Bewährung für einen 25 Jahre alten Studenten, der drei Mitarbeiter einer Autobahnmeisterei getötet hat, weil er nach 26 Stunden ohne Schlaf noch immer Auto fuhr und in eine Baustelle hineinraste, fahrlässige Verkehrsgefährdung und fahrlässige Tötung. Eine Strafe ohne Bewährung immerhin, die über den Antrag der Anklage hinausging, die 18 Monate, zur Bewährung ausgesetzt und 40 Wochenenden Dienst in einem Krankenhaus beantragt hatte (sie hatte die Zukunftschancen des 24 Jahre alten Angeklagten vor Augen dabei). Der Verurteilte wird meinen, daß er übermäßig bestraft wurde. Zwar hat er drei Menschen getötet – doch wie nimmt sich sein Urteil unter anderen Urteilen aus.

Ein 18 Jahre alter Fahrer verliert »aufgrund unangemessener Geschwindigkeit bei nasser Fahrbahn« die Gewalt über den Wagen seines Vaters. Er prallt gegen ein parkendes Fahrzeug und zerquetscht einer 49 Jahre alten Türkin die Beine. Die Türkin, Mutter von fünf Kindern, wird nie wieder richtig gehen können. Das Verfahren gegen den 18 Jahre alten Fahrer wird eingestellt, nachdem er 200 Mark an die Staatskasse gezahlt hat. Eine 78 Jahre alte Frau wird beim Überqueren der Straße von einem Auto erfaßt. Sie stirbt noch an der Unfallstelle. Der Fahrerin des Autos, 28 Jahre alt, hätten, einem Sachverständigen zufolge, Sicht und Distanz zum Bremsen reichen müssen, das Unglück sei »auf jeden Fall vermeidbar« gewesen. Nach Zahlung von 800 Mark verzichtete man auf ein Strafverfahren.

1975 wurde der § 153 der StPO (»Einstellung wegen Geringfügigkeit«) durch den § 153a ergänzt: »Einstellung nach Erfüllung von Auflagen.« Das Strafen im Bereich der kleineren Kriminalität sollte zurückgedrängt werden, Ersttätern, Ladendieben und Schwarzfahrern beispielsweise, sollte der Makel des Vorbestraftseins erspart werden. Man wollte sich allerdings auch entlasten vom wachsenden Anfall der Verfahren, man wollte vereinfachen und beschleunigen, es ging nicht nur um eine »verurteilungslose Friedensstiftung«. Mit Zustimmung des zuständigen Gerichts (und des Beschuldigten) kann die Staatsanwaltschaft einstellen, von der Erhebung der öffentlichen Klage nach Erfüllung von Auflagen absehen, und sie hat von dieser Möglichkeit auch und gerade in Verkehrssachen in immer größerem Umfang Gebrauch gemacht. Ein Autofahrer nimmt einem 20 Jahre alten Motorradfahrer die Vorfahrt, der Motorradfahrer stirbt. Das Verfahren wird gegen 1500 Mark Geldbuße eingestellt, auch gibt der Unglücksfahrer den Führerschein wegen seines hohen Alters freiwillig zurück. Doch wie müssen die Angehörigen des Motorradfahrers, seine Freunde und Bekannten diese Erledigung sehen?

Aus der Einstellung nach Erfüllung von Auflagen, die auch den Verzicht auf eindeutige Klärung im Ermittlungs- oder Strafverfahren bedeutet, ergeben sich Zivilprozesse in Fülle. Es wird »vereinfacht und beschleunigt für den kriminell nicht gefährdeten Betroffenen« erledigt, es wird »schonend« erledigt – doch wieso, fragt der Bürger, der kein Jurist ist und der gefälligst ein Rechtsbewußtsein haben soll, ist einer »kriminell nicht gefährdet«, der einen Menschen getötet hat, der möglicherweise versäumt hat, »seine Leidenschaften und Erregungszustände im Rahmen des Möglichen zu beherrschen« (wie es der BGH 1975 »aus Gründen der Rechtssicherheit« vom »geistig gesunden Menschen« forderte)? Ist er nicht vielleicht nach einem Streit mit seiner Frau losgefahren, obwohl er sich in einer seelischen Verfassung befand, in der er hätte zu Fuß gehen müssen?

Noch einmal, kein Mißverständnis: Entkriminalisierung ist fast das wichtigste Stichwort für alle rechtsreformatorischen Überlegungen. Doch die Entkriminalisierung gehört in ein rechtspolitisches Gesamtkonzept des Strafrechts. Die Tötung eines Menschen im Straßenverkehr läßt sich nicht abspalten – für die Familie, die Angehörigen und die Freunde eines im Verkehr getöteten Menschen dehnt sich kein Ozean zwischen der Fahrlässigkeit und dem Vorsatz. Man muß darüber nachdenken, was denn der Vorsatz wirklich ist. Auch der, durch den ein Mensch im Verkehr zu Tode kommt, hat Beweggründe. Sein Fehlverhalten ist nicht einfach eine soziale, es ist auch eine persönliche Fehlleistung.

Das Straßenverkehrsrecht ist *die* Krise des Strafrechts. Die Verachtung der Normen, die es zur Selbstverständlichkeit gemacht hat, ist destruktiv und antisozial, und weil man sie ignorierte und schließlich leugnete, haben Begriffe wie Rechtsbewußtsein, Rechtsgehorsam, Rechtsgleichheit und Rechtsgeltung schwere Schäden erlitten. Es nehmen zu viele teil am Verkehr, und jeder tritt in ihm gegen alle an, sich behauptend oder durchsetzend, und die wirtschaftlichen Interessen, die zu berücksichtigen waren, haben das Maß überlaufen lassen. Wolf Schneider hat recht, wenn er schreibt:

»Was würde denn geschehen, wenn man 34 Millionen deutschen Autofahrern ein Limit auf der Autobahn verordnete? Etwa 20 Millionen würden es gelegentlich übertreten – oder etwa nicht? Das ergäbe zum Beispiel 200 Millionen Übertretungen im Jahr. Wie viele davon würde die Polizei entdecken? Vielleicht zehn Millionen – einerseits ein fast lächerlicher Beitrag zur Verkehrssicherheit, andererseits aber ein gewaltiger Batzen zusätzlicher Kriminalität, also nichts, worauf wir dringend gewartet hätten.«

Er sieht nur einen »humanen und zugleich praktikablen Weg, ein Tempolimit durchzusetzen«: »Von einem Stichtag an wird in der Bundesrepublik kein Auto mehr zugelassen, das schneller fahren kann, als es auf der Autobahn darf. Darüber ließe sich reden.« Doch darüber darf nicht einmal nachgedacht werden. Trotz »enormer Zuwachsraten von Kraftfahrzeugen und starker Zunahme von

Fahrleistungen« gab es 1989 die wenigsten »Verkehrstoten« seit Einführung der Verkehrsunfallstatistik 1953. Daß die Industrie alles getan hat, um sich ihre Kundschaft durch widerstandsfähigere Konstruktionen lebendig zu erhalten, daß die Durchsetzung des Anschnallgurts zur Senkung der Zahlen entscheidend beitrug, wird dabei unterschlagen. Und es wird auch das Elend der Schwerverletzten, der bis an ihr Lebensende Versehrten unterschlagen. Es soll eben alles nicht so schlimm sein, wie irgendwo (und hier) behauptet wird. Der Straßenverkehr muß, was das Recht angeht, eine Exklave bleiben.

Gäbe man zu, daß er ein längst erfolgreicher Generalangriff auf unser Strafrecht ist – die »verfassungsmäßig berufenen Organe« müßten herausfinden, was sie wirklich wollen. Sie müßten sich der Empörung der Wähler stellen, die längst nicht mehr aufgeben mögen, was sie erobert haben; die nicht zu den »Verzichtleistungen« bereit sind, von denen Arndt gesprochen hat. Man hätte den Zorn der Wirtschaft zu ertragen, die Androhung des Verlusts von Arbeitsplätzen. Man müßte sich rechtspolitisch stellen und bekennen. Man könnte »das Verbrechen« nicht mehr zum Schüren und Pflegen von Ängsten benutzen. Man müßte von einer die Gemeinschaft ruinierenden Verachtung *aller* Bürger für Normen sprechen, die um des Zusammenlebens und des Überlebens willen Beachtung, ja Achtung verlangen.

Nein, lieber nicht. Da versuchen wir es doch besser erst noch einmal mit dem Unfallschreiber. Vielleicht bringt diese Erfindung, die Fahrdaten und Fahrzeugbewegungen vor einem Unfall festhält, die Gerechtigkeit. Es muß ein Weg zu finden sein, der es der Politik erspart, dem Volk zu sagen, daß es zwar das Volk, aber auch das Volk ist, das sich im Verkehr selbst umbringt.

VIII
Die letzte Bastion
vor dem Weltuntergang

Nein, der Angeklagte hätte nicht töten müssen: »Daß er die nötige Einsicht hat, braucht nicht bezweifelt zu werden. Wer in Religion eine Zwei hat, weiß, daß er nicht töten darf.« Eine 50 Jahre alte Erste Staatsanwältin begründet vor der Jugendkammer eines Landgerichts ihren Strafantrag gegen den Angeklagten, der seinen Vater getötet hat. Der Angeklagte ist 19 Jahre alt. Die Schulnote in Religion als strafverschärfendes Moment?

Warum nicht gleich die Heimtücke der Tat aus der Religionsnote ableiten? Der Angeklagte, so läßt sich das doch besser, noch schärfer formulieren, hat seine Umgebung getäuscht. Durch Heuchelei hat er sich eine Zwei in Religion erschlichen. Alle hielten ihn dieser Zwei wegen für einen braven jungen Mann – in Wahrheit lauerte er in der Deckung, die ihm diese Zwei in Religion verschaffte (niemand erwartet von einem Menschen, der eine Zwei in Religion hat, Böses), auf die Gelegenheit, den Vater umzubringen.

Die Staatsanwältin öffnet ganz neue Perspektiven, die Religion ist als Vehikel der Strafverfolgung noch lange nicht ausgeschöpft: Im vierten Gebot gehe es keineswegs darum, daß man nur einen »lieben« Vater zu ehren und zu lieben habe. Dem Gebot zufolge sei vielmehr der Vater ohne Rücksicht darauf zu lieben und zu ehren, ob er »böse« oder »lieb« ist.

Es versteht sich, daß die Staatsanwältin nach dieser Deutung einer Religionsnote und eines Gebots der Frage *keine* Beachtung schenkt, wie denn der getötete Vater als Mensch beschaffen war und wie er sich seinem Sohn gegenüber verhielt. Diese Frage wäre ja auch nach dieser Erinnerung an das vierte Gebot (und seine Allgemeinverbindlichkeit in einer vor christlichem Glauben offenbar überquellenden Welt) völlig unangemessen.

Die Staatsanwältin hält es statt dessen für ihre Pflicht, herauszuarbeiten, wie sehr der Sohn an seinem Vater gefehlt hat: »Der Vater, wesentlich gutmütiger, als der Angeklagte es hier wahrhaben will...« Der Vater habe sich um seinen Sohn bemüht. Ob er das auf sinnvolle Weise tat, ist ohne Belang. »Völlig grundlos« habe der Angeklagte Emotionen gegen seinen Vater aufgebaut und aufgestaut.

Einen Fehler habe der Getötete gehabt, hat ein Zeuge ausgesagt: »Er wollte etwas Besonderes sein.« So habe er auch »seine Frauen« ausgewählt, »in der Bar und so«. Von der Mutter der Angeklagten hat sich der Vater scheiden lassen, als der Sohn zehn Jahre alt war. Für den Konflikt zwischen Vater und Sohn und das blutige Ende des Konflikts dürfte diese Scheidung von erheblicher Bedeutung gewesen sein, zumal die Frauen, die der Vater nach dem Auszug der Mutter ins Haus brachte, die Spannungen zwischen Vater und Sohn schürten und nicht dämpften.

Die Staatsanwältin ignoriert das. Sie steht vor dem getöteten Vater, sie schützt ihn, denn das Opfer der angeklagten Tat hat ein hehres Opfer zu sein. Um dieses Schutzes willen greift die Staatsanwältin sogar die vom Vater geschiedene Mutter des Angeklagten an. Der Schatten eines mildernden Gesichtspunkts, des einzigen übrigens im Schlußvortrag der Anklage, wird dem Angeklagten in Gestalt eines Angriffs auf seine Mutter zuteil. Sie habe den Sohn gegen den Vater »aufgeputscht«, statt ihn zu beruhigen. Das Aufputschen sieht die Staatsanwältin darin, daß die Mutter über den Vater gesagt hat: »Du weißt doch, er war immer so.«

Der Staatsanwältin, die 1977 derart ihren Strafantrag begründet, ist zugute zu halten, daß viele Frauen in der Justiz in jenen Jahren dazu neigten, zu demonstrieren, daß sie die besseren Männer sind. Doch der Schlußvortrag der Staatsanwältin aus dem Jahr 1977 ist 1990 noch immer repräsentativ. Er kennzeichnet die Neigung der Strafverfolgungsbehörde, sich als Hort der Ordnung zu gebärden, als Stimme der Mehrheit einer von der Strafjustiz nicht mehr verteidigten und geschützten Bevölkerung: Die Staatsanwaltschaft als Fels in der Brandung, als die letzte Bastion vor dem Weltuntergang.

Die Illusion, eine heile Welt sei möglich, wird von Auftritten dieser Art genährt, an ihrem zähen Leben gehalten. Man muß nur hart und kalt gegen die Straftäter antreten, damit der Ansturm des Verbrechens abgewehrt wird. Man darf sich nicht in eine aufweichende Beschäftigung und Auseinandersetzung mit den Tatumständen, mit der Biographie der Angeklagten hineinziehen lassen.

Die Staatsanwaltschaft ist »die Kavallerie der Justiz« genannt worden in ihrer Lust am stürmischen Angriff. Heute ist sie die Panzerdivision des Vorurteils, der Emotionen und des blinden Zorns. Sie ist das nicht immer, sie ist das nicht in jedem Fall, doch wenn sie das nur immer wieder oder gar nur immer wieder einmal ist, so genügt das, um den Eindruck am Leben zu halten, daß es da eine Truppe in der Justiz gibt, die unabhängiger als die Richterschaft das Fundament verteidigt, auf dem die Gesellschaft zusammenzuleben versucht. Die Strafverfolgungsbehörde wird gern »die objektivste Behörde der Welt« genannt. In ihrer Parteilichkeit sieht sie keine Sünde, sondern eine Tugend. Denn sie ist die Partei des überall und in jedem Augenblick angegriffenen, aus allen Himmelsrichtungen bedrohten Staates; die Partei seines Strafanspruchs – eines Anspruchs, der nur objektiv sein kann, da er den Rechtsstaat bewahrt.

Die Staatsanwaltschaft ist im vergangenen Jahrhundert importiert worden, um der Allmacht der Richter Abbruch zu tun, die das gesamte Strafverfahren von der Ermittlung bis zum Urteil beherrschten. Man hat sie darum ein »Kind der Revolution« genannt. Daß sie immer wieder dazu neigt, ein Instrument des Widerstands, der Reaktion und sogar brutaler, unmenschlicher Machtpolitik zu sein, bestreitet sie empört. Sie ist weisungsgebunden, und so entschieden sie auch immer wieder bestreitet, Weisungen unterworfen zu werden (Klagen von Staatsanwälten über ihnen auferlegte Weisungen sind eine Rarität, die Beteuerung, nie habe man sich einer Weisung unterwerfen müssen die Regel: es sah nur so aus, als habe man zu gehorchen, in Wahrheit ist man seiner Überzeugung gefolgt, und die war nun einmal zufälligerweise damit identisch, was eine Weisung hätte befehlen können, wenn es eine Weisung gegeben hätte; jedermann hat das Bedürfnis, darzutun, daß sein Arbeitsplatz ein ausgezeichneter Arbeitsplatz ist, denn sonst würde er ihn selbstverständlich nicht wahrnehmen) – so entschieden sie jede Abhängigkeit von Weisungen bestreitet: sie unterliegt Weisungen. Die Zuweisung der Aufgaben, Besetzungen und Umbesetzungen, bereits die Auswahl und danach die Förderung des Personals – die Weisung im Einzelfall erübrigt sich, wenn die Frau oder der Mann tätig werden, denen der Weg nicht erst gewiesen werden muß. Die Aufstiegschancen sind gering, man hat ein Übermaß von Arbeit zu bewältigen, aber es gibt zuwenig Positionen, in die man durch Leistung aufsteigen kann. Auffällige oder gar ungewöhnliche Auffassungen zu vertreten, liefe auf den

Mord an den ohnehin dürren Laufbahnhoffnungen hinaus. Man muß in Reih und Glied stehen. Die Möglichkeit, in die richterliche Laufbahn zu wechseln, haben nur wenige (nicht jeder Staatsanwalt ist sportlich begabt genug, um der Tennisfreund eines Landgerichtspräsidenten zu sein). Die Staatsanwaltschaft kommt im Text des Grundgesetzes nicht vor. Die richterliche Unabhängigkeit wird ihr vorenthalten. Es läßt sich viel zur Biographie des Kindes der Revolution, zu seiner Abkehr von allem Revolutionären sagen. Erzkonservative Kinder haben häufig aufgeschlossene Väter (die Wege zur Identität von Menschen und Institutionen sind eben wunderlich).

Max Kohlhaas, bis zum Ruhestand Bundesanwalt, hat eine Schrift über die »Stellung der Staatsanwaltschaft als Teil der rechtsprechenden Gewalt« verfaßt. Kohlhaas ist kein uneinsichtiger, einseitiger Mann. So räumt er beispielsweise ein, »daß ein Staatsanwalt praktisch von seinem 27. bis 65. Lebensjahr nur Strafrecht betreiben kann, ohne die Möglichkeit zu haben, auch nur einige Jahre ins Zivile umzuwechseln«, und daß das gefährlich ist; daß es dadurch möglicherweise erschwert wird, etwa von einer »inneren Verdachtsüberzeugung«, die sich mit Abfassung der Anklage formuliert hat, wieder abzugehen. Doch Kohlhaas äußert sich auch zur »Sitzordnung des Staatsanwalts«, wozu er einleitend versichert, daß keineswegs gekränkte Eitelkeit aus seinen Zeilen sprechen werde. Für ihn versteht sich, daß der Sitzungsvertreter der Staatsanwaltschaft auf der Höhe des Gerichts seinen Platz hat. Angenehm sei das nicht, man gebe da schon, da man ja neben dem sitzenden Gericht stehend zu plädieren habe, ein »etwas kriegerisches Bild« ab, vor allem wenn man hochgewachsen ist. Doch für ihn muß der Staatsanwalt auf der Höhe des Gerichts sitzen, »weil nur damit seiner Stellung als gleichberechtigter Partner des Gerichts Rechnung getragen wird«.

»Mag der Verteidiger nach oben streben, es soll ihm unbenommen sein; aber den Staatsanwalt hinunterzusetzen ist system- und geschichtswidrig«, trägt Kohlhaas vor, doch da er ein redlicher Staatsanwalt ist, plagt ihn schon, daß diese Plazierung Probleme schaffen kann. Und so schlägt er vor, den Staatsanwalt auf der Höhe des Gerichts sitzen zu lassen, »ihn aber dann, wenn er die Parteirolle als Antipode besonders stark vertritt, an ein niederer aufgestelltes Stehpult treten zu lassen«. Dieser Vorschlag aus der Feder eines gescheiten, erfahrenen Juristen, seine Erwähnung ist natürlich wieder eine journalistische Flucht ins »Anekdotische«, sagt doch wohl einiges über den Widerstreit der Gedanken und Gefühle im Staatsanwalt und in der Staatsanwaltschaft.

Die letzte Bastion vor dem Weltuntergang ist für ihre Besatzung auch eine Bastion dagegen gewesen, selbst verfolgt zu werden. Gegen die Staatsanwälte, die unter Hitler die Todesstrafe beantragten und die dem Henker vor der Hinrichtung das Kommando »Scharfrichter, walten Sie ihres Amtes!« gaben, konnte nicht einmal der Versuch einer strafrechtlichen Auseinandersetzung kläglich scheitern, denn es gab ihn nicht. Da hat die Weisungsgebundenheit die Strafverfolger unausweichlich und unentrinnbar im Griff gehabt, da ist man ihr Opfer gewesen. Die These, daß man unter gewissen Umständen vor seinem Gewissen nicht mehr Staatsanwalt sein kann, darf man nicht wagen. Zu ihr hat Hans Globke, Kommentator der »Nürnberger Gesetze« und später die rechte Hand Konrad Adenauers, als Zeuge in einem NS-Prozeß alles gesagt: »In einer Diktatur hat jedermann das legitime Recht zu versuchen, die Diktatur zu überleben.« Die nationalsozialistische Vergangenheit der Strafverfolgungsbehörde ist in ihren Reihen kein Thema gewesen.

. Man hat schon Gründe, im abwehrenden, verteidigenden Angriff vor der Rechtsordnung zu stehen, auch die Staatsanwaltschaft ist nach 1945 wie alle Berufe über ihre Leichen vorwärts marschiert. Und so stellt im Februar 1977 ein Erster Staatsanwalt, 43 Jahre alt, seinen Strafantrag gegen einen 32 Jahre alten Angeklagten vor einem buchstäblich kochenden Publikum in einem überfüllten Saal und schiebt Raketen ins Feuer.

Der Angeklagte hat einen sechsjährigen Jungen entführt, getötet und dann versucht, von den Eltern ein Lösegeld zu erpressen. Er hat eine Tat begangen, für die einem die Worte fehlen. Doch den Staatsanwalt überkommen angesichts dieser Tat und des Täters die Worte. Was der Angeklagte über seinen schlechten Gesundheitszustand in der Zeit vor seiner Tat gesagt hat, tut er nicht einfach als Schutzbehauptung ab. Das ist für ihn »die Zurückziehung des Angeklagten in ein Schneckenhaus«, denn so wirkt das deftiger. Der Staatsanwalt sagt, was das kochende Publikum im überfüllten Saal hören will. Das Risiko einer Strafe nehme ein Täter heute »gerne auf sich«. Als »Anschürer von Emotionen« werde man heute verfolgt, wenn man darauf hinweise, daß die Bevölkerung »immer skrupelloser« dem Verbrechen überantwortet werde. Von der »fortschreitenden Aufweichung der Schwerkriminalität« spricht der Staatsanwalt, der auch die »Verfechter der Aufweichungstheorie« brandmarkt. Krönender Abschluß ist die Behauptung, diese Geiselnahme und dieser Mord seien ein »Erfolg der Liberalisierung«. Das Publikum rast, es klatscht, es brüllt »bravo«. Der Staatsanwalt hat auch die »Frivolheit« dieser Welt gegeißelt, und er hat zu den Kopfschmerzen des Angeklagten, zu seinem Suizidversuch vor der Tat erklärt, der Angeklagten lege nur Selbstmitleid an den Tag und sonst nichts: »Man könnte sagen: Kind getötet – Spaß gehabt!« Der katholische Bischof in der Stadt, in der dieser Schlußvortrag gehalten wird, hat am Grab des sechsjährigen Jungen gesagt: »Wir beten auch für den Mörder und bitten um Erbarmen für ihn...«

Ein Staatsanwalt mag von einer Tat persönlich tief betroffen sein. Vielleicht hat er ein Kind, das so alt ist, wie das getötete Kind es war. Er mag außerstande sein, Entlastendes zu entdecken. Doch es hilft den Menschen nicht, wenn die Anklage eine Tat schwärzer als schwarz malt. Sie fälscht, sie betrügt, wenn sie das tut. Es ist nicht hinzunehmen, daß der Mensch den Menschen tötet, aber unmenschlich ist das nicht. Alles tötet den Menschen, auch der Mensch tötet den Menschen. Ein beschädigter, biographisch verkrüppelter Mensch tötet ein Kind. So etwas wird immer wieder geschehen. Es wird das nie hinzunehmen, immer wird das zu ahnden sein. Doch in dieser Welt kann es geschehen, daß Menschen und nicht Tiere in Menschengestalt töten. Man kann nur versuchen, so miteinander zu leben, daß möglichst wenige Menschen beschädigt, biographisch verkrüppelt aufwachsen. Auch geht die Welt mit ihren Kindern nicht so um, daß sie einen Menschen, der ein Kind getötet hat, als Ausgeburt der Hölle hinstellen dürfte.

Die alltägliche, unendliche Arbeit der Staatsanwaltschaften wird von den Eiferern in ihren Reihen desavouiert, von einer Besessenheit, die nicht die Regel ist, deren Auftritte jedoch die Szene überfüllen. Da ist nicht *die* Staatsanwaltschaft, aber so sieht die Staatsanwaltschaft plötzlich aus.

Die Staatsanwaltschaft als Partei: Das Urteil über die zum Zeitpunkt ihrer Verurteilung 31 Jahre alten Krankenschwester Michaela Roeder wird im September 1989 verkündet: Elf Jahre Freiheitsstrafe wegen Totschlags in fünf Fällen, fahrlässiger Tötung und Tötung auf Verlangen in je einem Fall. Es löste einen Protest im Landgericht Wuppertal aus, der den schwachen Beifall übertönte. Als der Vorsitzende Richter Rudolf Watty, 54, gegen

Ende der mündlichen Urteilsbegründung erläuterte, warum vom Gericht kein Berufsverbot gegen die Krankenschwester Roeder ausgesprochen worden ist, schlug die Empörung noch einmal hoch. Der Vorsitzende Watty reagierte besonnen. Er drohte nicht mit der Räumung des Saals. Er sprach nur die Personen im Saal an, die nicht aufhörten zu schreien, und sagte, daß sie aus dem Saal entfernt werden müßten, wenn sie sich nicht beruhigen.

Das Lebenslang, eine Verurteilung wegen Mordes (»Was denn sonst?!«) war erwartet worden. Doch es ist denen, die sich während der mündlichen Urteilsbegründung in Wuppertal empörten, und jenen in der Bundesrepublik, die auf das Urteil fassungslos reagierten, ihr Unverständnis nicht vorzuwerfen. Die Medien sind außerstande, eine Hauptverhandlung, die sich an 44 Sitzungstagen über neun Monate hinzieht und in der 86 Zeugen und zwölf Sachverständige auftreten, so darzustellen, daß ihre Entwicklung und die Nuancen dieser Entwicklung jedermann so zugänglich werden, daß das Urteil nicht für viele eine (in diesem Fall als böse empfundene) Überraschung war.

Was das Strafverfahren gegen Michaela Roeder angeht, so kommt hinzu, daß die Erwartung, hier könne es nur ein Lebenslang wegen Mordes geben, geschürt worden ist. Der während dieser Hauptverhandlung zum Oberstaatsanwalt beförderte Anklagevertreter im Roeder-Prozeß, Karl Hermann Majorowsky, im September 1989 ist er 45 Jahre alt, hat mit dem Eifer agiert, den die Umgangssprache den Jägern zuordnet.

Die Anklageschrift schloß Herr Majorowsky am 10. Juni 1988 ab. Am 26. Juni 1988 erschien in *Bild am Sonntag* eine umfangreiche Geschichte mit der Überschrift: »Der Todesengel und die Chefärztin: Lesbische Liebe?« Die Geschichte schmückt ein Foto von Herrn Majorowsky in seinem Büro, in dem er offenbar nicht nur einen Fotografen empfangen hatte. Denn der Text enthielt wörtliche Zitate des Strafverfolgers, etwa zu den Motiven Michaela Roeders, so daß es schließlich in der Geschichte heißen konnte: »Es ist geschafft. Der Staatsanwalt hat Beweise für 17 Morde.«

Auch die unsägliche Überschrift war keine freie Erfindung. Zu einem – wörtlich zitierten – Zeugnis, das die Chefärztin ihrer Mitarbeiterin Michaela Roeder einmal »für einen Lehrgang« ausgestellt hatte, hieß es in *Bild am Sonntag*: »Staatsanwalt Majorowsky stutzte: ›Ein Zeugnis in sehr privater Form abgefaßt.‹« Und so durfte denn vermutet werden, um die Überschrift zu rechtfertigen: »Ihre (Michaela Roeders) Chefärztin wird unter den rund 100 Zeugen im Prozeß sein, der im November beginnen soll. Der Staatsanwalt wird sie befragen: Wie war das mit Michaela? War es mehr als nur Gemeinsamkeit bei der Arbeit?«

Der Oberstaatsanwalt Majorowsky hat versucht, diesen Strafprozeß auch über die Medien zu führen. Und so mußte, weil es einen Konkurrenzkampf in und zwischen den Medien gibt, der sie hungrig macht und bedenkenlos zu- und aufgreifen läßt, in der Öffentlichkeit der Eindruck entstehen, die Verurteilung wegen Mordes und das Lebenslang seien eine Selbstverständlichkeit.

Im September 1988 hat der *Stern* Herrn Majorowsky zitiert: »Die Beschuldigte hat sich als Herrin über Leben und Tod aufgespielt, wir haben es mit eiskaltem Mord aus niedrigen Beweggründen zu tun.« Eine Gegendarstellung oder Berichtigung hat Herr Majorowsky weder gefordert noch betrieben, obwohl er in der Hauptverhandlung, er ist in ihr auch als Zeuge gehört worden, erklärte, er habe nie von »eiskaltem Mord« gesprochen. Die Kollegin vom *Stern* hat ihn indessen genau das während einer Pressekonferenz sagen hören.

Die Strafverfolgungsbehörde mag zu Strafverfahren, denen besonderes Interesse gilt, Erklärungen durch dazu beauftragte Sprecher ihrer Behörde abgeben (nicht durch mit dem jeweiligen Verfahren befaßte Mitglieder ihres Hauses), doch es ist ihre Sache nicht, sie mag sich noch so sehr darüber ärgern, daß mancher Verteidiger »Strafprozeßführung über Medien« zu betreiben sucht, als bereits »bewiesen« auszugeben, was sich vielleicht erweisen wird, was aber bis zum Urteil eines Gerichts nicht als bewiesen gelten kann und darf. Der Oberstaatsanwalt Majorowsky agierte, als wäre die Staatsanwaltschaft spätestens vom Zeitpunkt der Anklageerhebung an Partei und nicht mehr die «objektivste Behörde der Welt«.

Die Verurteilung Michaela Roeders zu elf Jahren Freiheitsstrafe wegen Totschlags ist ein unbequemes, zum Nachdenken und zu praktischen Konsequenzen zwingendes Urteil. Es überläßt nicht einfach eine Arme, die auch deshalb schuldig wurde, weil man sie schuldig werden ließ, der Pein. Kein Mißverständnis: Das Gericht hat sich mit der persönlichen Schuld der Angeklagten befaßt. Es hat sich nicht an der Beantwortung der Frage versucht, ob nicht die Gesellschaft den Tod verdrängt, ob sie nicht Leiden und Sterben auf die Ärzte und das Pflegepersonal in den Kliniken abwälzt. Das Gericht hat sich jedoch mit den Verhältnissen befaßt, denen

Michaela Roeder an ihrem Arbeitsplatz auf der Intensivstation eines Wuppertaler Krankenhauses ausgesetzt gewesen ist.

Unzureichende ärztliche Präsenz, zu oft nur Rufbereitschaft; ärztliche Meinungsverschiedenheiten am Krankenbett, sogar in extremen Situationen, beispielsweise bei der Reanimation; Kompetenzstreitigkeiten zwischen den Abteilungen des Krankenhauses, die das Pflegepersonal nicht nur irritierten, die es sogar verzweifeln ließen und das Arbeitsklima nicht nur belasteten, sondern zerstörten, dazu eine unzureichende technische Ausstattung.

Nicht nur von Michaela Roeder ist die Situation so empfunden worden. Die Ärzte haben nicht vor Augen gehabt, was diese unsäglichen Zustände für Auswirkungen auf das Pflegepersonal hatten. Ihnen gebrach es an Sensibilität für die Frauen und Männer, die der Kampf mit dem Tod und das Erlebnis des Sterbens schwerster innerer Bedrängnis überantwortete, einer Not, die nach Beratung und Betreuung schrie. Man bediente sich des Pflegepersonals wie Messer, Gabel und Löffel, und so hat man die Signale nicht bemerkt, mit denen sich die folgenschwere Verwirrung Michaela Roeders schon sehr früh ankündigte. Der böse Widerstand, der dem Pfleger geleistet wurde, der den Mut hatte, als erster darauf aufmerksam zu machen, daß mit der Kollegin Roeder etwas nicht zu stimmen scheine, belegt, wie blind die Ärzte (und auch die Verwaltung) für die Probleme ihrer Mitarbeiter waren.

Wie in Wuppertal ist man auf allzu vielen Intensivstationen blind für die Not derer, die helfen sollen und wollen. Seit den sechziger Jahren häufen sich die wissenschaftlichen Arbeiten (national und international), die vor der Überforderung und Überlastung des Pflegepersonals auf Intensivstationen warnen. Mehr als drei Jahre dürfe niemand dort arbeiten, Gleichberechtigung der Pflegerinnen und Pfleger mit den Ärzten sei erforderlich, um die Belastung wenigstens durch Teamarbeit für eine gewisse Zeit erträglich zu machen.

Und die Wissenschaft ist längst damit befaßt, weit über die Belastung des Personals auf Intensivstationen hinaus, daß der Mensch nicht nur im Umgang mit Sterbenden, sondern auch bei der Betreuung von Kranken und Alten nicht unbegrenzt belastbar, nicht uferlos zu Mitgefühl fähig ist. Über das Mitgefühl kommt im Umgang mit Sterbenden irgendwann das abwehrende Entsetzen; zum Umgang mit der Gebrechlichkeit der Alten der Ekel.

Die Wissenschaft trägt das seit Jahrzehnten vor, doch Erkenntnisse, die eine höhere soziale Einordnung der Pflegeberufe fordern, mehr Planstellen und bessere Bezahlung, werden ignoriert oder verdrängt. Im Übermaß der Informationen taucht so etwas kurz und alarmierend auf, Artikel werden geschrieben, Sendungen gebracht – und schon ist das Thema wieder verschwunden. Wo wirklich etwas auf dem Spiel steht, weiß der Bürger nicht mehr. Wenn die Probleme, die sein Engagement verlangen, wie man ihm vorhält, ununterbrochen, eins hinter dem anderen und in immer schnellerem Tempo an ihm vorbeisausen – haben es jene, die etwas tun müßten, leicht, die vorbeihuschende Aufmerksamkeit »auszusitzen«, bis sie sich wieder gelassen in ihren Mißständen suhlen können. Und wenn es um Geld geht, dann schafft man doch lieber ein neues Gerät an, das hat man, das kann man vorzeigen. Wenn das Personal besser bezahlt und sozial höher eingeordnet wird, wenn es unter geringerem Druck arbeitet, dann merkt das doch nur der Patient. Es hat belegbare Gründe, daß die Tötung von Pflegebedürftigen und Patienten ohne ersichtliches »klassisches Motiv« in den vergangenen Jahrzehnten zu einem neuen Delikt mit wahrscheinlich großer Dunkelziffer geworden ist.

Michaela Roeder hat ihr biographisches Schicksal schuldig werden lassen. Wieder und wieder muß davon die Rede sein, was Kindheit und Jugend der Entwicklung eines Menschen zufügen können, ohne daß ihm böser Wille widerfährt. Man möchte das gerne ignorieren. Man wehrt sich gegen die Last, die der andere trägt. Schließlich hat jeder etwas zu tragen, sagt man. Und man pocht darauf, wenn einem wieder einmal ein verkrüppeltes Leben vorgeführt wird, daß nicht jeder mit dem Strafgesetz in Konflikt gerät, dem in Kindheit und Jugend etwas zugefügt wurde; daß es also sehr wohl möglich ist, ein beschädigter Mensch zu sein, ohne andere an seinem Leid leiden zu lassen.

Doch die Menschen, denen man vor den Strafgerichten begegnet, sind nur zu oft Menschen, die ihre Last ohne Folgen für andere getragen hätten – wären sie nicht in eine Situation geraten oder an einen Platz, in der oder auf dem ihr Leiden an sich selbst, ihre Schwäche, für sie unerträglich wurde. Jedem kann es geschehen, daß er andere mit seinem persönlichen Unglück überzieht.

Ängste und Depressionen hat Michaela Roeder aus Kindheit und Jugend davongetragen, und sie geriet mit ihnen auf der Wuppertaler Intensivstation an einen Arbeitsplatz, für den sie unter den dort gegebenen Verhältnissen gefährdete und gefährliche Voraussetzungen mitbrachte. Ihre Schwäche mußte sie vor sich selbst und anderen mit scheinbar unerschöpflicher Leistungsfähigkeit und nie erlahmender Aktivität tarnen und verbergen. Sie ist die perfekte Krankenschwester gewesen, so wie sie vor Gericht geradezu erbötig und unterwürfig bemüht war, die perfekte Angeklagte zu sein. Das Gericht hat sie in den »Strafzumessungsgründen« seines 253 Seiten starken schriftlichen Urteils eindrucksvoll erfaßt:

»Die Lebensgeschichte der nicht vorbestraften Angeklagten ist gekennzeichnet durch das Ausbleiben der Entwicklung eines gesunden, stabilen Selbstwertgefühls in Kindheit und Jugend. In einem Beruf, der weit mehr als andere Tätigkeiten die Bereitschaft zur Zurückstellung privater Bedürfnisse und persönlicher Wünsche verlangt, hat sie jahrelang einen überdurchschnittlich hohen Einsatz gezeigt. Dies führte – durch ihre Wesensveranlagung mitbegünstigt – dazu, daß eine berufsunabhängige Prägung praktisch ausblieb. Am Ende des beruflichen Aufstiegs steht eine weitgehende Isolierung im Kollegenkreis, wie die Aussagen beleuchten, man habe damit gerechnet, daß die Angeklagte alles der Chefärztin hinterbringe. Aufgrund unverschuldeter Defizite in der Selbsteinschätzung unheilvoll vom Urteil anderer, insbesondere dem der Chefin abhängig, wirkte sich der Verfall des Ansehens von Dr. H. unmittelbar auch privat auf die Angeklagte aus, verstärkte eine vom ganz überwiegenden Teil der Zeuginnen und Zeugen als sehr belastend und unschön geschilderte Situation am Arbeitsplatz. Dies alles in einem Beruf, in dem die Gefahr, aus dem seelischen Gleichgewicht zu geraten, jedenfalls dann vorgezeichnet ist, wenn die Zusammenarbeit von Ärzten und Pflegepersonal, insbesondere das Einbeziehen der Intensivschwestern und -pfleger so unzureichend geschieht wie von nahezu allen Mitgliedern des Pflegeteams beklagt. Die ungewöhnliche Häufung all dieser das Straffälligwerden der Angeklagten begünstigenden Umstände war ebenso zugunsten der Angeklagten zu berücksichtigen wie die jeweils rasche, bei den Opfern nicht zusätzlich Angst und Schmerzen verursachende Tatausführung, die vom Beginn des Ermittlungsverfahrens an vorhandene Geständnisbereitschaft der Angeklagten, das von der Kammer als ehrlich empfundene Bedauern heute selbst nicht mehr verstandener Taten und nicht zuletzt in den Fällen vorsätzlicher Tötung das bereits erwähnte Gefühl des Helfenwollens und -sollens, des Erlösens von Schwerstkranken. Hinzu kommt, daß die Angeklagte insbesondere durch die lange Dauer der Untersuchungshaft und Hauptverhandlung belastet war. Daß ihr damals nicht bewußt geworden ist, daß bei den Taten auch zahlreiche andere Momente mitschwangen, ist nicht vorwerfbar.«

Die »ungewöhnliche Häufung« von Umständen, die »das Straffälligwerden der Angeklagten« begünstigten, ist vom Gericht ausführlich belegt worden. Die ohnehin schwer zu bewältigende Situation auf einer Intensivstation ist zusätzlich belastet gewesen.

»Die bis zum Ausscheiden der Angeklagten vorhandenen Beatmungsgeräte waren so schwierig einzustellen, daß allein Ärzte dazu befugt waren. Kein Mitglied des Pflegepersonals war insoweit ausgebildet. Wenn sich, was immer wieder vorkam, während des Einsatzes eines Beatmungsgeräts das Instrument verstellte, ›der Patient gegen den Respirator kämpft(e)‹, so der Zeuge G., mußte ein Arzt gerufen werden. Bis zu seinem Eintreffen dauerte es, wie der bei seiner gesamten Aussage um sehr vorsichtige Formulierungen bemühte Zeuge G. gesagt hat, ›manchmal sehr lange‹, eine Formulierung, die in gleichem Zusammenhang auch der Zeuge Dr. H. gebrauchte.«

Zu den Aussagen, in denen die Gefahr des »arbeitsplatzbedingten Verlustes an Orientierung« spürbar wurde, hat das Gericht ausführlich die Sachverständigen Dietrich Kettler und Eberhard Schorsch zitiert:

»Bereits wenige Jahre nach Einrichtung der ersten Intensivstationen ist aufgefallen, daß dort Mitarbeiter, vor allem Krankenschwestern, in erhöhtem Maße von Dekompensationen, psychischen Symptombildungen und Zusammenbrüchen bedroht sind.«
»Intensivschwestern sind hochmotivierte Leistungsträger, die wohl als erste einer in der Literatur geforderten zeitlichen Begrenzung ihres Einsatzes auf einer Intensivstation widersprechen würden. Ihrem Typus nach sind sie die letzten, die eine persönliche Überforderung eingestehen – es sei denn, sie werden optimal betreut. Um ihre schwere Tätigkeit (Exkre-

mente entfernen, Hilflose baden und betten, mit Patienten nicht sprechen können, deren Todesängste aushalten müssen und dergleichen mehr) ertragen zu können, erwarten sie gute Arbeitsbedingungen und besondere berufliche Anerkennung. Sie brauchen diese besondere Anerkennung, denn Patienten, ›denen sie geholfen haben, kommen auf die Normalstation. Dort verdrängen sie die für sie kritische Phase auf der Intensivstation und geben ihre Geschenke dann auf der Normalstation ab‹.«

Was das Urteil über die tief in die Struktur und die Arbeit auf der Wuppertaler Intensivstation eingreifende Auseinandersetzung zwischen der Chefärztin der Station und dem Chefarzt der chirurgischen Abteilung anführt, ist kaum zu fassen, aber es wird mit Zeugenaussagen detailliert belegt. So sagte ein Pfleger:

»Wir vom Pflegepersonal waren bei dem Streit ›der Tennisball‹, saßen zwischen zwei Fronten. Dr. T. sah z. B. in das Krankenblatt und sagte: Geben Sie das oder jenes. Wir haben das dann meistens rausgezögert, bis wir die Chefin fragen konnten. Wir machten dann das, was die Chefin gesagt hatte. Wenn Dr. T. uns dann Vorhaltungen machte, haben wir ihn gebeten, sich mit der Chefin in Verbindung zu setzen.«

Die Rücksichtslosigkeit, mit der Ärzte persönliche Differenzen austrugen, machte, so ein Zeuge, »frustig«. Ein anderer: »Die Streitigkeiten über die ärztlichen Kompetenzen haben sich auf das Pflegepersonal ausgewirkt. Sie waren für mich auch ein Grund zu zweifeln, ob das noch Autoritäten waren. Es gab nicht mehr 'ne gerade Behandlungsrichtschnur, nur noch Therapiewechsel. Dadurch wurde einem auch als Pfleger die Überzeugung untergraben, was richtig war.« Und ein Assistenzarzt bekannte: »Für das Personal kam eines hinzu: Nachts war ja nicht immer sofort ein Arzt im Hause, d. h., die Schwester mußte entscheiden, welcher Anweisung der beiden Chefs sie folgen sollte.« Und eine Assistenzärztin hat als Zeugin gesagt:

»Wegen der persönlichen Spannungen zwischen den Chefs war die unbedingt nötige gemeinsame Therapieabsprache praktisch nicht möglich. Ein Koch verwarf die Rezepte des anderen, d. h., die Spannungen wirkten sich auf die Patienten aus. Als Arzt konnte man praktisch nichts richtig machen, weil man immer etwas tun mußte, was einer von den beiden verworfen hatte. Bei Anordnungen von Dr. T. war Dr. H. zu verständigen und zu fragen. Das hört sich jetzt so an, als ginge das ganze rasch, aber in der Realität dauert das Stunden! Erst überlegen, dann anrufen, dann zuletzt Dr. T beibringen, daß Dr. H. was anderes gesagt hatte... Es war belastend, frustrierend. Auch für das Pflegepersonal und sicher auch für die Angeklagte.«

Oberstaatsanwalt Majorowsky, entschlossen die Ahndung »eiskalten Mordes« durchzusetzen, hat weder der generellen Problematik der Intensivstationen noch den besonderen Umständen in Wuppertal in der Anklageschrift die Aufmerksamkeit zuteil werden lassen, die eine objektive Auseinandersetzung mit Michaela Roeder verlangte. Vor allem durch das Gutachten des Psychiaters Eberhard Schorsch waren die grundsätzliche und die besondere Situation der Beschuldigten angesprochen worden. Die Strafkammer, auch davon beeindruckt, wies in dem Beschluß, mit dem sie die Anklage zuließ, darauf hin, daß auch eine Verurteilung wegen Totschlags in Betracht komme. Oberstaatsanwalt Majorowsky beantragte sofort die Hinzuziehung eines weiteren Sachverständigen. Er zweifelte an der »zu fordernden Neutralität« Schorschs (und des Psychologen Herbert Maisch). Daß er selbst möglicherweise versagt hatte, als er die grundsätzliche Problematik der Intensivstationen ignorierte und die besonderen Umstände in Wuppertal allenfalls einer späteren Erörterung vorbehielt, beschäftigte den Mann, der eine eiskalte Mörderin jagte, nicht.

Die Strafverfolgungsbehörde als Hort der Ordnung, als Stimme einer von der Strafjustiz nicht mehr verteidigten und geschützten Bevölkerung, als letzte Bastion vor dem Weltuntergang. Die Menschen werden nur schwer damit fertig, daß ein Mensch, dem ein Verbrechen vorgeworfen wird, nicht einfach ein durchweg schwarzes Ungeheuer ist; daß er auch zugängliche, einfühlbare Züge hat und daß seine Tat nicht rundweg mit einem Federstrich als verächtlich abgetan werden kann; daß er schwarz und weiß ist. Die Staatsanwaltschaft, die vereinfacht bis zur Blödheit, führt die Gesellschaft in die Irre, spielt ihr vor, es gebe Rezepte, an die man sich nur halten müsse, um der Gewalt ein Ende zu machen. Michaela Roeder hat zu verantworten, was sie getan hat. Es entschuldigt sie nicht, es spricht sie nicht frei, daß grundsätzliche und besondere Umstände dazu beitrugen, daß sie tötete. Doch diese Umstände hat ein Strafprozeß, wenn er denn einen Sinn über das bloße Abstrafen hinaus haben soll, ausfindig zu machen, herauszuarbeiten und denn auch, wenn sie für die angeklagte Tat in schwerwiegendem Maß bedeutsam waren, im Urteil zu berücksichtigen. Bereits die Anklageschrift hätte sich mit diesen Umständen eingehend befassen müssen.

Der Wuppertaler Strafprozeß gegen Michaela Roeder war ein Lehrstück. Das Urteil sollte Pflichtlektüre für alle sein, die Verantwortung für Kliniken und in Kliniken tragen. Und es ist auch eine weit über die Kliniken hinausreichende Lehre: Es gibt Menschen, deren biographische Beschädigung sie für andere gefährlich macht, wenn sie an einen Arbeitsplatz geraten, an dem sie durch schlechte Organisation, unzureichende Ausstattung und ohne angemessene Betreuung, Beratung, Bezahlung und soziale Geltung in ihre Schwächen geradezu hineingetrieben werden.

Die Staatsanwaltschaft Wuppertal hat die Lehre für die Strafverfolgungsbehörden, die dieser Prozeß gewesen ist, nicht begriffen, nicht angenommen. Sie versucht die Revision. Wie aber auch der BGH entscheidet: Diese Hauptverhandlung hat vor Augen geführt, wie ein Mensch schuldig werden kann in einer Welt, die es vorzieht, von der Feststellung eines Defekts zur Feststellung des nächsten zu eilen, um gegen keinen etwas zu unternehmen. Die Situation der Kranken, Siechen und Alten war weit vor dem Prozeß gegen Michaela Roeder bekannt. Die Überforderung, die Mißachtung derer, die Leben retten, die heilen und pflegen sollen, wurde schon lange beklagt, ohne daß etwas geschah. Was wir Verbrechen nennen, sind nur zu oft bittere Hinweise auf Versäumnisse der Gesellschaft. Eine Anklage, die alles tut, um diese Hinweise zu unterdrücken, widersetzt sich nicht der »Aufweichung« – sie verstellt den Blick auf die Wirklichkeit. □

Die Macht der Staatsanwaltschaften hat zugenommen. Die Verfahrenseinstellung nach § 153 und unter Auflagen nach § 153a der StPO hat ihr Möglichkeiten eingeräumt, die manchen fragen lassen, ob der Richter durch den Staatsanwalt verdrängt wird. Die Überlastung der Strafjustiz hat dazu geführt, jeder nur denkbaren Vereinfachung und Abkürzung eine Chance zu geben. Die Staatsanwaltschaften hätten damit auch die Chance, zu der Vereinfachung und Abkürzung beizutragen, die rechtspolitisch einen Weg weist, zur Entkriminalisierung oder wenigstens zu einer Abwick-

lung, die auch Fritz Teufels »Wenn es der Wahrheitsfindung dient«
bis heute nicht um ihre Üppigkeit und Theatralik gebracht hat. Die
»Absprache im Strafprozeß« ist nun seit Jahren in der Diskussion.
Doch einer ihrer Vorkämpfer, Werner Schmidt-Hieber, ein Oberstaatsanwalt, hat jetzt niederschmetternde Anmerkungen zu diesem Tagungen, Podien und Fachzeitschriften überfüllenden Thema
gemacht: »Was immer tieferes Unbehagen weckt, ist der unver-
hohlene Eigennutz, mit dem die Strafjustiz Verständigung betreibt.
Droht ein Verfahren umfangreich, schwierig und belastend zu
werden, dann spricht man sich ab.« Schmidt-Hiebers Aufschrei
wird in der Flut der brillanten rechtswissenschaftlichen Literatur
der Bundesrepublik eine Episode bleiben, er betrifft den Alltag in
den Gerichten zu sehr, er enthält nahezu journalistische Töne und
läßt sich darum wieder einmal als »anekdotisch« abtun. Aber es
heißt in ihm:

»Müssen wir abwarten, bis uns ein von außen kommender
Beobachter fragt, warum die ›kaltblütige Pedanterie‹ des
Strafverfahrens nur den Kleinen und Schwachen gilt? Vor
allem der unbedarfte Kleinkriminelle ist den rigorosen Förm-
lichkeiten bis zur Komik unterworfen. Er darf nur auf aus-
drückliche Aufforderung hinsitzen, aufstehen, reden – und
wird beliebig unterbrochen. Kommt er einmal zusammenhän-
gend zu Wort, dann wirkt seine ungeschickte Einlassung in
dem frostig-zeremoniellen Rahmen und im Vergleich mit der
geübten Kanzelrhetorik des Staatsanwalts um so plumper.
Weiß er überhaupt, ob man ihm zuhört? Schaut nicht der
Staatsanwalt gelangweilt zur Decke, schreibt nicht der Richter
bereits die Urteilsgründe nieder? Schließlich wird die Strafe
begründet mit einer gekonnten dosierten Mischung aus
Strenge und erhabenem Wohlwollen.
Aber Höflichkeit und Respekt vor dem Angeklagten wachsen
mit dessen intellektuellen Fähigkeiten, wie überhaupt die
Menschlichkeit der Strafjustiz vom sozialen Habitus des Täters abzuhängen scheint. Führen wir unseren unbefangenen
Betrachter in den nächsten Verhandlungssaal, in dem eine
Wirtschaftsstrafsache verhandelt wird. Hier herrscht zwang-
lose Konferenzatmosphäre. Den Angeklagten erkennt man
nur daran, daß er keine Robe trägt. Ansonsten ist er gleichberechtigter Gesprächspartner, der seine Anliegen mit Hilfe seines Verteidigers gewandt, nachdrücklich und zu jeder pas-

senden Gelegenheit vorbringt. Das Gericht hört aufmerksam zu und nickt zuweilen verständnisvoll. Auch dem Staatsanwalt fehlt ganz und gar das ›Pathos der Distanz‹, das sein Kollege im Nebensaal so eindrucksvoll gezeigt hat. Die gerechte Strafe wird gemeinsam im Wege der Konsensbildung ermittelt (sofern dies nicht bereits außerhalb der Hauptverhandlung geschehen ist). Plädoyers und Urteilsverkündung sind deswegen nur noch nüchterne Pflichtübungen.«

Schmidt-Hieber fragt: »Ist die Strafjustiz dort am erbarmungslosesten, wo der Widerstand am geringsten ist?« Es wird in der Tat aus Eigennutz vereinfacht und abgekürzt. Die Entkriminalisierung, in deren Zusammenhang zu vereinfachen und abzukürzen wäre – die will man nicht, das wäre ja »Aufweichung«. Anzeichen dafür, daß sich auch die Strafverfolgungsbehörde Gedanken darüber zu machen beginnt, »was Strafverfolgung in unserer Gesellschaft vernünftigerweise eigentlich leisten kann und was sie leisten soll«, gibt es. Christoph Kulenkampff, Generalstaatsanwalt in Hessen, hat im März 1990 eine »Standortbestimmung« versucht, die ermutigt. Er stellt fest, »daß die überdurchschnittlich häufige Anwendung der §§ 153, 153a StPO oder unsere auffällig häufige Bereitschaft, sich auf einen sonstigen ›Vergleich‹ einzulassen, weitere, deutliche Indikatoren für fehlende oder nur eingeschränkte Justiziabilität der zugrunde liegenden Sachverhalte sind, weil nämlich offenkundig in bestimmten Verfahren entweder die Möglichkeiten der Wahrheitsfindung in Strafverfahren von vornherein überfordert sind, oder weil wir in anderen Verfahren von vornherein davon auszugehen haben, daß ihre informelle Erledigung die einzig angemessene Reaktion der Strafjustiz ist.«

Kulenkampff spricht von einer drohenden »Legitimationskrise« der Strafverfolgung (»wenn sie sich dort nicht schon befindet«). Für ihn kann Strafverfolgung »nicht alles« leisten, was von ihr erwartet wird: »Repression ist als Instrument des Staates zum Schutz besonders hochwertiger Rechtsgüter unverzichtbar und wird es bleiben. Aber sie ist kein allfälliges Instrument, das als Reaktion auf jedweden Mißstand beliebig auch auf die Gefahr seines Scheiterns einzusetzen wäre«. Und er spricht sogar – ein Generalstaatsanwalt, und das läßt hoffen – die kriminalpolitische Diskussion und Gesetzgebung der letzten 20 Jahre und ihre Tendenz an: »Wann immer ein Thema – je nach Standort – gesellschaftspolitisch brisant wird: Schon steht die Forderung nach seiner Bewältigung im Wege der Strafverfolgung mit entsprechenden Gesetzesvorschlägen und -beschlüssen auf der Tagesordnung... *Jeder politischen Strömung ihre eigene Strafnorm, so heißt das rechtspolitische Motto unserer Tage«.*

Kulenkampffs Referat ist ein Versuch, der Strafverfolgung in ihrer gegenwärtigen Bedrängnis (die viele gar nicht zugeben wollen), einen Weg zu zeigen:

»Erstaunlicherweise ist in dieser intellektuell eher verworrenen rechtspolitischen Lage bei der Strafjustiz ein gewisser *Hurrapatriotismus* nicht zu verkennen; offenbar sind einige von uns ehrlich davon überzeugt, *gerade wir* könnten all die Mißstände unserer Zeit beseitigen, wenn wir nur die richtigen Gesetze hätten: laßt uns nur machen. Dabei müßten *wir* es eigentlich besser wissen. Denn die Praxis, die *wir* erleben, belegt das Gegenteil, nämlich eine signifikante *Versagensquote* von Strafverfolgung und Strafjustiz. Deswegen müßten eigentlich gerade wir neuen Kriminalisierungen und Strafverschärfungen von vornherein *skeptisch* gegenüberstehen. Wir müßten anders herum *einfordern*, daß Politik und Gesellschaft weitaus mehr als bisher das Augenmerk von der Repression weg auf *die* Frage richten, wie die Begehung von Straftaten verhindert und zumindest erschwert werden kann – auch wenn das der weitaus schwierigere Weg ist, als einmal eben eine neue Strafvorschrift zu schaffen oder einen Strafrahmen zu erhöhen, was bei oberflächlicher Betrachtung noch nicht einmal etwas kostet.

Ich meine das nicht im Sinne eines bloßen polizeilichen Präventivprogramms: was ich meine, ist eine ressortübergreifende, gesellschaftspolitische, auch langfristige Kriminalprophylaxe, und ich habe deswegen bewußt diesen Begriff gewählt. Ich bin davon überzeugt, daß wir nicht umhin können, gezielte und durchgreifende Anstrengungen gerade in diese Richtung zu lenken, weil die von mir angesprochenen Schwächeerscheinungen im repressiven Bereich eher zu- als abnehmen. Und ich bin ebenso davon überzeugt, daß eine solche Strategie möglich ist und erfolgreich sein kann.«

Kulenkampff beschreibt Möglichkeiten dieser Strategie, Wege, »wie der Verlust *natürlicher* Hemmschwellen zur Begehung von Straftaten durch *andere* Hemmschwellen ersetzt werden kann«.

Die repressive Lösung allein genügt nach seiner Überzeugung nicht. Und er widerspricht auch einer beliebigen personellen Verstärkung der Strafverfolgungsbehörden, weil Strafverfolgung in einem freiheitlichen Rechtsstaat »als ultima ratio *immer* nur einen begrenzten Wirkungsbereich haben« dürfe: »Das unterscheidet uns von *totalitären* Systemen mit ihrer Allgegenwart von Polizei und Justiz.«

IX

Vorauseilende Schatten

Rechtssysteme sind gewachsene Gebilde. Reformen verändern sie, greifen aber ihren Wuchs nicht an. Sogar ihre Brutalisierung errichtet keine neue, ganz andere Jusitz. Sie nutzt nur die Schwachstellen des gewachsenen Gebildes in seinen Inhalten, seiner Organisation und seiner Besetzung. Hitler kam nicht über die deutsche Jusitz wie der Wolf über die Schafe.

Was an einem fremden Rechtssystem gefällt, läßt sich für das eigene nicht übernehmen. Vergleiche sind dennoch produktiv. Sie schärfen den Blick für Schwächen und Stärken der eigenen Rechtsordnung. Bedenklichen Entwicklungen in anderen Rechtssystemen gebührt besondere Aufmerksamkeit. Sie können Krisen auch für das eigene System ankündigen. Man beruhige sich nicht damit, daß der gewachsene Unterschied zwischen den Rechtsordnungen das Übergreifen einer Erkrankung ausschließt. Bedenkliche Entwicklungen in einem Rechtssystem entspringen nicht rechtlichen Problemen. Sie haben die Rolle des Rechts in der Gesellschaft zum Inhalt. In eine Krise dieser Rolle kann jede Rechtsordnung geraten.

»DER BESTE SEX, DEN ICH JE IM LEBEN HATTE«: Der Mann behauptet, die Frau habe versucht, ihn zu vergewaltigen. Sie habe ihm die Hoden gequetscht, ihm einen gräßlichen Schmerz zugefügt. Aufschreiend habe er sich gewaltsam von ihr befreit. Er habe im Schock dieses Schmerzes reagiert. Daß die Frau dabei zu Tode kam, sei entsetzlich, er fasse es noch immer nicht. Doch habe er nicht beabsichtigt, die Frau ernsthaft zu verletzen, geschweige denn, sie zu töten. Er habe sich nur instinktiv, reflexartig zur Wehr gesetzt. Er habe sozusagen in Notwehr gehandelt.

Eine Geschichte ist das – da grunzen und gurgeln die Medien und können ihr Glück nicht fassen. Die Wirklichkeit hat ihnen einen Stoff beschert, von dem sie nicht zu träumen wagen. Sie gewinnen in der Lotterie, ohne ein Los gekauft zu haben. *Das* will das Publikum lesen, hören und sehen. Und gerade das kann man nie liefern, weil es so etwas eigentlich gar nicht gibt. Die Geschichte ist obendrein perfekt. Da muß nichts aufgeputzt oder ausgemalt werden. Nur Tatsachen sind zu berichten, eine leckerer als die andere. Alles stimmt, sitzt, paßt.

Knusprig ist das Alter des Täters und der Frau, die starb. Obendrein sind beide (beziehungsweise waren) attraktiv. Auch hat sich alles in einem Milieu abgespielt, das als »besseres« Milieu gilt. Und da ist nicht nur Sex – es sind auch Drogen dabei und Alkohol. Nicht einmal die ausschweifendste Journalistenphantasie hat je von einer solchen Geschichte zu träumen gewagt.

Der Fall macht Schlagzeilen, wird gesendet und ausgestrahlt, er ist ein Gesprächsstoff allerersten Ranges. Den »Preppie Murder Case« nennt man ihn in New York und in den Vereinigten Staaten (– »Preppie«, denn er hat sich unter jungen Leuten ereignet, die preparatory schools besuchen, teure Privatschulen, die auf die Hochschule vorbereiten).

Rummel also, nichts als Medienjahrmarkt, eine voyeuristische Orgie? Doch im März 1988 geht im Supreme Court des Staates New York in Manhattan der Strafprozeß gegen einen Mann zu Ende, der sich nur gegen den Versuch gewehrt haben will, ihn zu vergewaltigen – und man muß sich nach diesem Prozeß fragen, ob in der Massengesellschaft überhaupt noch in leidlicher Unbefangenheit und Unabhängigkeit von den Gerichten verhandelt werden kann. Der »Preppie Murder Case« ist ein Einschnitt in der Geschichte des Strafprozesses der Vereinigten Staaten. Er hat eine Entwicklung sichtbar gemacht, von der man fürchten muß, daß sie auf die Bundesrepublik übergreift.

Am 26. August 1986 gegen 6.15 Uhr am Morgen entdeckt ein Radfahrer im New Yorker Central Park, unmittelbar beim Metropolitan Museum of Art, die halbentkleidete Leiche einer jungen Frau. Die Tote wird als Jennifer Dawn Levin identifiziert. Durch Freunde Jennifer Levins erfährt die Polizei, daß sie in der Frühe um 4.30 Uhr zusammen mit Robert Chambers das in der Nähe des Fundorts ihrer Leiche gelegene Lokal »Dorrian's Red Hand« verlassen habe.

Um 14.30 Uhr trifft die Polizei Robert E. Chambers, 19, in der Wohnung, die er mit seiner Mutter Phyllis teilt. Er hat Kratzer im Gesicht, auf beiden Backen, er behauptet, seine Katze habe sie ihm zugefügt. Robert Chambers sagt, er wisse nicht, wo sich Jennifer Levin befindet. Er muß der Polizei aufs Revier folgen. Dort wird er ohne Unterbrechung neun Stunden lang verhört. Einen Anwalt hat er nicht.

Die Antworten, die Robert Chambers im Verhör zunächst gibt, sind rückblickend eine Serie von Lügen. Jennifer Levin habe sich sofort von ihm getrennt, nachdem sie zusammen »Dorrian's Red Hand« verlassen hatten. Später sagt er, man sei erst noch ein Stück miteinander gegangen. Endlich bringt er vor, Jennifer sei zu einem Freund gegangen. Robert Chambers Finger sind so geschwollen, daß es schwierig ist, Fingerabdrücke zu nehmen. Auch wird festgestellt, daß er nicht nur Kratzer im Gesicht, sondern auch auf der Brust hat.

Einmal, als seinem Vater, Robert Chambers sen., gestattet wird, ihn kurz zu sprechen, geht Robert Chambers, der sich sonst passiv verhält, aus sich heraus: »Diese verdammte Hexe. Warum konnte sie mich nicht alleine lassen.« Schließlich macht Robert Chambers, noch immer ohne Anwalt, die Aussage, an der er bis zuletzt festhält; eine Aussage, die von vornherein auf Unglauben stößt, nachdem er so lange und so hartnäckig die Unwahrheit gesagt hat, denn das zumindest steht nach dieser Aussage fest.

Robert Chambers sagt, er sei in deprimierter Stimmung ins »Dorrian's« gekommen. Er hatte gerade vom Selbstmord eines Freundes gehört. Seine Stimmung habe sich noch mehr verschlechtert, als seine derzeitige Freundin erschienen sei. Mit der sei er verabredet gewesen, er habe aber diese Verabredung vergessen. Das habe die Freundin zum Anlaß genommen, ihm in drastischer Weise, an der Bar, in aller Öffentlichkeit den Laufpaß zu geben.

Gegen Mitternacht sei Jennifer Levin, mit der er sich 1986 einige Male getroffen und mit der er auch geschlafen hatte, zusammen mit zwei Freunden aufgetaucht. Sie sei sehr aufgedreht, ja überdreht gewesen und habe sich wiederholt an ihn herangemacht, obwohl er sie abzuweisen suchte. Zuletzt habe sie ihm erklärt, sie wolle in dieser Nacht mit ihm schlafen. Er habe sie abgewiesen und das »Dorrian's« verlassen, aber sie sei ihm gefolgt. Er habe sich dann bereit gefunden, mit ihr in den Central Park zu gehen, um die Situation zu besprechen. Klipp und klar will er ihr gesagt haben, sie empfinde für ihn mehr als er für sie. Und endlich habe er ihr auch gesagt, daß er sie nicht mehr sehen wolle.

Sie soll darauf begonnen haben, ihn zu schlagen, zu kratzen und zu beißen. Er habe sie beruhigt, aber sie habe wieder damit angefangen, Sex von ihm zu verlangen. Nachdem sie hinter einem Baum verschwinden gegangen war, sei sie mit ihrem Slip in der Hand zurückgekommen. Mit dem habe sie ihm die Hände auf den Rücken gebunden. Danach habe sie sich auf seine Brust gesetzt, mit dem Rücken zu seinem Gesicht, seine Hose heruntergezerrt und begonnen, sein Geschlechtsteil zu bearbeiten. Sie habe mit einem Stock auf sein Geschlechtsteil eingeschlagen und, als sie damit keinen Erfolg hatte, seine Hoden gekniffen und gequetscht.

Robert Chambers, so läßt er sich ein, hat vergeblich versucht, Jennifer Levin zu stoppen. Er hat laut um Hilfe gerufen, gerade als ein paar Jogger vorbeitrabten. Doch als sich Jennifer Levin nicht aufhalten ließ, habe er, nach einem besonders gräßlichen Schmerz, seinen linken Arm aus der Fessel des Slips gerissen, ihn um den Nacken der jungen Frau gelegt und so hart gezerrt wie er nur konnte.

So sei Jennifer Levin gestorben. Er habe sich in einiger Entfernung hingesetzt, fassungslos und unfähig zu irgendeiner anderen Reaktion. Als die von dem Radfahrer alarmierte Polizei eintraf, sei er nach Hause gegangen. Er will sich wie in einem bösen Traum gefühlt haben.

Robert Chambers Aussage wird nicht nur protokolliert. Sie wird auch per Video aufgezeichnet am 27. August 1986, einen Tag nach der Tat. Robert Chambers spielt vor der Kamera die Szene so vor, wie sie sich nach seiner Darstellung abgespielt hat. Gegen seine Aussage steht von Anfang an für die Polizei nicht nur, daß er so lange hartnäckig geleugnet hat. Gegen seine Aussage stand und steht auch, was es schwer macht, sich vorzustellen, daß Robert Chambers in einer körperlichen Auseinandersetzung mit Jennifer Levin in Schwierigkeiten kommen konnte und gewalttätig werden mußte, um sich ihrer zu erwehren: Jennifer Levin war 1,77 groß, sie wog 55 Kilo. Robert Chambers, 1,95 groß, ein Klotz von einem Mann, wog zur Tatzeit 100 Kilo. In seinem Prozeß sah er schlanker aus. Es hieß, seine Verteidigung habe darauf bestanden, daß er abnimmt, damit er auf die Geschworenen weniger massig wirkt.

Noch am 27. August 1986 wird Robert Chambers Verteidigung von Jack T. Litman übernommen, der zur Zeit der Hauptverhandlung 44 Jahre alt ist. Er erklärt sofort, der Tod von Jennifer Levin sei ein »tragischer Unfall«. Jack Litman gilt in den Staaten als

»Starverteidiger«. Wie er bezahlt werden konnte, blieb ein Rätsel. Jack Litman gilt aber auch als ein Star in der Kunst, dem Opfer die Schuld zuzuschieben, in der Kunst »to blame the victim«. Jack Litman hat 1978 in White Plains im Staat New York den des Mordes an seiner Freundin Bonnie Garland angeklagten Yale-Studenten Richard Harris verteidigt. Richard Harris wurde nicht wegen Mordes, sondern nur wegen Totschlags verurteilt. Jack Litman hatte sich mit der These durchgesetzt, sein Mandant habe einen seelischen Kollaps erlitten, als er erfuhr, daß seine Freundin sich von ihm trennen wollte; mit einer These, die von den Frauen-verbänden und denen, die sich für größeren Respekt gegenüber den Opfern einsetzen, mit Empörung aufgenommen worden war.

Daß Jack Litman die Verteidigung von Robert Chambers über-nahm, wurde von der Familie Levin als Kampfansage verstanden. »Justice for Jennifer« hieß es auf Buttons, die fortan von der Familie Levin und denen, die sie unterstützten, getragen wurden. Am 10. September 1986 beschloß eine Grand Jury, die in den Vereinigten Staaten für die Zulassung von Anklagen zuständige Instanz, daß gegen Robert Chambers in zwei Punkten wegen Mord zweiten Grades zu verhandeln sei. Doch kurz darauf, am 29. September 1986, errang Jack Litman einen kapitalen Erfolg. Er erreichte, daß sein Mandant gegen eine Kaution von 150 000 Dol-lar auf freien Fuß gesetzt wurde. Die Familie Levin kämpfte ver-geblich dagegen an. Richter Howard E. Bell, zur Zeit des Prozesses 68 Jahre alt, entschied gegen ihren Appell. Robert Chambers wurde lediglich auferlegt, sich der Aufsicht von Monsignore Tho-mas Leonard zu unterstellen, der Aufsicht des Geistlichen, der ihn zuletzt vor fünf Jahren gesehen und ihn damals an der Elementar-schule in Religion unterrichtet hatte.

Damit tat sich für die jüdische Familie Levin eine neue Front auf, denn zu Robert Chambers Kaution steuerte ein anderer Mon-signore 21 000 Dollar aus seinen persönlichen Ersparnissen bei. Kardinal O'Connor persönlich versuchte in der Zeitschrift *Catho-lic New York* darzutun, daß Erbarmen mit einem katholischen jungen Mann nicht als Angriff auf ein jüdisches Mädchen zu verstehen sei. Die jüdisch-katholische Auseinandersetzung be-scherte den vor Glück nachgerade fassungslosen Medien eine weitere, völlig unverhoffte Dimension, zumal die Auseinander-setzung von beiden Seiten mit schonungsloser Wortgewalt ge-führt wurde.

Am 21. Oktober 1987 begann die Auswahl der Jury, die erst am

18. Dezember 1987 beendet werden konnte. Die Auswahl der Jury ist für Anklage und Verteidigung in den Staaten eine Wissenschaft geworden. Man zieht Berater, Spezialisten hinzu. Frauen gelten beispielsweise in Fällen, in denen es um eine Tat zum Nachteil einer Frau geht, keinesfalls als besonders geeignete Geschworene (aus der Sicht der Anklage, wohlgemerkt). Auf acht Männer und nur vier Frauen einigten sich Anklage und Verteidigung schließlich.

Man mußte davon ausgehen, daß diese zwölf Geschworenen unvoreingenommen und unabhängig an den Fall Chambers herangehen würden, und sie haben das fraglos auf das ehrenwerteste versucht. Doch sie traten ihr Amt, als die Verhandlung gegen Robert Chambers, inzwischen 21, am 4. Januar 1988 begann, unter einer Last an, deren Ausmaß und Gewicht noch nie so sichtbar geworden sind wie im »Preppie Murder Case« – unter der Last einer totalen Vorveröffentlichung von allem, was für das Urteil im Prozeß gegen Robert Chambers von irgendeiner Bedeutung sein konnte.

In Magazinen, die in New York herausgegeben werden, erschienen am 10. November 1986 und am 5. und am 26. Oktober 1987 Arbeiten von Michael Stone, von Anne Heller und Linda Wolfe, die das Ergebnis brillanter Recherchen und hochintelligenter Kombinationen waren – die über die Biographie des Angeklagten und der Toten mehr zusammentrugen als die Gutachten bundesdeutscher Psychiater und Psychologen in der Regel.

Derartige Recherchen stoßen in den Vereinigten Staaten bei denen, die zu befragen sind, nicht mehr auf nennenswerten Widerstand, sie erfordern kaum noch Zahlungen an die Informanten. Die Bereitschaft, mitzuteilen, was man weiß und was man meint, gilt als Tugend, es ist »sociable«, sich zu öffnen. Auch steuern die Parteien des Verfahrens, die Anklage und die Verteidigung, nur zu gern aus taktischen Gründen bei. So kann man doch Beweismaterial, das im Vorverfahren für die Hauptverhandlung nicht zugelassen wurde, doch noch an die Öffentlichkeit bringen und damit Einfluß auf die Meinungsbildung nehmen.

Auf einem Foto, das in der Nacht auf den 26. August 1986 im »Dorrian's« gemacht wurde, ist Jennifer Levin zu sehen. Sie trägt einen Ohrring, der nur aus Glas war, wie man inzwischen weiß, der aber auf den ersten Blick so wirkt, als sei er mit Brillanten besetzt. Nur zu gern hätte die Staatsanwältin Linda Fairstein, zur Zeit der Hauptverhandlung 40 Jahre alt und keinen Deut weniger zum Äußersten, zum Erfolg entschlossen als Jack Litman, dieses Foto der Jury vorgelegt, obwohl es auch darauf aufmerksam machen könnte, daß Jennifer Levin zwar nicht betrunken, doch angetrunken war.

Sie will nämlich darauf hinaus, daß Robert Chambers nicht nur Jennifer Levin ermordet, sondern auch noch ihre Leiche gefleddert habe. Doch Richter Howard Bell ordnet an, daß der Ohrring auf dem Foto überklebt wird, bevor die Jury es sieht, weil die Anklage nichts dafür vorbringen kann, daß Robert Chambers die tote Jennifer Levin beraubt hat. So etwas kann man über die Medien in Umlauf bringen, so etwas läßt man einfließen, vielleicht tut es doch Wirkung. Und man spielt als Anklage den Rechercheuren auch zu, was alles sonst noch gegen Robert Chambers vorzubringen ist (auch und gerade wenn es sich um Tatsachen oder Behauptungen handelt, die man im Prozeß nicht wird einführen können). Robert Chambers, erfährt man auf diese Weise vor Beginn des Prozesses, war drogenabhängig, eine Behandlung hatte keinen Erfolg gehabt. Er hat Einbrüche in Wohnungen begangen, bei Nacht und über die Terrassen, er hat gestohlen, um seinen Drogenbedarf zu finanzieren. Gegen ihn liegen Anklagen wegen nächtlichen Einbruchdiebstahls vor.

Die Verteidigung wiederum spart nicht mit Hinweisen darauf, was sie nicht bringen kann oder nicht erreicht hat, was aber denn doch eine Rolle spielen soll »in Wahrheit«. Jack Litman hat versucht, an das Tagebuch Jennifer Levins heranzukommen. Er vermutet in ihm Hinweise auf andere Liebhaber der jungen Frau. Nach erbitterten Auseinandersetzungen prüft Richter Howard Bell das Tagebuch persönlich und entscheidet, daß es nichts enthält, was für den Prozeß Bedeutung hat. So werden nun wenigstens vertrauliche Hinweise gegeben (für sie, allein für sie, nur für sie) – Jennifer, nun, wie die gelebt hat...

Die Arbeiten von Michael Stone, Anne Heller und Linda Wolfe kann man als Kollege nur respektieren. Doch ihre Wirkung vor dem Prozeß und in den Prozeß hinein ist entsetzlich. Selbstverständlich liest nicht jeder Amerikaner diese Magazine. Doch die Kollegen in den Medien, die sich mit dem Verfahren gegen Robert Chambers zu befassen haben, die lesen sie. Sie nehmen auf, sie übernehmen, sie ergänzen. Und so verbreitet sich, was die Magazine vorgelegt haben, über die Zeitungen, über die Sender und die Fernsehstationen.

Robert Chambers und Jennifer Levin kommen und kamen aus

zerbrochenen Ehen. Jennifers Familie ist reich, aber sie hat beim Vater und bei ihrer Stiefmutter gelebt, mit der sie bittere Probleme hatte. Ihre Freundinnen berichten den Rechercheuren von ihren Klagen, ihrem Jammer, ihrem Elend. Robert Chambers lebt bei seiner Mutter. Der Vater, ein Alkoholiker, der zur Zeit des Prozesses nicht trinkt, hatte sich abgesetzt. Robert Chambers Mutter ist ehrgeizig für ihren Sohn. Die Chambers sind nicht reich, nicht einmal wohlhabend. Phyllis Chambers arbeitet nur als Nurse für superreiche Leute. Sie wollte ihren Sohn in die prunkvolle Welt, in der sie arbeitete, hinaufkatapultieren. Robert Chambers hat unter den bedrängenden Erwartungen seiner Mutter gelitten, er hat versagt und das vor ihr zu tarnen versucht, er hat ein zweites, heimliches Leben neben dem Leben gehabt, das seine Mutter kannte.

Die Welt der reichen jungen Leute wird in den Vorgeschichten beschrieben, der Preppies, der Schüler der teuren Privatschulen, deren Treffpunkt abends und in der Nacht Lokale wie das »Dorrian's« sind, wo sie Alkohol trinken, der an sie noch gar nicht ausgeschenkt werden darf, wo sie Drogen nehmen und mal den einen und dann schon wieder einen anderen Partner haben. Fast alle kommen aus gescheiterten Ehen. Oder die Eltern sind ständig auf Reisen oder zu sehr geschäftlich engagiert, um sich um ihre Kinder kümmern zu können.

Einer von Jennifer Levins engsten Freunden sagt zu Michael Stone: »Wir sind wie Leute von 35. Wir tun so, als wären wir Erwachsene. Die meisten von uns haben Kreditkarten. Wir alle trinken. Und wir trödeln herum, wir toben uns aus.«

Am 17. März 1988 beginnt die Jury mit ihrer Beratung. Sie hat einen medizinischen Sachverständigen der Verteidigung gehört, demzufolge die Verletzungen an der Leiche von Jennifer Levin zu den Aussagen von Robert Chambers passen. Und sie hat einen medizinischen Sachverständigen der Anklage gehört, demzufolge es zwischen Robert Chambers und Jennifer Levin zu einem Kampf auf Leben und Tod kam, in dem Robert Chambers die junge Frau zuletzt erdrosselt hat.

Sie hat gehört, daß Jennifer Levin Robert Chambers rühmte, bevor sie mit ihm das »Dorrian's« verließ. »Der beste Sex, den ich je in meinem Leben hatte«, sei der mit Robert Chambers gewesen. Sie hat die Aussagen der Polizeibeamten über Robert Chambers Lügen gehört, und auf ihr lastet all das an Kenntnissen über den Angeklagten und die Tote, über ihre Lebensverhältnisse und ihre

Umwelt und ihre Biographie, was weit vor Prozeßbeginn und in ihn hinein verbreitet wurde in den Medien, was gesickert ist und eingedrungen. Und auf ihr lasten der Meinungskampf und die Parteinahme, die weit vor Prozeßbeginn aufflammten und sich zu Flächenbränden ausdehnten.

Die Jury wird erst eingeschlossen, als ihre Beratung beginnt. Bis zu diesem Zeitpunkt ist sie weiter der öffentlichen Erörterung, der Feldschlacht für Robert und gegen Jennifer, für Jennifer und gegen Robert ausgesetzt gewesen. Die Beratung der Jury dauert bis in den fünften Tag hinein. Stärkstes Argument der Verteidigung ist gewesen, Robert Chambers habe kein Motiv gehabt, Jennifer Levin zu töten. Linda Fairstein hat dagegengehalten, daß Robert Chambers getötet hat, weil er impotent war und Jennifer Levin ihn verspottete. Wie Raketen von einem Schiff in Seenot kommen die Anforderungen von Material aus dem Beratungszimmer der Jury. Die Zahl der Protokolle, die sie prüfen will, steigt steil. Die Jury besichtigt sogar noch einmal den Tatort, in der Frühe, der Termin wird geheimgehalten, damit die Öffentlichkeit nicht auch dabei wieder über sie kommt.

Am neunten Tag der Beratung sieht es so aus, als werde die Jury scheitern. Ihre Sprecherin teilt dem Richter mit, man befinde sich in einem Engpaß. Ein Geschworener bittet um seine Entlassung. Er sei der Anstrengung nicht mehr gewachsen. Von einem weiteren Geschworenen soll vorgebracht worden sein, er wolle heraus, er sei unter weiße Rassisten geraten. Doch dann geht der Prozeß jählings ohne die Jury zu Ende. Ihre Beratung, die bis dahin längste in New York in einem Prozeß gegen einen einzelnen Angeklagten, war sinnlos.

Robert Chambers erklärt sich für schuldig des Totschlag ersten Grades. Er sagt zögernd, ausweichend, aber schließlich unmißverständlich, er habe beabsichtigt, Jennifer Levin körperlich ernsthaft zu verletzen. Zwischen fünf und fünfzehn Jahren wird er zu verbüßen haben. Ob er nach fünf oder nach zehn Jahren eine Chance hat, auf Bewährung freizukommen, steht dahin. Die nächtlichen Einbrüche werden einbezogen.

Die Staatsanwaltschaft gibt mit den Eltern Levin, auch mit Jennifers Stiefmutter, eine Pressekonferenz. Sie habe auf den Schuldhandel eingehen müssen. Es sei zu befürchten gewesen, daß die Jury nicht zu einem Spruch kommen würde oder zu einem für die Anklage unbefriedigenden Spruch. Man erfährt, daß die Anklage der Familie Levin ein Vetorecht gegen den Schuldhandel eingeräumt hatte. Die Familie Levin habe aber dem Handel zugestimmt.

Und gleich nach dem Urteil sieht und hört man die Geschworenen in den Fernsehprogrammen. Es hat sich auch eingebürgert, daß die Geschworenen Rede und Antwort zu stehen haben am Ende des Prozesses. Das erste Abstimmungsergebnis der Jury, so erfährt man, lautete auf acht zu vier Stimmen für Freispruch. Gestern sei man bei einer Abstimmungsprobe bei neun zu drei für eine Verurteilung gewesen. Doch heute, bevor sich Robert Chambers für schuldig bekannte, sei man wieder bei sieben zu fünf für den Freispruch angekommen. Einer der Geschworenen sagt in die Kameras, er hoffe, daß Jennifer Levin nun in Frieden ruhe.

Die Familie Levin erklärt sich im Fernsehen. Mehrere Familienmitglieder treten auf. Sie sind enttäuscht, haben aber Verständnis für die Jury. Für sie sei es immerhin ein Erfolg, daß Robert Chambers eingestanden habe, daß er Jennifer ernsthaft körperlich verletzen wollte. Ein Mitarbeiter der Anklage, der nicht genannt werden will, sagt einer Zeitung, was wirklich geschehen sei, wisse man noch immer nicht.

Richter Howard Bell wird in der Öffentlichkeit (in der veröffentlichten Meinung) scharf angegriffen. Schon während des Prozesses hieß es, er sei einer, der sich dumm stellt: »Dumb Bell« wurde er genannt. Richter Howard Bell ließ Foto- und Filmaufnahmen während der Sitzung nicht zu. Er hätte sie gestatten können. Er hat der Öffentlichkeit den Rest an totaler Öffentlichkeit vorenthalten, der ihr noch nicht ohne die Zustimmung des Richters in New York zusteht. In anderen Staaten hat er sich bereits zu fügen, wenn die Medien ihren Auftritt im Saal verlangen. Wer sich wie Robert Howard Bell verhält, verweigert sich einem Anspruch, der sich längst für selbstverständlich hält. Und so werden über Richter Howard Bell Kübel ausgeschüttet.

Die Anklägerin Linda Fairstein trägt offenbar schwer daran, daß sie ihre Anklage auf Mord zweiten Grades fallenlassen und sich mit Totschlag begnügen mußte. Sie läßt wissen, Robert Chambers habe im Oktober vergangenen Jahres, während die Jury ausgewählt wurde, einen Scheckbetrug begangen. Verteidiger Jack Litman rächt sich mit dem Hinweis, daß er das Gespräch mit der Anklägerin über einen Schuldhandel mit Unterstützung des Ehemanns der Anklägerin einleitete.

Und in Presse, Funk und Fernsehen erklären sich die Bürger für oder gegen das Ergebnis des Prozesses. Sie sind schon vor dem

Prozeß und während er stattfand nach ihrer Meinung gefragt worden. Eines Tages werden die Urteile nicht mehr durch Gerichte, sondern von Meinungsforschungsinstituten gefällt werden. □

Über »Die Grenzen der Berichterstattung über schwebende Strafverfahren im englischen, amerikanischen und deutschen Recht« erscheint 1980 in der Bundesrepublik ein ausgezeichnetes Buch von Joachim Bornkamm, »Pressefreiheit und Fairneß des Strafverfahrens«. Die Arbeit ist im wesentlichen im Frühjahr 1979 abgeschlossen worden. Im zweiten Teil seines Buchs beschreibt und erörtert der Verfasser die Situation in den Vereinigten Staaten. Er schildert die Auseinandersetzung zwischen zwei Verfassungsprinzipien, zwischen der Pressefreiheit auf der einen, und dem Recht auf einen fairen Prozeß vor einer unbefangenen Jury auf der anderen Seite. Bornkamm kann darauf hinweisen, daß der Supreme Court, das höchste Gericht der Staaten, aber auch andere Obergerichte, in den vergangenen 20 Jahren immer wieder Verurteilungen wegen übermäßiger, für den Angeklagten nachteiliger Publizität aufgehoben haben.

Die kompetente, die Situation Ende der siebziger Jahre erfassende und beschreibende Arbeit, wurde kurz nach ihrem Erscheinen zu einem Nachruf. Denn 1981 erklärt der Supreme Court Fotoaufnahmen und Fernsehaufzeichnungen und -sendungen aus dem Prozeß für grundsätzlich zulässig. Er überläßt es den Bundesstaaten, ob und in welcher Form sie Aufnahmen und Sendungen gestatten, aber er gibt ihnen freie Bahn. Das Verfassungsprinzip der Pressefreiheit hat einen unfaßlichen Sieg errungen, buchstäblich den Sieg im »letzten Gefecht«, denn nun steht den Medien nichts mehr im Weg.

Die meisten Bundesstaaten machen rasch von der Möglichkeit, die ihnen der Supreme Court eröffnet hat, Gebrauch. Die Regeln unterscheiden sich im einzelnen. In Kalifornien beispielsweise werden die zulässigen Typen der Foto- und Fernsehkameras vorgeschrieben. In einigen Bundesstaaten hat der Richter das letzte Wort, kann er entscheiden, ob er Foto- und Fernsehkameras in der Hauptverhandlung zulassen will. In anderen muß er parieren, wenn man an ihn herantritt. Es gibt die Regelung, daß die Jury entscheiden darf, ob sie, wenn fotografiert und gefilmt wird, im Bild erscheinen will oder nicht. In einem Punkt ist die Organisation der Mitwirkung von Foto und Fernsehen überall nahezu identisch: Es werden im Saal eine Fotokamera und eine Fernsehkamera aufgestellt. Was sie aufnehmen beziehungsweise filmen geht in einen Pool. Aus dem Material dieses Pools kann jede Redaktion erwerben, was sie interessiert. Es können Ausschnitte gekauft werden, es ist aber auch möglich, aus der laufenden Sitzung laufend zu senden.

Es gibt auch beweisrechtliche Probleme nach diesem totalen Sieg der Medien. Im Prozeß gegen Claus von Bülow in Providence im Bundesstaat Rhode Island, er soll eine Frau Martha durch eine Insulinspritze in ein Koma versetzt haben, in dem sie noch 1990 vegetiert, kommt es im Sommer 1985 zu einer heiklen Situation. Von Bülow ist in seinem ersten Prozeß verurteilt worden. Mit Hilfe des genialen Harvard-Rechtsprofessors und Strafverteidigers Alan Dershowitz hat er die Aufhebung des Urteils und einen neuen Prozeß durchgesetzt. Die Anklage beantragt, die Filmaufzeichnung der Aussage eines inzwischen verstorbenen Zeugen aus dem ersten Prozeß vor- und einzuführen. Die Richterin Corinne P. Grande, 55, hat keinen Zweifel daran gelassen, daß die Kameras nur im Saal sind, weil es ihr nicht erlaubt ist, ihnen den Zugang zu verwehren. Sie hat lediglich die Geschworenen zu Beginn des Prozesses fragen dürfen, ob sie fotografiert und gefilmt werden wollen oder nicht. Die Richterin weist den Antrag zurück. Sie läßt nur die Vorlesung des Wortprotokolls der Aussage des verstorbenen Zeugen im ersten Prozeß zu.

Sie begründet ihre Entscheidung eindrucksvoll: Die Kamera habe die Aussage »gestaltend aufgezeichnet«. Sie habe beispielsweise nicht durchweg den Zeugen, sondern während seiner Aussage immer wieder andere Verfahrensbeteiligte gezeigt, etwa die Reaktion auf die Aussage des Zeugen im Gericht, in der Haltung und im Verhalten des Angeklagten. Die Richterin hat sich den Film, den die Anklage vor- und einzuführen wünschte, vor ihrer Entscheidung (selbstverständlich allein, in einem verschlossenen Raum) angesehen. Sie hat ihn sorgfältig betrachtet, denn in der Begründung ihrer Entscheidung trifft sie (über die beweisrechtliche Frage, über die sie zu befinden hat, hinaus) die Problematik des Filmens während der Sitzung genau: In der Tat – der Mann an der Kamera *komponiert* ein laufendes Bild der Verhandlung. Er wählt, so subjektiv wie einer der (nun zunehmend von Arbeitslosigkeit bedrohten) Gerichtszeichner, was er sieht, was ihm auffällt, was er für interessant hält. Er gibt ein laufendes Bild *seines*, nicht *des* Prozesses.

Die Fernsehkamera faßt die Szene weit oder sie geht ganz nah an eine Person heran. Diese Person muß nicht die Person sein, die gerade spricht. Sie kann auch eine Person sein, für die das, was gerade gesagt wird, von großer Bedeutung ist, zum Beispiel der Staatsanwalt, der aufgeregt beobachtet, ob sein wichtigster Belastungszeuge im Kreuzverhör durch die Verteidigung standhält. Die Person kann auch ein Angehöriger des oder der Angeklagten im Publikum sein, der entsetzt auf eine schwerwiegende Aussage reagiert.

Das laufende Bild im Prozeß und aus dem Prozeß heraus ist eine Fatalität unübertrefflichen Grades. Es gibt Auswirkungen der Anwesenheit und Mitwirkung der Fernsehkamera, die grotesk sind. Im Prozeß gegen den Kapitän des Supertankers »Exxon Valdez«, Joseph Hazelwood, kommt es 1990 in Anchorage in Alaska zu einer Tollhausszene. Es ist vom Richter darüber zu entscheiden, ob eine Frage, die die Verteidigung stellen möchte, zulässig ist. Die Anklage hat die Frage beanstandet. Korrekt, genauso hat das vor sich zu gehen, wird die Jury aus dem Saal geleitet. Sie soll nicht an der Erörterung der Zulässigkeit der Frage teilnehmen. Denn wenn die Frage für unzulässig befunden werden sollte, dann darf es für die Jury nicht einmal die Möglichkeit dieser Frage gegeben haben.

Doch die Diskussion über die Zulässigkeit der Frage wird nichtsdestotrotz von den Fernsehkameras aufgezeichnet – und abends können die Jurymitglieder, die nicht während des Prozesses eingeschlossen worden sind und am Ende der Sitzung nach Hause gehen können, die Diskussion über die Zulässigkeit der Frage in den Nachrichtensendungen nahezu aller Fernsehprogramme verfolgen. Ja, ja, ja – den während des Prozesses nicht kasernierten Jurymitgliedern wird auferlegt, während eines Prozesses, an dem sie beteiligt sind, mit keinem über den Prozeß zu sprechen und nicht zur Kenntnis zu nehmen, was über den Prozeß geschrieben oder im Rundfunk und im Fernsehen gesendet wird. Doch die Versuchung, Vorgänge, an denen man beteiligt ist, zu deren Ende man ein »schuldig« oder »unschuldig« wird sprechen müssen, nicht anzuschauen, wenn sie in laufenden Bildern angeboten werden – diese Versuchung ist doch zu groß. Man ist aus dem Saal geschickt worden, und nun kann man sehen und hören, was passiert ist, als man nicht dabei sein durfte. Nein, man soll vom Menschen nicht verlangen, was ihm beim besten Willen nicht möglich ist.

Die Fernsehsendung oder -aufzeichnung aus dem oder im Prozeß hat eine Fülle von Auswirkungen. Die Zeugen erscheinen sorgfältig hergerichtet. Ihre Leute sehen sie im Fernsehen oder werden sie abends im Fernsehen sehen. Während ein Zeuge oder eine Zeugin aussagt, während der Richter oder der Angeklagte oder der Verteidiger etwas sagt, ist die Kamera auf sie gerichtet und das rote Licht auf ihr, das anzeigt, daß aufgenommen wird, leuchtet. Jeder im Saal nimmt nicht mehr nur an der Sitzung teil: Jeder tritt auf, verhält sich so, wie er nach seiner Meinung am besten wirkt. Sein Erscheinen auf den Bildschirmen wird tagelang ein Thema in der Familie, am Arbeitsplatz, im Kreis der Freunde und Bekannten sein.

Der Richter in seiner Souveränität ist keineswegs auszunehmen. Er spielt beispielsweise den Richter so, wie ihn einmal Charles Laugthon gespielt hat. Ein Verteidiger nimmt bei dem Schauspieler Maß, der den legendären Strafverteidiger Clarence Darrow im Film gespielt hat, und der hieß Orson Welles. Sogar das Publikum, auf das sich das Objektiv natürlich auch mitunter richtet, agiert, spielt engagierte, wachsame Öffentlichkeit. Und ein jeder richtet sich in seinem Verhalten auch darauf ein, was die Mehrheit in seiner Umgebung über diesen Prozeß gesagt hat, nach dem, was vom Urteil erwartet wird. Ein Zeuge entlastet den Angeklagten, dessen Verurteilung draußen in Stadt und Land erwartet wird. Also ist man grimmig mit ihm, beobachtet man ihn abweisend, verächtlich.

Wird ein Urteil aufgehoben, kommt es zu einem neuen Prozeß, so sind die Auswirkungen des Fernsehens im Saal besonders eindrucksvoll. Die Zeugen sind nun gelernte Zeugen. Und da die Geschworenen des ersten Prozesses nach ihrem Urteil öffentlich erläutert haben, wie sie zu ihrem »schuldig« kamen, was sie gar nicht, was sie sehr und was sie entscheidend beeindruckt hat, weiß nun jeder Zeuge der Anklage oder der Verteidigung, worauf es im zweiten Durchgang ankommt.

Die Bilder aus dem laufenden Prozeß schaffen scheinbar eine totale Öffentlichkeit, lassen jedermann in Stadt und Land einen eigenen Eindruck gewinnen, machen es möglich, so meint man, daß jeder sich eine eigene Meinung bildet und nun mitreden kann (und vom Gericht mit seiner Meinung beim Urteil auch berücksichtigt werden muß). Ist das nicht endlich die Justiz, die tatsächlich im Namen des Volkes urteilt, für das sie spricht?

Sie ist es nicht. Sie ist zum Schaden des von ihr vertretenen Volkes unter das Volk gekommen wie unter einen überschweren

Panzer. Der Strafprozeß der Vereinigten Staaten ist hart bis zur Brutalität. Er gibt nicht vor, daß er die Wahrheit findet — er findet, was den zwölf Geschworenen die Wahrheit zu sein scheint; was ihnen von Anklage oder Verteidigung so überzeugend vorgeführt wurde, daß sie es für die Wahrheit hielten. Mit dem Einzug des Fernsehens freilich ist die Subjektivität so weit vorgedrungen (eine perfekt im Gewand totaler, endgültiger und unüberbietbarer Objektivität verborgene Subjektivität), daß das Strafverfahren eine neue, ganz andere Qualität bekommen hat.

Wie beteiligt man den Bürger an dem, was in den Gerichten in seinem Namen, in seinem Auftrag geschieht? Wie stellt man sich der Verantwortung, die man trägt, tatsächlich, wie weicht man — in Wahrheit — vor ihr aus? Und da sind die Nebenwirkungen, die der Einzug des Fernsehens hat: Was gedruckt wird, ist unter Druck geraten. Vorveröffentlichungen auf der Basis von Recherchen, die mehr zusammentragen, als Polizei und Sachverständige herausbringen konnten, so wie im Fall Robert Chambers, sind die Folge. Man muß sich gegen den Ansturm, gegen die Flut der Bilder wehren, deren Aktualität unübertrefflich ist, die eine Beteiligung, ja eine Mitwirkung des Zuschauers herzustellen scheinen, wie es sie noch nie gab. Es geht ums Überleben. Der Prozeß muß sozusagen, bevor er im Saal beginnt, schon in den gedruckten Texten stattgefunden haben.

In der Bundesrepublik wird man die Fotografen und die Fernsehteams in den Gerichtssälen nie zulassen — nun, der Unterschied der Rechtssysteme schützt nicht vor der Ansteckung. Und die Entscheidung des Supreme Court aus dem Jahr 1981 ist auch nicht für möglich gehalten worden, bevor sie erging, sie war unvorstellbar, bevor sie plötzlich vor einem stand. Auch geht es, was den Informationsanspruch der Öffentlichkeit angeht, nicht in erster Linie um ein rechtliches Problem, um das faire Verfahren etwa oder die Unabhängigkeit und Unbefangenheit der Richter. Es geht vielmehr um die Rolle des Rechts in der Gesellschaft, um die Krise dieser Rolle. Ein vorauseilender Schatten kann die Entwicklung in den Vereinigten Staaten sein, und der Schatten tritt nicht unverkennbar als Schatten auf, er nähert sich verführerisch wie die Sonne am Morgen eines langersehnten strahlenden Sommertags.

Mit der scheinbar totalen Öffentlichkeit ist es auch, wie erwähnt, selbstverständlich geworden, daß die Geschworenen, die ja nur »schuldig« oder »unschuldig« zu sagen haben, ihre Entscheidung nach dem Prozeß erläutern. Da stehen und sitzen sie dann vor

Kameras und Mikrofonen, ein Gericht, über das von der Öffentlichkeit Gericht gehalten wird. Fabelhaft wirkt das. Da muß nun endlich Rechenschaft abgelegt werden. Da bleibt nun nichts mehr verborgen. Befürworter der totalen Öffentlichkeit bringen auch vor, es sei dies nur im Sinne der Geschworenen. Sie hätten endlich Gelegenheit, vor Ohren und Augen zu führen, daß sie nicht leichtfertig, sondern aus den Gründen entschieden haben, die sie jetzt vortragen und erläutern können. Doch diese Befürworter setzen voraus, daß zwischen dem eben nur scheinbar objektiven Bild des Prozesses, das der Öffentlichkeit ins Haus geliefert worden ist, und dem Bild des Prozesses, den die Jury erlebt, gehört und gesehen hat, *kein* Unterschied besteht. Die Befürworter erkennen nicht, daß die Jurymitglieder von einem ganz anderen Prozeß sprechen als dem, den die Öffentlichkeit sah. Sie hat eine Komposition vorgeführt bekommen, ein subjektives Bild. Und sie hält dieses Bild für objektiv. Sie meint, in der ersten Reihe dabeigewesen zu sein – während sie ferner und unbeteiligter war denn je.

X
Die Justiz vor Gericht

Am 9. November 1989 bricht über die Justiz der Bundesrepublik ein Unglück im Glück herein. Sie begegnet ihrer 40 Jahre lang unterdrückten Vergangenheit. Mit dem Ruf »Wir sind das Volk« ist ein System unblutig zum Einsturz gebracht worden, das alles für das Volk zu tun vorgab, während es nur zuließ, was nach seiner Ideologie für das Volk gut war; ein System, das nicht dem Volk diente, sondern sich des Volkes bediente. Das Rechtswesen hatte dieses System so organisiert, daß es sein Werkzeug war, eine abhängige, furchtbare Gewalt, der alles und alle unterworfen waren, selbstverständlich auch jene, die das Werkzeug repräsentierten. Die Bürger der DDR sind Rechtsunterworfene gewesen, die man dazu abrichtete, für ihren, des Volkes Willen zu halten, was die Gerichte entschieden.

Die Justiz der Bundesrepublik ist zu prüfen, ob und wieweit sie »Im Namen des Volkes« entscheidet. Die Wiederbegegnung mit ihrer verdrängten, 40 Jahre lang unterdrückten und geleugneten Vergangenheit zwingt dazu. Es hat sich aber auch das Volk zu prüfen, in dessen Namen die Gerichte urteilen, ob es seiner Verantwortung gerecht wird. Über die Jusitz kann man nicht zu Gericht sitzen, als habe man es mit etwas zu tun, mit dem man nichts zu schaffen hat. Und über die Justiz sitzen auch die Richter zu Gericht, auf die das Richten abgeschoben, denen aufgebürdet wird, was einem unheimlich ist: Das Richten von Menschen über Menschen. Auch und gerade die Justiz ist ein Opfer jener Bequemlichkeit und Feigheit, die es vorzieht, rechtsunterworfen zu sein, und daran ihr Genüge hat, zu maulen und allenfalls einmal zu lamentieren. »Wir sind das Volk«, wir sind aber auch das Volk, in dessen Namen in den Gerichtssälen der Bundesrepublik entschieden wird. Die Justiz engagiert jeden Bürger einer Demokratie, ob er will oder nicht.

Eine Justiz, der man sich unterwirft, der man seine Mitverantwortung maulend oder allenfalls einmal lamentierend verweigert, ist in Gefahr, ihre Macht schließlich für *ihre* Macht zu halten, sie zu überschätzen und endlich sogar zu mißbrauchen. Sie neigt dazu, dem Volk zu geben, was es in Zorn und Wut will; sie versucht nicht, es in ein vernünftiges Gespräch darüber zu ziehen, was beispielsweise die Strafe für einen Sinn hat und ob tatsächlich das Strafmaß das Ausmaß der Mißbilligung ausdrückt. Sie enthält den Familien, den Verwandten und Freunden von Opfern der Gewalt, denen, die Gewalt für ihr Leben gezeichnet überlebt haben, vor, daß die Frage des Strafens dort entsteht, »wo die Welt nicht mehr heil ist, weil von Menschenhand ein Unheil geschah, das sich von Menschenhand nicht wieder heilmachen läßt«; daß die Frage des Strafens sich dort vor uns erhebt, »wo uns Gerechtigkeit unerreichbar wurde«. Adolf Arndt hat das in seinem Vortrag »Strafrecht in einer offenen Gesellschaft« gesagt. Eine Justiz, der man sich unterwirft und für die mitverantwortlich zu sein man leugnet, ist versucht, den Bürger wie einen Unterworfenen zu behandeln: ihn mit dem abzufüttern, was er brav schluckt, weil es so glatt eingeht.

Die Justiz, die nicht spürt, daß der Bürger sich zu seiner Verantwortung für sie bekennt, ist versucht, sich von der Ersten, der gesetzgebenden Gewalt und auch von der Zweiten, der ausführenden, gebrauchen zu lassen. Richard Schmid, ein kritischer, seinen Kollegen höchst unbequemer Richter, hat einmal gesagt, daß der Richter nur eine Chance zur Unabhängigkeit hat, wenn er sich seiner Abhängigkeit bewußt ist. Hat der Richter nicht seine wahre Abhängigkeit, die von dem Volk, in dessen Namen er entscheidet, vor Augen, so wird er nachlässig und schließlich blind gegenüber seiner Abhängigkeit von der Politik. So hält er sich zuletzt für unabhängig von allen und nimmt Gesetze hin und wendet sie an, die von der Politik in Panik oder aus taktischer Berechnung beschlossen werden. Der Richter, der nicht mehr prüft, ob er im wohlverstandenen Namen des Volkes entscheidet, kann dahin geraten, daß er meint, wenigstens der vom Volk gewünschten Rechtssicherheit zu dienen, wenn er schon nicht mehr der Gerechtigkeit dient.

Die Justiz der Bundesrepublik kann 1990, nach 40 Jahren, in denen sie sich den Lehren aus ihrer Vergangenheit unter Hitler entzog, an vielen, allzu vielen Punkten ausweichen. Sie darf sich der Tatsache verweigern, daß ihr System von Männern erfunden und entwickelt wurde: Sie kann ernsthaft darüber spekulieren, welcher und wieviel Widerstand einer Frau gegen eine Vergewaltigung erwartet werden darf; sie kann darauf bestehen, daß eine Frau ihre vita sexualis auszubreiten hat, wenn sie vergewaltigt worden sein will, während der von ihr Beschuldigte als Frauenheld bekannt sein mag, aber dazu nicht gefragt werden darf. Die Justiz kann sich der Psychiatrie und Psychologie nach Belieben, zur Strafmilderung oder Strafverschärfung bedienen, ohne sich damit zu befassen, ob diese Sachverständigen tatsächlich leidlich objektive Gehilfen oder in jeder gewünschten Richtung willfährig sind. Die Justiz kann vom Angeklagten erwarten, daß er ein Unrechtsbewußtsein hat, während jedermann im Verkehr erlebt, daß man sich nur nicht erwischen lassen darf. Die Justiz nimmt es hin, von Staatsanwälten, die sich als die letzte Bastion vor dem Weltuntergang, als Verteidiger des Bürgers gerieren, den die Gerichte nicht mehr verteidigen und schützen, verleumdet zu werden. Und sie kann ignorieren, daß eine Öffentlichkeit sie bedroht in ihrer Vorurteilslosigkeit und Unbefangenheit, der gegenüber, bevor es wie in anderen Rechtssystemen zu spät ist, definiert werden muß, wo die Grenze des öffentlichen Interesses zu verlaufen hat; sie kann über die Unschuldsvermutung und ihren Rang diskutieren, während sie nicht mehr an ihrem Krankenbett, sondern an ihrer Leiche steht. Die Justiz kann die Wurzel allen Übels in der Strafverteidigung sehen und ihre Beschränkung für den rettenden Weg halten. Sie kann sich der Tatsache verweigern, daß die Politik auf sie abwälzt; daß die Politiker dem Rechtsweg auferlegen, was zunächst Sache einer klaren und mutigen, aber gegenüber dem Wähler riskanten Politik wäre. Sie kann verdrängen, daß die Rechtsgewährung zu sehr ein knappes Gut geworden ist, als daß man einfach weitermachen darf wie bisher. Und über all dem kann sie sich schließlich unabhängig fühlen. Das Volk, in dessen Namen sie entscheidet, mault nur, allenfalls lamentiert es.

Das Unglück im Glück, das am 9. November 1989 über die Justiz der Bundesrepublik kommt, ist ein Einschnitt, eine Chance, vielleicht die letzte. Es wird nicht möglich sein, der Mehrheit der Richter und Staatsanwälte der DDR zu gestatten, dort weiterzumachen, wo der Zusammenbruch des Systems, dem sie dienten, ob sie Unterworfene waren oder sich unterwarfen, sie antraf. Daß die Bundesrepublik es versäumte, die NS-Vergangenheit der Justiz auf- und anzugreifen, ist kein Grund, sich dieser Schuld wegen ein weiteres Mal schuldig zu machen. Sozialer Takt, Verständnis und Hilfe sind dabei nicht verboten, sondern geboten. Das insgeheime

Verständnis, das man 40 Jahre lang aufbrachte, sollte durch Verständnis für eine Not ersetzt werden, die man sich 40 Jahre lang ersparte.

Es gibt Stimmen in der Bundesrepublik, die dafür eintreten, entgegenzukommen und nach Prüfung und Fortbildung denn doch auf- und überzunehmen. Das Haftungsprivileg der Unabsetzbarkeit und Unabhängigkeit, darf man es aufgeben oder auch nur gefährden, indem man auf ein Verfehlen und Versagen erkennt, das nicht zu heilen ist? Lädt man da nicht eine Waffe, die auf einen selbst gerichtet werden könnte eines Tages? Und ist es denn nicht doch die Rechtssicherheit, dieses hohe Gut, dem auch der Richter noch dient, der das eigene Rechtsgefühl dem autoritativen Rechtsbefehl geopfert hat?

Die Wiederholung eines unsäglichen Fehlers, den man für sich selbst beging, zugunsten anderer, wäre verhängnisvoll. Sie würde dem Bürger endgültig vermitteln, daß die Richter Regeln unterliegen, die wie die »Verordnung über Schornsteinfegerarbeiten« heute so und nach einer Änderung morgen anders wahrgenommen werden; daß sie an etwas gebunden sind, was wie die »Polizeiverordnung über die Ausübung des Friseurhandwerkes« heute diesen und morgen einen anderen Text haben kann. Die Lehre des Dritten Reichs und des Systems, dem sich die Bürger der DDR unterwarfen (oder dem sie unterworfen wurden), ist unmißverständlich: Wer Richter oder Staatsanwalt bleibt, wer Richter oder Staatsanwalt wird, obwohl er erkennen kann, woran er mitwirkt, hat die Folgen zu tragen, wenn zusammenbricht, woran er sich beteiligt hat, ob er unterworfen wurde oder sich unterwarf. Zur richterlichen Unabhängigkeit gehört, daß man aufhört, Richter zu sein, wenn man das eigene Rechtsgefühl verleugnen muß; daß man nicht Richter wird, wenn man sich dazu seines Rechtsgefühls entledigen muß.

Die Juristen unter Hitler hatten ein Signal, das ihnen anzeigte, woran sie mitwirkten beziehungsweise in was sie eintraten: die »Nürnberger Gesetze«, die die »Reinheit des Deutschen Blutes« zu einem Rechtsgut machten, das in letzter Konsequenz für Millionen den Tod bedeutete. Die Juristen der DDR, vor allem jene, die 1945 zu jung waren, um einen Maßstab zu haben, hatten ein derart unübersehbares Signal nicht. Doch die Schüsse an der Mauer sind dann schon ein Zeichen gewesen, die Verfolgung derer, die ausreisen wollten, die totale Überwachung, die Enteignung, das Recht, das nur gerecht war, wenn es dem ideologischen Rechtsbefehl gehorchte – es hat an Signalen nicht gefehlt. Die Unabhängigkeit des Richters ist ein zu hohes Gut, ein Gut, dem aufgegeben und auferlegt ist, im Namen des Volkes zu entscheiden, als daß der Irrtum Nachsicht zuließe. Verständnis, Teilnahme und Hilfe verbietet der Irrtum nicht, im Gegenteil: Er legt sie gerade einer Justiz auf, in deren Wurzeln ihr verdrängtes Versagen schwärt.

Das Unglück im Glück (oder das Unglück, das selten alleine kommt, wie man denn will) hält die Justiz der Bundesrepublik dazu an, ihre eigene Unabhängigkeit zu prüfen, über sie zu Gericht zu sitzen zusammen mit denen, die sie nicht als Unterworfene, sondern als die anzuerkennen hat, in deren Namen, für die sie entscheidet. Die Justiz ist eine Aufgabe, die von den Juristen und vom Volk zu lösen ist, mit- und nicht gegeneinander. In der DDR hat eine Justiz, über die das System verfügte, über das Volk verfügt. Noch einmal hat die Justiz der Bundesrepublik die Chance, aus dem zu lernen, was sie verdrängte, was sie unterschlug. Es könnte zu spät werden für eine weitere, nächste Scham.

Es drohe das »Faustrecht« in den fünf neuen Ländern der Bundesrepublik, wenn die Justiz in ihnen nicht unverzüglich mit voller Kraft weiterarbeitet. Der »drohende Stillstand der Rechtspflege« wird an die Wand gemalt, und wenn das Recht nicht ohne Pause »gepflegt« wird, dann verlieren die Menschen, die ja der Kontrolle bedürfen, jede Kontrolle über sich. Es wird wieder mit der Anarchie gedroht, und wer will die schon. Und so wäre es doch wohl richtig, sozusagen unumgänglich, nicht allzusehr zu prüfen, wer weiter Richter sein kann, nicht allzu pingelig zu sein und, wenn es nicht anders möglich ist, erst einmal mit »auf Probe« tätigen Richtern weiterzumachen. Die Verachtung für den Menschen, die daraus spricht, könnte das Ende einer Justiz sein, die sich auf das Volk beruft, die versuchen darf, in seinem Namen zu entscheiden.

Literatur

Arndt, Adolf, Merkur, XXII. Jahrgang 1968, Heft 238–248, »Strafrecht in einer offenen Gesellschaft«

Benda, Ernst, in »Kurskorrekturen im Recht«, Die Vorträge und Referate des Deutschen Richtertages 1979 in Essen, herausgegeben vom Deutschen Richterbund, Köln, 1980, »Richter im Rechtsstaat«

Beradt, Martin, Frankfurt/M., 1930, »Der deutsche Richter«

Bockelmann, Paul, Beck-Texte, 22. Auflage, Einführung zur StVR

Böcher, Wolfgang, Bonn, 1982, »Aggression im Straßenverkehr« / »Vorsicht – Umsicht – Rücksicht«

Bornkamm, Johann, Baden-Baden, 1980, »Pressefreiheit und Fairneß des Strafverfahrens«

Callies/Müller-Dietz, München, 1977, »Strafvollzugsgesetz«

Callies, Rolf-Peter, NJW, Heft 21, 1989, »Strafzwecke und Strafrecht«

Deutsche Akademie für Verkehrswissenschaft, Protokolle der Deutschen Verkehrsgerichtstage in Goslar

Enzensberger, Hans Magnus, Frankfurt/M., 1967, »Reflexionen vor einem Glaskasten« (in »Deutschland, Deutschland unter anderm – Äußerungen zur Politik«)

Ernst, Volker (Pseudonym), Monatsschrift für Kriminologie und Psychologie, Heft 2, 1984, »Trauerarbeit – Ein Einzelfall?«

Gieser, Hans-Werner, Stuttgarter Zeitung, 16. August 1990, »Das gründliche Aktenstudium allein reicht oft nicht aus«

Hanak/Stehr/Steinert, Bielefeld, 1989, »Ärgernisse und Lebens-katastrophen – Über den alltäglichen Umgang mit Kriminalität«

Kluge, Alexander, »Eine, deren Unterschrift unter dem Gesell-schaftsvertrag gefälscht ist« – mit Erlaubnis des Verfassers, dessen Bücher im Suhrkamp Verlag, Frankfurt/M., erscheinen

Koch, Herbert, Tübingen, 1988, »Jenseits der Strafe«

Kohlhaas, Max, Neuwied, 1963, »Stellung der Staatsanwaltschaft als Teil der rechtsprechenden Gewalt«

Kulenkampff, Christoph, »Verfolgung und Kriminalprophylaxe – Versuch einer Standortbestimmung«, Referat an der Richteraka-demie Trier, März 1990, unveröffentlicht

Leppert, Norbert, Frankfurter Rundschau, 15. Mai 1990, »Gefäng-nisseelsorge: Mehr als Ja und Amen«

Müller-Dietz, Heinz, NStZ, Heft 7, 1990, »Grundfragen des heuti-gen Strafvollzugs«

Ortner, Helmut, Weinheim und Basel, 1988, »Gefängnis«

Prantl, Heribert, Süddeutsche Zeitung, 21. Juni 1990, »Die Ursa-chen des Waschzwangs«

Radbruch, Gustav, Leipzig, 1914, »Grundzüge der Rechtsphilo-sophie«

Rasch, Wilfried, Stuttgart, 1964, »Tötung des Intimpartners« / »Fo-rensische Psychiatrie«, Stuttgart, 1986 / »Schuldfähigkeit und Krankheitsdefinition«, Köln, 1979, in »Rechtsprobleme der Psy-chiatrie« / »Fallgruben der forensischen Psychiatrie«, in Recht & Psychiatrie, 3/90

Redaktionskollektiv, Berlin, 1989, »Das Oberste Gericht der DDR – Rechtsprechung im Dienste des Volkes«

Reissmüller, Johann Georg, Frankfurter Allgemeine Zeitung, 22. Mai 1965, »Auf der Limburger Brücke mit 50«

Sarstedt, Werner, Berlin–New York, 1987, »Rechtsstaat als Auf-gabe«

Schmidbauer, Wolfgang, Hamburg, 1977, »Die hilflosen Helfer«; Hamburg, 1983, »Helfen als Beruf«

Schmidt-Hieber, Werner, München, 1986, »Verständigung im Strafverfahren«

Schuller, Wolfgang, Ebelsbach, 1980, »Geschichte und Struktur des politischen Strafrechts der DDR bis 1968«

Schwind/Baumann u. a. (Hrsg.), Berlin, 1990, I bis IV, »Ursachen, Prävention und Kontrolle von Gewalt«

Siegburg, Wilfried, Kölner Stadtanzeiger, 9. August 1980, »Bürgerunmut erzwang Regeln«

Sling (Paul Schlesinger), München, 1969, »Richter und Gerichtete«

Spörli, Siro, Freiburg, 1972, »Seele auf Rädern«

Walter, Manfred, Frankfurt/M., 1989, »Hat der juristische Positivismus die deutschen Juristen im ›Dritten Reich‹ wehrlos gemacht«?, in »Recht und Justiz im ›Dritten Reich‹«

Wesel, Uwe, Berlin, 1989, »Recht und Gewalt«